地域金融の経済学

人口減少下の地方活性化と銀行業の役割

Ogura Yoshiaki
小倉義明［著］

慶應義塾大学出版会

はじめに

銀行業、とりわけ地域金融機関（地銀、第二地銀、信用金庫、信用組合）の苦境が取り沙汰されるようになって久しい。長期にわたる金利低迷が、預金と貸出の金利差である利鞘をつぶしてしまい、融資業務から収益を得ることが難しくなったためである。銀行の本業である決済・預貸業務に新しいデータ解析技術で参入を果たしつつあるフィンテック企業の存在もあって、銀行業はもはや時代後れの構造不況業種といった趣である。最近では、毎号のように「消える地銀」といった刺激的なタイトルが雑誌の表紙に躍っている。しかし、データを見れば、資金の預け先としても、資金の供給者としても、地域金融の最大の担い手は、依然として地域金融機関であることに変わりはない。

近年、わが国では地震、台風、豪雨など激甚災害が相次いでいる。これに追い打ちをかけるように、２０２０年には新型コロナウイルス感染症に突如襲われた。経済活動の停滞により資金繰り難に陥った企業に対して、地域金融機関は迅速に資金繰り支援を行い、法人企業向け貸出残高は急伸している。地域経済を支えることを使命とする金融機関としての面目躍如というべきところであるが、感染症が長期化すれば、返済の一部が滞って不良債権化し、地域金融機関をさらに苦境に追いやるリスクがくすぶっている。

長期化する低金利の背景にあるのが、１９９５年をピークに減少し続ける生産年齢人口の問題である。２０２０年までの25年間に15％程度減少した。今後、この傾向はやや速度を増しながら、少なくとも２０６０年までは続くことが予想されている。特に減少幅の大きい地方圏での資金需要の下押し要因として作用し続ける可能性は否定できない。こうした状況を踏まえて、２０２０年９月に就任した菅義偉首相は就任前に「地方の銀行については数が多すぎる」と発言して話題となった。今後、地域金融機関、とりわけ地方銀行の経営統合が進むとみる向きがある一方、銀行サイドからは「経営統合ありきではない」との見解も聞かれる。

経済規模のダウンサイジングは避けようもないが、一人ひとりの生活の質を向上させる工夫の余地は多分に残されている。日本よりも規模の小さい国々が日本よりもはるかに高い労働生産性や人々の幸福感を誇っていることがそのなによりの証拠である。資金供給を通して、地域における資源再配分を担う地域金融市場の機能改善はその要《かなめ》といっても過言ではない。このように前例のない長さと規模で迫る収縮圧力下でも、持続的に最適な資源配分を実現し得るような地域金融市場をどのように再設計したらよいのか。これが本書全体を貫く問いである。

「地域金融」は各地域内で生じる文字どおり「ローカル」な経済活動である。しかし、「ローカル」は日本だけではなく、世界中どの地域にも存在する。金融経済学の一分野である「バンキング」あるいは「金融仲介」と呼ばれる分野は、この地域金融を主要な研究対象として世界各国で研究されている。地域金融の難しさは、経営が不安定で、情報開示が不十分、経営管理体制が不明確など市場機能を損なうあらゆる条件を備えている小規模企業が主なユーザーである点にある。その中には、将来の経済を担う大企業に成長するものも含まれているかもしれない。このような難しさと希望がこの分野の魅力である。

この分野の個々の学術論文は、検証の頑健性を確保するために極めて狭い範囲に焦点を絞っており、それだけを単体で見るとあまり重要そうには見えないことが多い。しかし、こうした研究の断片を組み合わせることで金融仲介の生む価値の本質が姿を現し、上記の、いささか肩肘を張りすぎていて、どこから手をつけたらよいのか見当もつかないような問いへの手がかりが見えてくるであろうと筆者は考えている。

こうした考えから、本書の各章は、日本の地域金融が直面する諸課題について、著者自身のものも含む国内外の関連研究を組み合わせて理論的枠組みを提示した上で、それに沿って、各課題の理解を推し進め、可能な場合には解決策を提案するかたちで構成されている。正直なところ、多くの章で研究途上の中間報告的な印象が若干残っているかもしれない。

本書の構成は以下のとおりである。関心のある章だけを選んで読めるように、各章はほぼ独立した構成となっている。

第1章と第2章は、地域金融機関にとって、「内憂外患」ともいうべき市場環境の現状認識の章である。第1章「人口動態と地域金融市場」では、生産年齢人口減少が地域金融に与える影響をマクロ的な観点から整理するとともに、それに対応した金融庁による銀行監督行政の動向を紹介する。

第2章「変容する金融ビジネス――収益源の多様化と他業との緊張関係」では、フィンテック企業と呼ばれる新興企業群による銀行業のアンバンドリング（バラ売り）化と異業種からの参入の事例を紹介し、それらの地域金融への影響を検討する。

第3章「銀行業の金融経済学的理解」では、こうした事象をより深く理解し、その帰結と対応策を考察するための「眼鏡」を用意するために、銀行業の歴史を踏まえつつ、長年蓄積されてきた金融仲介の経済理論を概観する。

第4章「データで見る各地の融資競争――地域により異なる生産年齢人口減少のインパクト」では、生産年齢人口の変化など経済のファンダメンタルズの地域差を明示的に考慮して、都道府県ごとの資金需要の変化と融資競争の変化を計測し、これらの「見える化」を試みた研究結果を紹介する。ここでは、生産年齢人口の減少が著しい地域で、大規模な金融緩和にもかかわらず資金需要の伸びが鈍く、融資競争が熾烈化していたことが明らかにされる。同時に、古くから指摘されてきた銀行業の「規模の経済」もここで再確認する。

第5章「利鞘縮小が迫るリスクテイク――『利回り追求』と『リスクシフティング』」では、融資競争激化に伴う収益悪化や自己資本比率の低下が、地域金融機関による無理なリスクテイクにつながっている可能性を、理論とデータから示す。

第6章「地域金融機関の経営統合」では、最近話題となっている地域金融機関の経営統合の功罪について、競争政策的観点、および組織論的な観点から、国内外の研究成果と、2000年代以降の国内のデータに基づいて検討する。また、この章では、異業種提携の効果についても議論する。

第7章「地域に寄り添う地域金融――自然災害と疫病からいかにして地域経済を守るか」では、最近激甚化が著しい自然災害と2020年のコロナ禍を念頭に置いて、地域金融機関が地域経済を守り、その後の活性化につなげるために、どのような企業をどのように支援すべきで、その際に、どのような機関と連携すればよいかを検討する。ここでのキーワードは「デットオーバーハング（過剰債務問題）の回避」である。

地域金融に関する類書が多い中、経済学的な観点からこれを長年分析してきたバンキング分野の研究蓄積も広く一般に共有したいとの思いで本書を執筆した。結果として、社会学的な見方、あるいは経営学的な見方への言及はあまりなく、一面的な記述であるとの印象を抱く読者もあるかもしれない。その点についてのご批判は甘んじて受けざるを得ない。

専門家だけではなく、地域金融に携わるあらゆる方々、あるいはこれからその道を志す学生の皆さんにも読んでもらえるように、専門用語はそのつど解説するように心がけた。各章ともに、著者の過去に公表した論文や各種寄稿、大学での講義資料など、下敷きとなるものはあるものの、専門家でなくても無理なく読めるよう再構成し、ほとんど書下ろしに近いものとなっている。甚だ心もとないところではあるが、本書が地域金融に携わる方々に新しい視座を提供できるのであれば、筆者の望外の喜びとするところである。

著　者

ブックデザイン・坂田　政則
カバーイラスト・岩橋　香月
（デザインフォリオ）

第4章　データで見る各地の融資競争
――地域により異なる生産年齢人口減少のインパクト……105

第1章　人口動態と地域金融市場

長期にわたる著しい低金利が、地域金融機関の中核業務である預貸業務の収益を圧迫している。端的に言えば、積み上がる預金を有利に運用する先が見つからないために収益を得られなくなっているのである。

実際、国内の預金は1999年から2020年までの約20年間に1・7倍も増加しているのに対して、貸出はこの間7％程度しか伸びていない。預金のうちどの程度が貸出に回ったかを示す預貸率は1999年には80％を超えていたが、2020年現在では50％程度まで下がっている（図1―1）。この間、地域金融機関の収益源である貸出金利と預金金利の差、預貸利鞘は縮小し続けている（図1―2）。

貸出が伸びない原因の主犯格として疑われているのが、生産年齢人口減少である。1995年から生産年齢人口は減少し続け、今後も数十年間はこの傾向が続くことが見込まれている。もし生産年齢人口減少が主犯であれば、預貸利鞘のつぶれた状態が今後40年にわたって続くことを覚悟しなければならないことになる。地域金融機関の存続可能性が懸念される事態である。

本章では、地域金融の今後の進路を考察するに先立って、90年代後半以降の生産年齢人口減少を

図１―１　貸出額と預金額（全国銀行と信用金庫の合計、３月末残高：兆円）

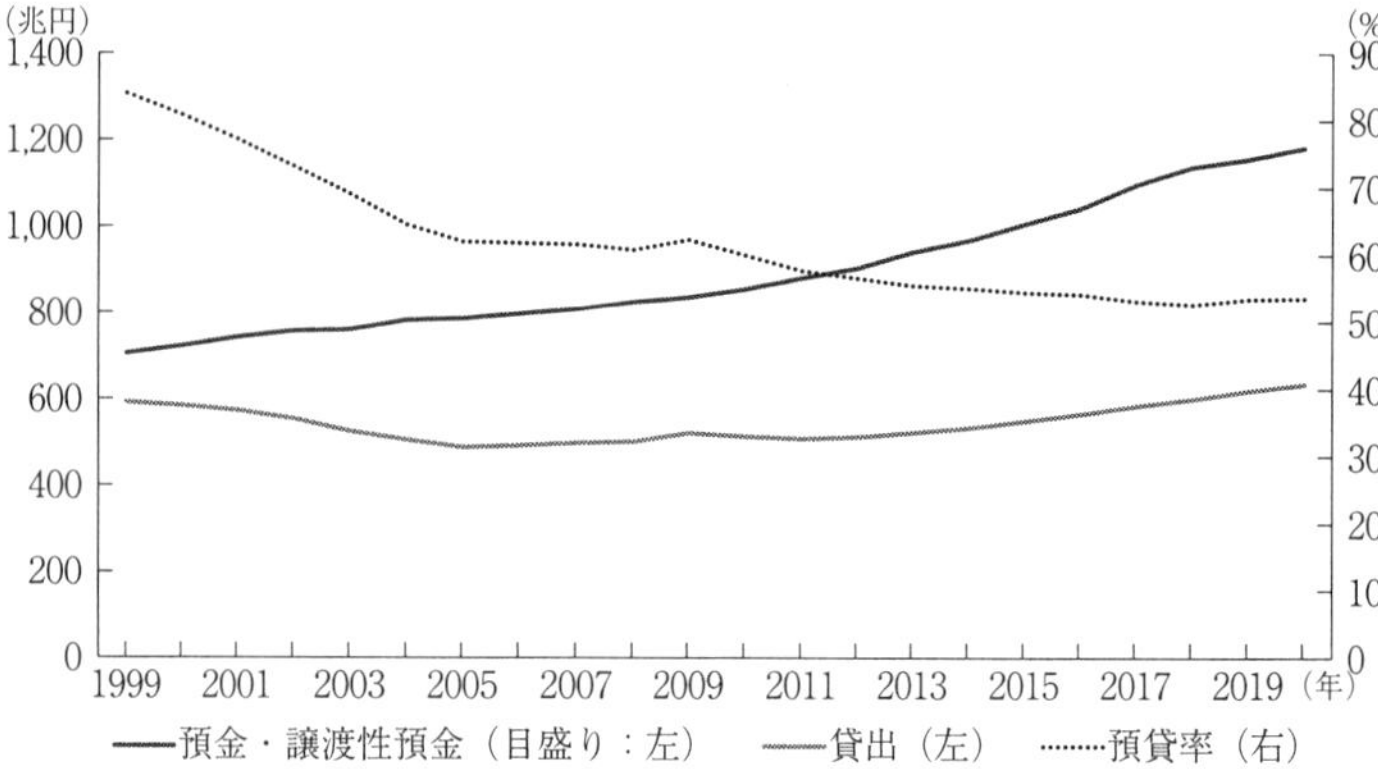

（出所）「預金・現金・貸出金」（日本銀行）。預金、貸出金ともに、国内銀行、外国銀行在日支店、信用金庫、その他金融機関の銀行勘定の合計。

図１―２　貸出利鞘（貸出金利回り－資金調達原価、％）

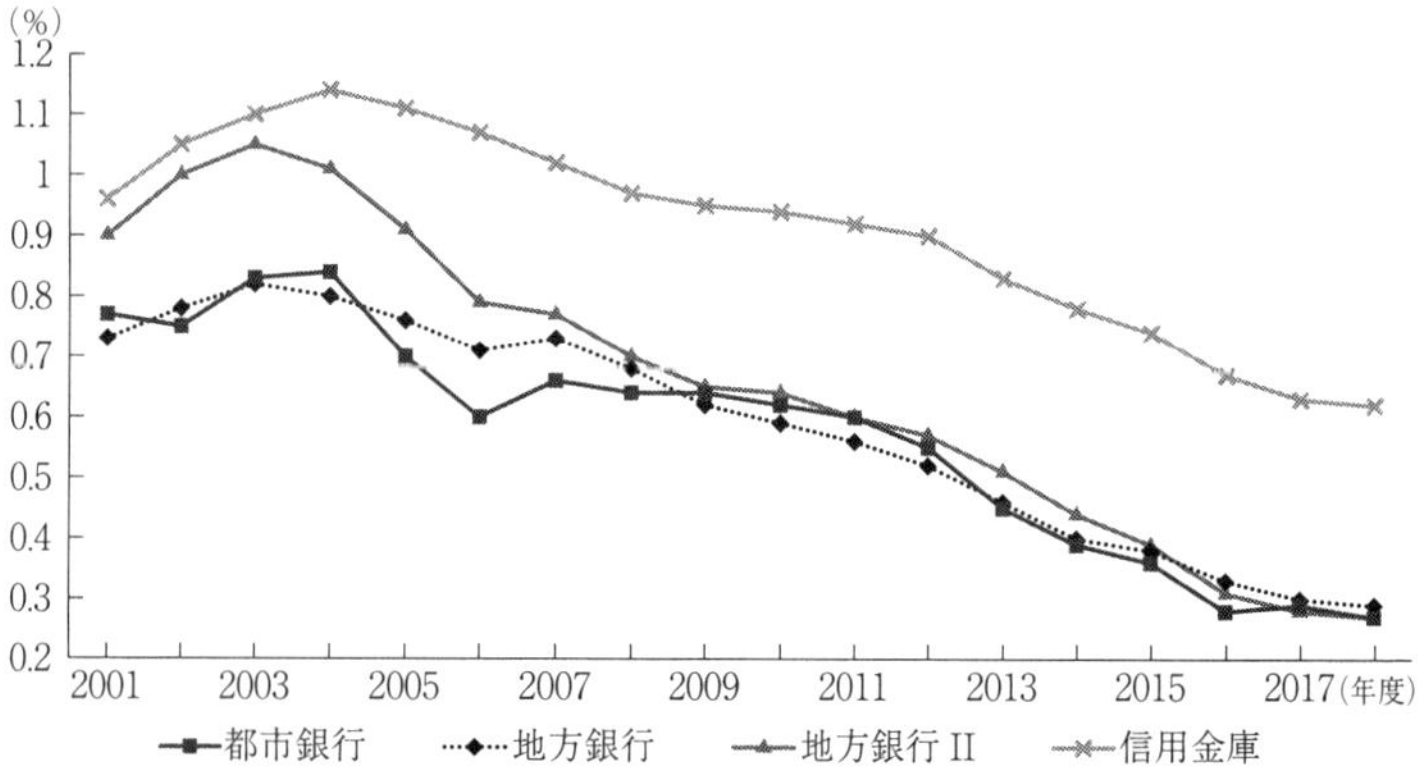

（出所）銀行は「全国銀行財務諸表分析　参考表Ⅲ」（全国銀行業協会）。信用金庫は「信用金庫概況」（信金中央金庫）。（貸出利鞘）＝（貸出金利回り）－（資金調達原価）。（貸出金利回り）＝（貸出金利息）／（貸出金平残）。（資金調達原価）＝（資金調達費用＋営業経費）／（資金調達勘定平残）。

図1—3　人口推計

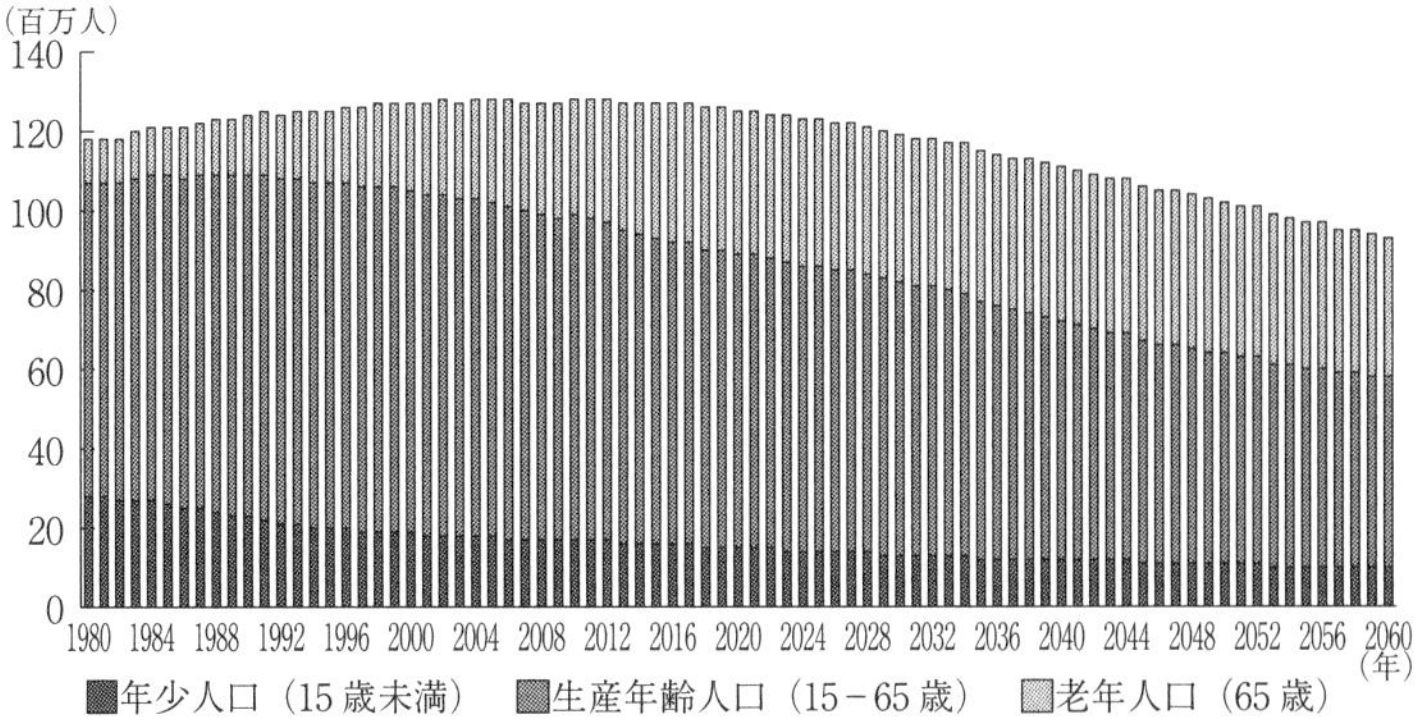

（出所）2015年までは「人口推計」（総務省統計局、毎年10月時点）。2016年以降は、「日本の将来推計人口（平成29年推計、出生中位（死亡中位）推計）」（国立社会保障・人口問題研究所）。

中心とする経済構造の変化と国内金融市場の動向、それに対する規制当局の対応を整理して、地域金融の現在地を確認する。

1　人口オーナス時代の金融市場①
——市場規模

(1)　過去25年間減少し続けた生産年齢人口

経済活動に最も大きいインパクトを持つ生産年齢人口（15歳以上65歳未満）は、1995年の8726万人をピークに、それ以降平均して毎年0・7％ずつ減少し続け、この25年間に約15％減少した（図1—3）。国立社会保障・人口問題研究所の推計（出生中位推計）によれば、この減少率は今後平均1％程度に加速し、人口の多い団塊ジュニア世代の多くが65歳を超え、2020年生まれの子供たちが25歳となる2045年頃までに、さらに24％程度生産年齢人口が減少する。他方で、老齢年齢人口（65歳以上）は、２０４３年まで増加し続けると見込まれている。２０４５年頃に生産年齢人口を構成する人たちの大半はすでに生まれていて人数が確定しているため、数百万人単位での大規模な移民受け入れなど、よほどのことがない限り、この推計が大きくはずれることはないだろう。

(2) 企業投資の変化

生産年齢人口の減少は、供給可能な労働力の減少を通して供給制約となる。また、生産年齢人口が減少すれば、相当な出生率の増加がない限り、いずれ総人口が減少し始め、さまざまな財・サービスへの需要縮小につながることが予想される。これら供給・需要それぞれの要因から、長い目で見たとき、企業にとって国内投資はさほど魅力的ではない場合が多くなると推測される。成長著しい東南アジアなどで海外投資を行う場合は、投資資金として外貨を調達する必要があるため、こうした投資需要のすべてが国内の円建て融資需要となるわけではない。

他方で、生産年齢人口の減少は、オートメーション化を目的とする投資を促すとの実証結果もある。[1] オートメーション化になじむ部門となじみにくい部門があるものの、この効果が強ければ、供給制約はさほどでもなく、むしろこうした投資のための資金需要が増加する可能性もある。

どちらの要因がより強く影響しているかを集計データから推論してみよう。財務省が毎年実施している法人企業統計年次調査から、毎年の日本企業の投資キャッシュフロー（有形・無形の固定資産を購入するために企業が支出した金額）、営業キャッシュフロー（事業から得た現金収入）を集計することができる。この調査は、調査先の単体決算を対象としていることから、海外子会社を除いた国内部門の動向を反映していると言える。

これらの集計値を前期末の総資産で割ることで標準化して図示したものが図1－4である。営業キャッシュフロー、投資キャッシュフローともに長期的に低下傾向を示している。1960年代の高度経済成長期、80年代末から90年代初頭のバブル期には営業キャッシュフローを上回る投資キャッシュフローが観察されたが、90年代末以降は投資キャッシュフローが営業キャッシュフローをかなり下回っており、外部資金に頼らず営業キャッシュフローで支払える範囲内でのみ投資を行っていたことがうかがわれる。つまり、日本全体で見れば、労働力制約に備えた投資拡大は顕著には見られず、投資に慎重であったと言える。2017年以降、投資の水準が高まっている点は注視するべきだが、2020年のコロナショックの問題もあり、この変化が持続性のあるものなのかは現時点では判断できない。

同調査の集計結果をもとに、有利子負債を前期末総資産で割った有利子負債依存度を見ると（図1－5）、先述の投資動向を反映して、90年代末以降、特に中小、中堅企業で負債依存度が顕著に低下していることがわかる。世界金融危機時の2008年度下期に、急激な営業キャッシュフローの減少と債券市場の麻痺による現金不足を補完するために一時的に銀行融資が増えたことがあったが[2]、基調的には負債依存度は低下している。

既存の研究では、銀行の自己資本の毀損など供給要因で融資が減少したのは1997年前後のみであり、他の期間では主に需要要因で融資が減少したことが知られている[3]。したがって、有利子負

図１―４　日本企業のキャッシュフロー（全産業［金融除く］、全規模）

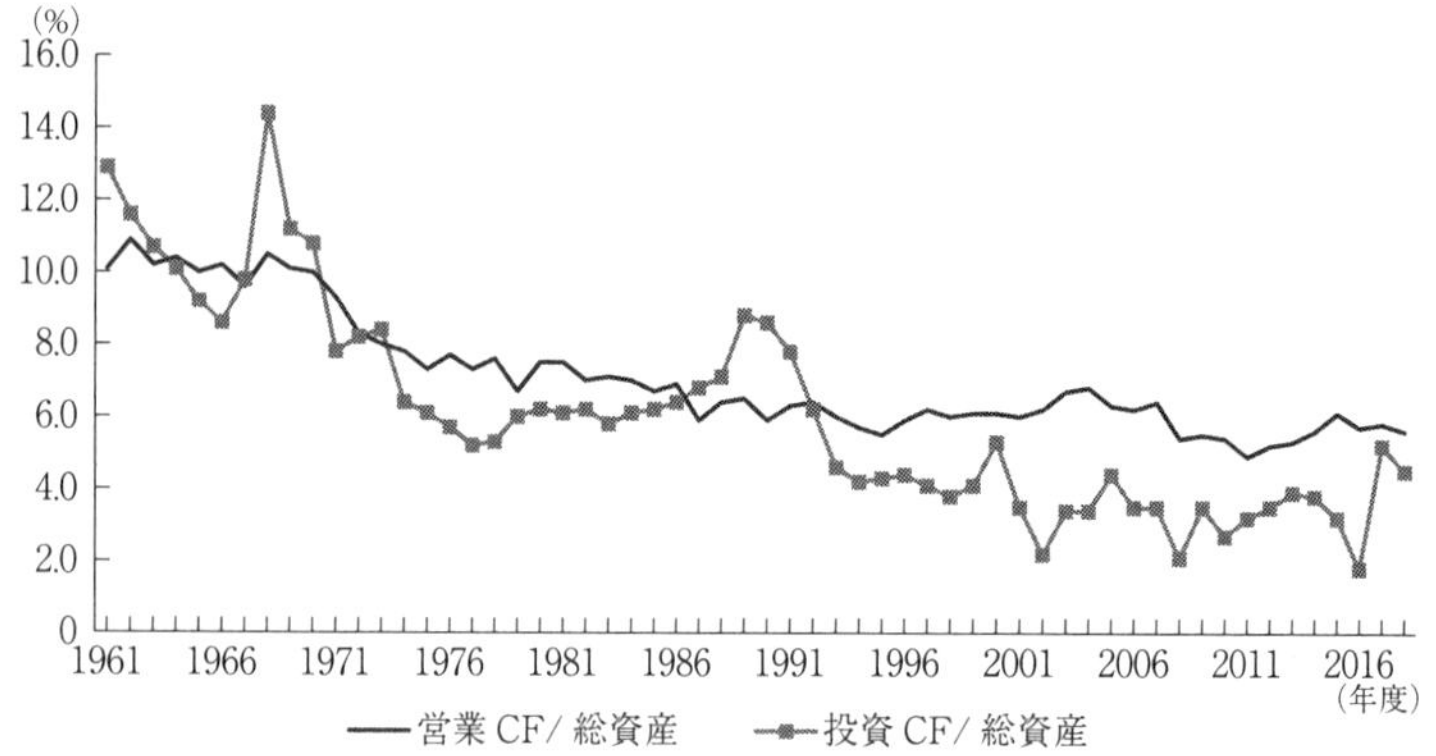

（出所）「法人企業統計年報」（財務省）より計算。金融を除く全産業、全規模の合計。営業キャッシュフローは、営業利益＋減価償却費＋運転資本（売掛債権－買掛債務＋棚卸資産）前年比増加額。投資キャッシュフローは、有形・無形固定資産の前年比増加額＋減価償却費。無形固定資産の償却はゼロと仮定。いずれも前年度末総資産で割って標準化。

図１―５　日本企業の有利子負債依存度（全産業［金融除く］）

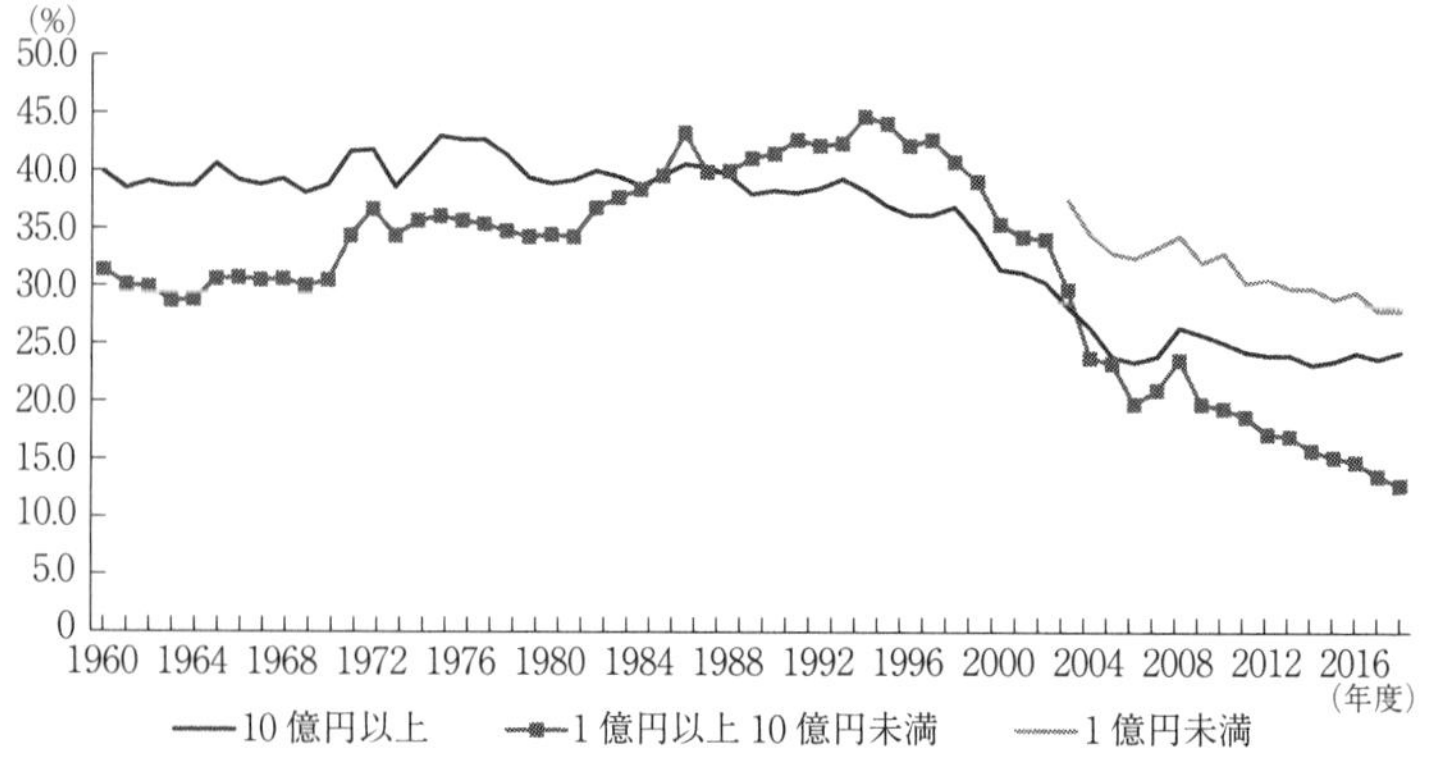

（出所）「法人企業統計年報」（財務省）より計算。金融を除く全産業。資本金規模別集計。有利子負債は、貸借対照表上の流動・固定負債それぞれの金融機関借入金と社債の合計。前年度末の総資産で割った。

債依存度の長期的な低下傾向は主に企業側の需要要因によるものと考えるのが自然であろう。

(3)　外部資金依存度の低い産業へのシフト

１９９０年代後半から２０１０年代後半までの産業構造の変化を見るため、国民経済計算で推計された付加価値の産業別シェアの変化を列挙したのが表１―１(a)である。建設業、卸売・小売、宿泊・飲食業、金融がシェアを落としている一方、製造業、情報通信業、不動産、専門・科学技術・業務支援サービス業、保健衛生・社会事業がシェアを伸ばしている。この５部門が過去20年間の国内総生産の成長に寄与していた。

国民経済計算で推計された労働投入量のシェアを見ると、付加価値の変化に合わせて、建設業では減少、専門・科学技術・業務支援サービス業、保健衛生・社会事業では増加している。特に保険衛生・社会事業の伸びが大きい。他方、製造業、情報通信業、不動産では、付加価値増加ほどには労働投入は伸びておらず、省力化が進んでいる。逆に卸売・小売、宿泊・飲食業、金融は、付加価値の相対的減少にもかかわらず、雇用を維持している（表１―１(b)）。

国内銀行（信用金庫を除く）による貸出の産業別シェア（表１―１(c)）をみると、増減の別だけを考えるのであれば、上述の付加価値の変化と整合的な動きを示しているといえる。付加価値が増加している製造業、情報通信、不動産、医療・福祉で融資が増加し、付加価値が減少している建設業、卸・小売、宿泊・飲食業で融資が減少している。ただし、製造業、情報通信、医療・福祉では、付加価値の増加に比べて、融資の増加幅は小さい。

表１―１　産業別付加価値・労働投入・貸出シェアの変化

	(a) 産業別国内総生産			(b) 産業別就業者数		
	1997-2017年の増加率(%)	1997年シェア(%)	2017年シェア(%)	1997-2017年の増加率(%)	1997年シェア(%)	2017年シェア(%)
農林水産業	−1.7	1.4	0.9	−2.6	6.5	3.8
鉱業	−6.2	0.2	0.0	−3.4	0.1	0.1
製造業	1.2	19.1	20.7	−1.4	19.9	15.2
電気・ガス・水道・廃棄物処理業	−1.0	2.6	1.8	−0.1	0.9	0.9
建設業	−1.3	8.6	5.6	−1.7	10.3	7.4
卸売・小売業	0.3	15.5	14.2	−0.1	17.5	17.2
運輸・郵便業	0.0	5.6	4.8	0.2	5.6	5.9
宿泊・飲食サービス業	−1.7	4.0	2.4	−0.3	6.5	6.1
情報通信業	2.8	3.5	5.2	1.6	2.0	2.8
金融・保険業	−0.3	6.4	5.2	−0.5	2.8	2.6
不動産業	1.2	11.2	12.1	0.5	1.5	1.6
専門・科学技術、業務支援サービス業	2.9	4.7	7.2	1.2	7.0	8.9
公務	0.5	5.3	5.0	−0.1	3.0	2.9
教育	0.8	3.7	3.7	−0.4	3.0	2.8
保健衛生・社会事業	2.1	5.4	7.1	3.9	5.8	12.6
その他のサービス	−0.7	5.6	4.2	1.0	7.6	9.3

	(c) 産業別貸出残高		
	1997-2017年の増加率(%)	1997年シェア(%)	2017年シェア(%)
製造業	−1.2	17.5	18.0
建設	−5.2	7.8	3.6
電気・ガス・熱供給・水道業	2.4	1.8	3.9
情報通信	1.3	1.8	2.1
卸	−2.7	11.1	8.5
小売	−2.9	6.9	5.0
金融	−1.0	12.7	13.7
不動産	0.6	16.0	24.0
物品賃貸	−1.3	4.3	4.4
宿泊	−5.4	1.6	0.7
飲食	−3.3	1.2	0.8
教育・学習支援業	0.6	0.6	0.7
医療・福祉	1.4	3.1	3.6

（出所）（ａ）産業別付加価値は「国民経済計算年次推計　平成23年基準　平成29年次推計　フロー編　経済活動別国内総生産」より。暦年連鎖価格。（ｂ）産業別労働投入は、同統計の「経済活動別の就業者数」より。（ｃ）産業別貸出は、「貸出先別貸出金」（日本銀行）。国内銀行の銀行勘定、信託勘定、海外店勘定の合計。各年12月末残。消費者物価指数（総合、全国、2015年基準）で実質化。

図1—6　新設住宅着工戸数

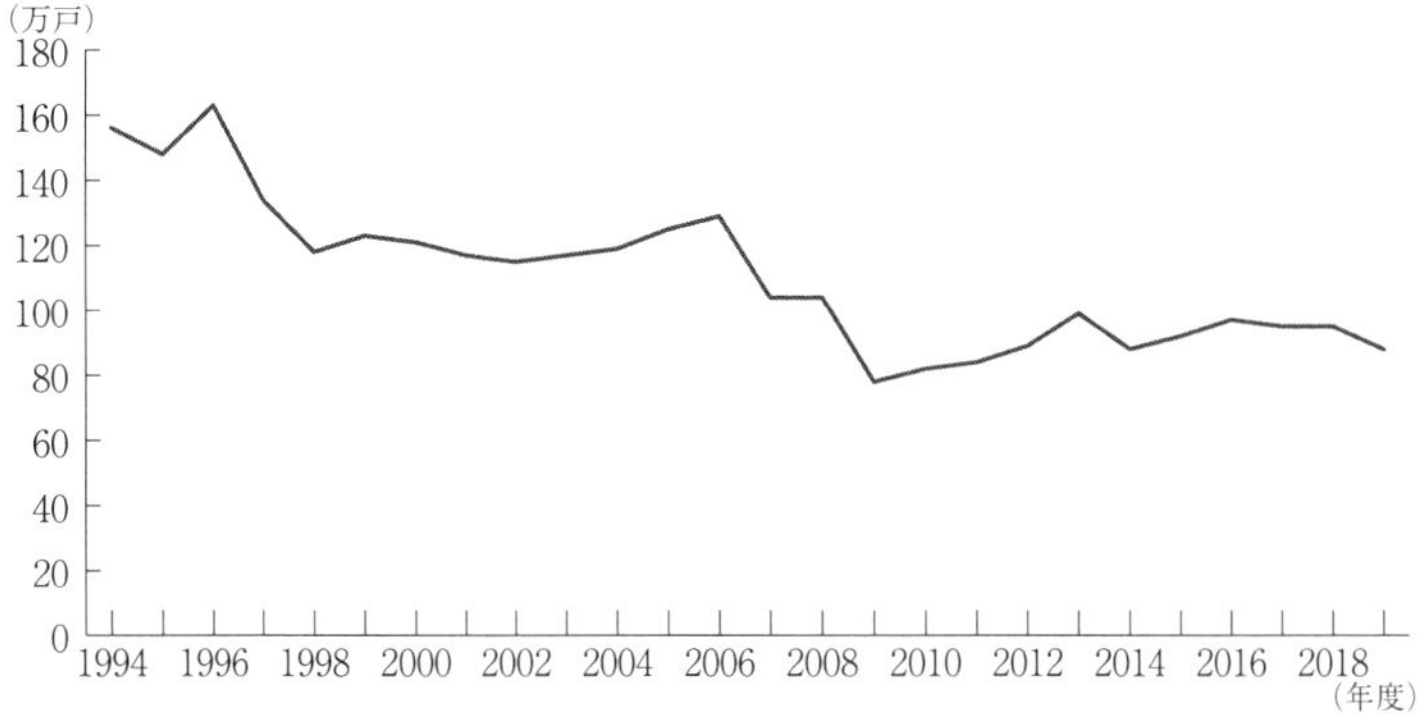

(出所)「住宅着工統計」(国土交通省)。

融資増加部門のうち、際立っているのが不動産である。従来から付加価値シェアに比して貸出シェアが高く、この部門のビジネスモデルは銀行融資に大きく依存する傾向がある。このことを加味しても、過去20年間の付加価値の伸びに比べて、融資の伸びは過大な印象がある。

日本の産業構造は、情報通信業や保険衛生・社会事業などにシフトしてきたが、これらの新興部門では、外部資金依存度がさほど高くなく、成長が貸出需要にはつながらなかったと見られる。

以上は、企業向け融資に関する検討であった。もう一つの重要な融資需要要因は、個人向け住宅ローンである。図1—6で示される通り、2012年頃まで、住宅着工は減少する一方であった。それ以降は下げ止まっているものの、増加に転じる兆しはない。90年代半ばのおおむね6割程度の水準で推移している。新たに住宅を求めるのは生産年齢人口であり、この人口が減れば、住宅需要も減るのが自然である。この点でも資金需要は基調的には弱いと言わざるを得ない。

(4) 経営者の高齢化と自主廃業の増加

図1―7にある通り、日本国内の事業所数は、特に従業員数20人未満の零細事業所を中心に、年々減少する傾向にある。その一方で、20人以上の比較的大きい事業所は微増の傾向があり、零細の退出とともに買収や事業譲渡による集約が徐々に進んでいることがうかがわれる。

人口構成に起因するとみられる変調は、存続企業の投資行動だけではなく、企業退出にも表れつつある。地域金融機関の主要な融資先である中小企業では、経営者の高齢化を理由とすると見られる自主廃業が増加している。２０１９年に東京商工リサーチが行った「休廃業・解散企業調査」によれば、負債を返済できないことによる「倒産」は、過去5年間低下傾向にあったのに対し、そうした問題を伴わない「休業」「廃業」「解散」は急激に増加し、２０１９年には4万３０００件もの企業が休業・廃業・解散に至っている（表1―2）。このうち、代表者が60歳代の企業が28％、70歳代が39％、80歳代以上が17％を占めており、高齢化を主因とするとみられるものが8割以上を占めている。

２０１９年版『中小企業白書』によれば、中小企業の経営者の年齢構成は、20年前と比べて、20歳分水平移動しているだけで、若返りが進んでいない。[4] 日本政策金融公庫総合研究所（２０２０）のアンケート調査によれば、調査対象となった約５０００社の中小企業の約半数が「自分の代で事業をやめるつもりである」と回答している。[5] こうした廃業を前提とした企業では、経営者が一定の

図１―７　民営事業所数の推移

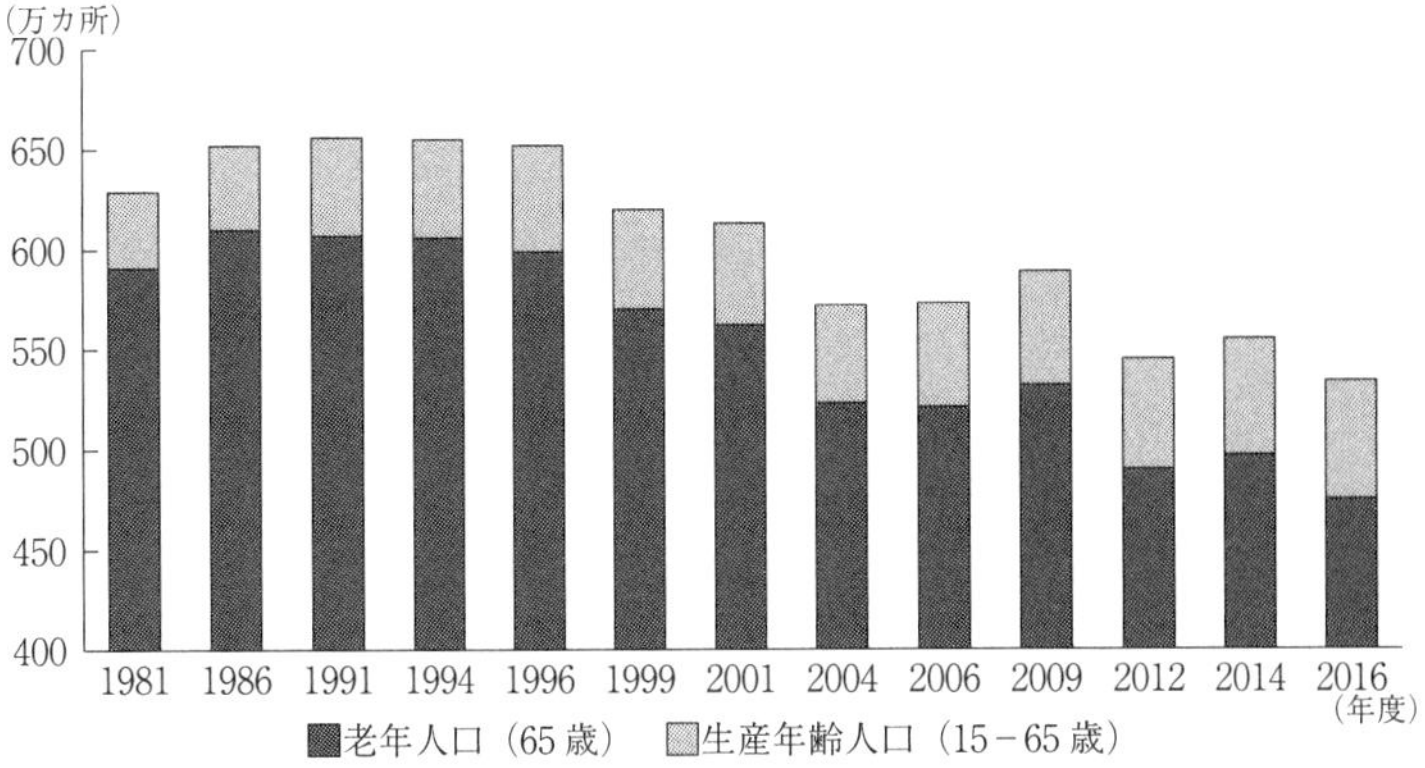

（出所）2006年以前は、「事業所・企業統計調査報告」（総務省統計局）。2009年以降は、「経済センサス」（総務省統計局）。

表１―２　休廃業・倒産

（単位：件）

暦年	休廃業・解散	倒産
2013	34,800	10,855
2014	33,475	9,731
2015	37,548	8,812
2016	41,162	8,446
2017	40,909	8,405
2018	46,724	8,235
2019	43,348	8,383

（出所）「2019年休廃業・解散企業調査」（東京商工リサーチ）。https://www.tsr-net.co.jp/news/analysis/20200122_03.html（2020年８月23日閲覧）。

図1—8　預金の動向（兆円）

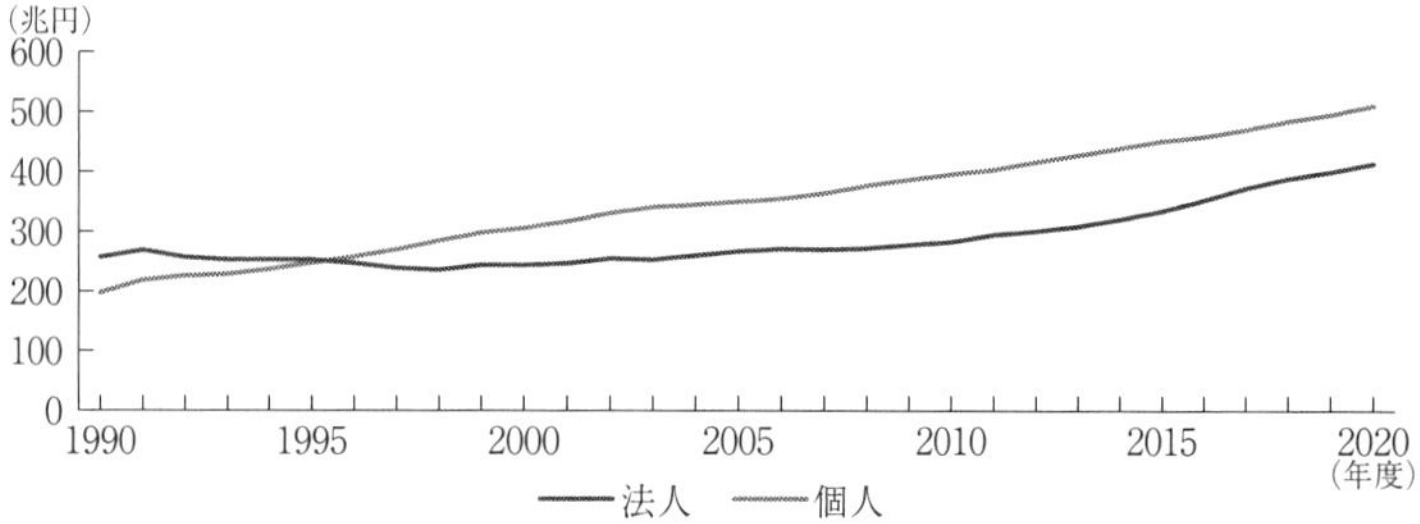

（注）全国銀行と信用金庫の合計。
（出所）「預金者別預金」（日本銀行）。

年齢を超えたとき、効率化や事業拡大などの前向きな目的で投資を行うインセンティブが生じにくい。そもそも借入を完済する前に健康上の理由などで廃業せざるを得ない可能性もあるため、仮にそのような投資需要があったとしても、融資を受けることは難しいだろう。このように、経営者の高齢化に伴う自主廃業の増加も資金需要を基調的に下押ししているとみられる。(6)

(5) 預金の増加

貸出が伸び悩む一方で、預金は、企業等法人による預金、個人預金ともに大幅に増加している（図1―8）。法人は2008年の世界金融危機以降、金融市場の混乱、自然災害など不測の事態に備えて、特に資金制約に直面しやすい企業で現預金を積み増す動きがあったことが、これまでの実証研究で指摘されている。(7) 個人預金の増加は、退職時に受け取る退職金なども含む、老後に備えた貯蓄が最も大きい要因であろう。

退職金については、この支払いに備える必要のある企業側の預金も増加させる効果があったことも推測される。預金が

図１―９　生産年齢人口成長率と貸出成長率（1997―2017年、散布図）

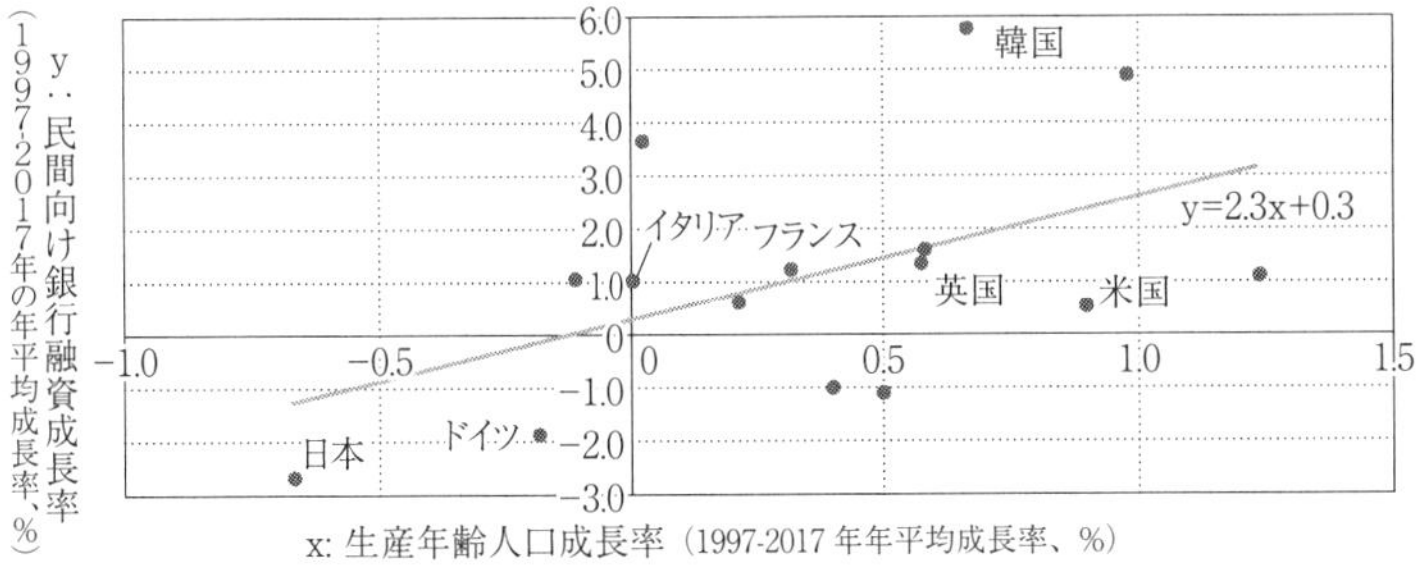

（出所）生産年齢人口成長率は、World Development Indicator（ＷＤＩ、世界銀行）から入手した生産年齢人口の1997年から2017年までの年平均成長率。貸出成長率は、Global Financial Development Database（世界銀行）のPrivate credit by deposit money banks to GDP（%）（GFDD.DI.01）に、ＷＤＩから集めた各国現地通貨建てのGDPをかけ、2010年基準の消費者物価指数を用いて実質化した上で、1997年から2017年までの平均成長率を計算した。グラフには、オーストリア、ベルギー、フィンランド、フランス、ドイツ、アイルランド、イタリア、日本、韓国、オランダ、ノルウェー、ポルトガル、スペイン、英国、米国が含まれている。

増え、貸出余力が増したことが、貸出市場の競争の激化をもたらし、冒頭に示した預貸利鞘の圧縮につながったと推測される。

ただし、退職後は預金を取り崩して生活をすることになるため、近い将来、老年人口がさらに増加するにつれて、集計値で見た個人預金は減少に転ずる可能性がある。

(6)　国際比較

以上で見てきたとおり、いずれの要因をとっても、国内の円建ての資金需要には、過去20年間、生産年齢人口減少に伴う基調的な下押し圧力がかかり続けていたと言える。

この点をさらに明確にするために、主要先進国の１９９７年から２０１７年までの20年間の生産年齢人口（横軸）と民間向け銀行貸出残高（縦軸、消費者物価指数で実質化）の年率平均成長率を散布図として表したものが図１―９である。日本は図中の左下の端に位置している。生産年齢人口成長と貸出残高の成長には正の相関があることが見て取れる。図には、単回帰分析で推定された近似直線が示されている。貸出の近似直線の傾きは2・3である。この正の相関は、各国の金融政策要因、銀行部門の競争要因、その他観察できない各国の特徴、毎年の世界経済の動向などを考慮に入れた回帰分析でも、統計的に有意であることが確認されている(8)。

以上に示したデータは、いずれも生産年齢人口の減少が、融資市場の基調的な縮小圧力をもたらしていることを示唆している。今後数十年間はこれまでと同様に生産年齢人口が低下することを想定すると、この基調が近い将来に変化するとは考えにくい。

2　人口オーナス時代の金融市場②――長短金利

(1)　預金金利と貸出金利

前節での検討から、貸出市場では規模縮小の圧力がかかる一方で、預金市場では規模拡大の圧力がかかっていることが推測される。言い換えれば、資金需要が細る一方で、資金供給は堅調である。需要が減って供給が増えるので、貸借資金の価格である金利は低下する。企業や人々が、物価水準の変動の可能性も十分に考慮に入れて意思決定をするのであれば、われわれが日常観察する金利から予想インフレ率を引いた「実質金利」が低下する。この低下圧力が、預金金利に代表される銀行にとっての調達金利と、貸出金利に代表される運用金利にどのように影響するかは、資金調達市場と運用市場のそれぞれの競争環境に影響される。
銀行にとって最大の資金調達手段は、預金の受け入れである。2019年3月時点で都市銀行の総負債の7割強、地方銀行の8割強を占める。相互にATM利用提携を結ぶ伝統的な銀行や信用金庫に加えて、店舗を持たず低コストで個人向け金融サービスを提供するネット専業銀行、コンビニエンスストアなど既存店舗にATMを置くだけで低コスト全国展開ができる小売系決済専業銀行が、しのぎを削っており、預金市場は全国規模となっている。先述のとおり、全国的に運用先の開拓に苦しんでいる中では、積極的に預金を集める誘因は弱く、預金金利は長らくゼロ近傍を推移している。

後で詳しく述べるが、日本銀行の金融緩和により、銀行にとってもうひとつの資金調達手段である短期金融市場では、2016年2月以降マイナス金利が維持されていて、預金金利にはさらなる低下圧力がかかっている。しかし、預金は現金と裁定関係にあるため、現金の名目利回りである0%を下回るレベルまで預金金利を下げてしまうと、預金流出を引き起こし、銀行が資金ショートを起こしてしまう恐れがあることから、預金金利をマイナスにすることについては、多くの銀行は慎重である。

もっとも、最近は一定額未満の残高しかない小口口座に手数料を課すことで、実質マイナス預金金利を設定することを検討する金融機関も現れている。利用者目線に立てば、銀行預金には利息よりも、口座決済、外貨購入などの利便性、資金の安全な保管先としての役割に期待することのほうが大であるため、口座維持手数料を課すことには一定の合理性があると思われる。ただし、預金者が払ってもかまわないと考える決済保管サービスの対価にも上限があるはずなので、結局、預金金利にはゼロないし若干のマイナスという下限があると言わざるを得ない。

他方、最大の運用手段である貸出（2019年3月時点で、都市銀行の総資産の4割強、地方銀行の6割強を占める）の金利は、この調達金利に融資先の債務不履行に伴う予想コスト（債務不履行［デフォルト］時期待損失率）を上乗せした利率を下回らない範囲で競争的に設定される。住宅ローンなど個人向け融資についてはネット専業銀行の躍進などがあり、市場は全国規模となりつつあるが、中小企業向け融資など銀行による綿密な情報収集が欠かせない融資の場合は、市場が地理的に分断され[9]、分断されたそれぞれの地域内で融資競争が展開されていると考えられる。

債務不履行など他の条件を一定として、預金金利が低下したとき、融資競争がさほど厳しくなければ[10]、貸出金利は預金金利ほどには低下しないが、融資競争が厳しければ[11]、預金金利が低下した分だけ貸出金利も下がる。したがって、預金金利の低下自体は、預貸利鞘を拡大させるか、変化させないかであり、利鞘を縮小させるとの結論にはならない。しかし、前者のようなさほど競争が厳しくない市場で、預金金利が上述の下限近くにある場合、融資需要減退の結果、貸出金利が低下しても、預金金利は下がらず、利鞘は縮小する。この点から、冒頭で示した利鞘縮小の原因として、資金需要の減退が有力候補であると言える。

(2) 量的質的金融緩和の影響

2013年4月から始まった量的質的金融緩和の一環で、残存期間が3年を超える国債の大量購入を日銀は開始した。一時期は、新たに発行される国債の８割にあたる量を日銀が買い占めるほどの大量購入であった結果、10年の長期金利に対しても日銀がコントロールを利かせることができるほどに、日銀の市場支配力が高まった。通常の独占と異なるのは、目的が利潤最大化ではなく、物価水準の安定と適切な経済成長の維持にある点である。

２０１６年1月の超過準備預金の一部に対するマイナス金利の導入の後、２０１６年9月以降は、「長短金利操作付き量的質的緩和」と呼ばれる調節方針を採用して、それまでの物価上昇率とマネタリーベースに関する目標値に加えて、10年金利をゼロ近傍とする長期金利に関する目標値も設定するかたちで金融調節が運営されている。長期金利のここまでの低下は、要求払い預金という満期が極めて短い資金を集めて、これを長期貸しすることを主な収益源とする伝統的銀行業にとっては、大きな痛手である。

これまでこうした長短金利差の縮小による銀行収益の圧迫は、筆者のものも含む多くの論考で大規模緩和の副作用として指摘されてきたが、その説明はやや言葉足らずであったかもしれない。より正確には、長期金利の低下の主因は、実体経済での資金需要減退にあり、金融政策はデフレ（継続的物価下落）を避けるために「実需減退」に合わせて市場金利を低めに誘導せざるを得なくなっているというべきであろう。この点について、もう少し詳しく解説してみたい。

量的緩和以前の、短期金利を操作目標とする伝統的金融調節を簡潔に描写する数式として有名なのが、テイラールールと呼ばれる式である（表１―３）。スタンフォード大学のジョン・テイラー教授が１９８７年から92年のグリンスパンＦＲＢ議長時代の米国連邦準備銀行の金融調節をうまく描

表1—3　テイラールール

$$i - p = 0.5y + 0.5(p - p^{*}) + r^{*}$$

（それぞれの文字の定義）
i ：フェデラルファンドレート（コールレート）
p ：過去1年間のインフレ率
y ：GDPギャップ（実質GDPの潜在GDPからの乖離率）
p^{*}：目標インフレ率
r^{*}：均衡実質金利

（注）一部の数字を文字に置き換えた。
（出所）Taylor（1993）202ページの式（1）。

写する式として1993年に提案したものである[12]。現在では金融政策を分析するためのマクロモデルに標準的に組み込まれている。

表1―3の左辺は、短期金利の操作目標である。米国であればフェデラルファンド（FF）レート、日本であればコールレートである。ここでは名目短期金利から物価上昇（インフレ）率を引いた実質金利として表示されている。量的金融緩和では、国債など長期債券を大量購入して、満期の長い金利を低下させようとしていると考えれば、両辺の金利や物価上昇率を期間の長いものに変更することで、おおむね同様に考えることができる。

右辺の第一項は、GDPギャップ（実際のGDPの潜在GDP［完全雇用均衡でのGDP］からの乖離率）に関係している。係数が正であるので、実際のGDPが潜在GDPよりも高い場合は、これを景気の過熱とみなして、金利引き上げによる需要の鎮静化を図ることを、この式は表している。第二項は、実際のインフレ率の目標値からの乖離幅に関係している。実際のインフレが目標値を上回る場合は、金利引き上げによる需要の鎮静化を試みることを表している。

右辺第三項は、１９９３年のオリジナルの論文では「均衡実質金利」とされ、近似値として潜在ＧＤＰ成長率である２％が当てはめられている。目標インフレ率が実現するとともに、ＧＤＰがちょうど潜在ＧＤＰと等しくなるような経済状態、いわゆる長期均衡での実質金利が想定されている。

この長期均衡での実質金利は、「自然利子率」と密接な関係があると理解されている[13]。この用語の初期の代表的出典であるクヌート・ヴィクセルの代表的著作『利子と価格』（１８９８年）の第８章によれば、自然利子率とは、「財価格を上げることもなく、下げることもない、中立的な金利」であり、この金利は「すべての貸借が貨幣ではなく実物資本で行われる市場で需給を均衡させる金利」と等しくなるはずである[14]。この意味で、自然利子率は、企業投資の収益性や個人の貯蓄意欲など、実物的な要因で決まる金利である。

現実の市場では、価格調整にさまざまな摩擦があるため、金融市場で決まる実質金利が自然利子率と等しくなるように速やかに調整される保証はない。前者が後者を上回れば、実物的な投資から得られる利回りよりも、市場での借入金利のほうが高いため、企業は投資を減らす。つまり、金融が引き締まり、投資需要が減退し、物価が下がる。実質金利が自然利子率を下回れば、金融が緩まり、投資需要が増えて、物価が上昇する。したがって、物価を上昇させたい場合は、実質市場金利を自然利子率より低く誘導し、低下させたい場合は、実質市場金利を自然利子率より高く誘導すればよい、というのがヴィクセルの考えた金融政策である。先述のテイラールールは、この調節方針のエッセンスを具体化して一本の数式で表したものと言える[15]。

(3) 低下し続ける自然利子率

ここで注目したいのは、自然利子率の決定要因である。ヴィクセルが挙げている要因は、「生産の効率性、利用可能な固定資産・流動資産の量、労働や土地の供給量、その時どきの社会の経済状態諸々の要因」である。現代的なマクロ経済モデルによる分析[16]では、生産性の成長、出生率、平均余命、労働分配率（総生産のうち雇用者所得が占める割合）、投資財の相対価格などが、自然利子率の決定要因の候補として検討されている。自然利子率は直接には観察できないため、これを推定するためのさまざまな手法が提案されている。これらの推定では、日本と米国で1990年代以降、自然利子率が低下し続けたこと、生産性成長率の低下が自然利子率を下押ししていたこと、日本の2015年前後の自然利子率がゼロ近傍だったことについて、おおむね一致している[17]。

本章でこれまで検討してきた出生率や寿命などの人口要因がどの程度自然利子率の低下に寄与したかついては、手法によりばらつきがみられる。動学的確率一般均衡モデルと呼ばれるマクロモデルをベースにした推計では、生産性要因が重要であり、人口要因はさほどでもないとの結果が得られている[18]。他方、世代重複モデルと呼ばれる人口年齢構成を明示的に考慮したモデルをベースにした推計では、人口要因が無視できないインパクトを与えていたことが示されている。たとえば米国については、1970年から2015年にかけての約4％の自然利子率低下のうち、三分の一が出生率の低下、三分の一が寿命の延び、三分の一が生産性成長率の低下で説明できるとの推定が示されている[19]。日本のデータによる推計でも、同期間の自然利子率の低下幅約6％のうち、4割程度がこうした人口要因で説明できるとの報告がある。[20]

自然利子率が低下しているにもかかわらず、市場金利を一定の水準に維持すれば、市場金利が自然利子率を上回る金融引き締めの状態となり、物価を低下させてしまう。物価水準の安定を目的とする中央銀行としては容認できるはずもない。[21] 現在のように、短期金利が下限にぶつかってしまっている場合は、長期国債の購入等により、企業の投資需要への影響が大きい長期金利を直接操作して自然利子率に合わせていくよりほかない。

自然利子率の低下と密接に関連しているのが、ハーバード大学教授で財務副長官を務めたこともあるローレンス・サマーズによりその可能性が指摘され、大きな反響を呼んだ「長期停滞」（secular stagnation）の理論である。[22] 長期停滞は、自然利子率が市場利子率では実現し得ないほど大きくマイナスに落ち込む状態を指す。上述のとおり、人口構成や技術など実物的な構造要因が決める自然利子率が、現金と債券の裁定関係で決まる市場金利の下限よりも低い水準に落ち込んでしまった場合、中央銀行の独占力をもってしても市場金利を自然利子率に近づけることができず、実質的に金融引き締めの状態が続いてしまう。この場合、潜在ＧＤＰを下回る水準に経済が長期的に停滞し、デフレ圧力が継続する。

金利の極端な低下は、一時的なものでもないし、日本特有の現象でもないことが知られている。[23] 実際に主要先進国の長期金利は、90年代以降低下の一途をたどっている（図1―10）。生産年齢人口の減少や、生産性成長率の低下など、自然利子率を低下させる構造的要因が解消されない限り、市場金利のトレンドが上昇基調に転じることはなさそうである。

図1—10　先進国の長期金利（実質）

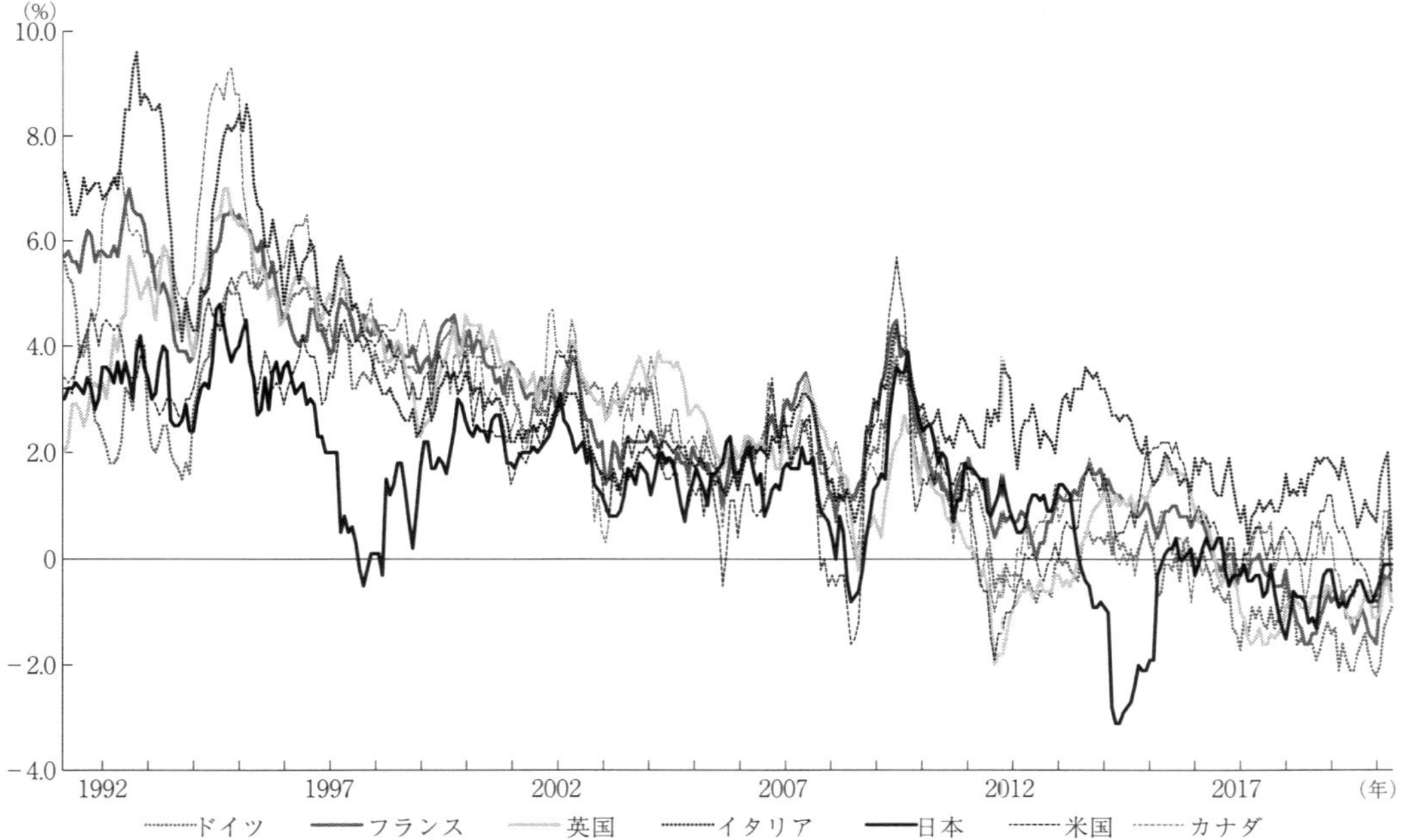

（出所）経済協力開発機構（OECD）[24]。長期金利は、10年国債の流通市場利回り（年率%）。消費者物価指数（2015年基準、総合）の上昇率を上記利回りから控除することで実質金利を計算。

3　自然利子率の低下圧力は地域により異なる

以上では、日本の預貸市場をひとまとめに捉えて、その構造変化を概観した。預金市場についてはオンラインバンキングの普及もあり、地理的分断はさほど重要ではなくなっていると考えられる。他方、事業性融資市場、とりわけ地域金融機関の主要顧客である中小企業向け融資市場においては、ほとんどの中小企業が自社から半径10キロ圏内の銀行支店を主要な取引銀行としている。[25]つまり、地理的な分断が顕著である。中小企業金融においては、融資先やその関係者と銀行の間での密接な情報交換が欠かせないため、地理的近接性が重要であると理解されている。また、さほど密接な情報交換が必要ではない個人向け住宅ローンであっても、地元の不動産業者経由の紹介が住宅ローン打診の契機になることが多いことを考えれば、各金融機関の支店が所在する地域の経済状況の影響は無視できない。これらのことは、先述の自然利子率の低下圧力が地域により異なることを示唆している。

(1)　生産年齢人口変化の地域差

自然利子率の主要な決定要因である生産性成長率と人口動態のうち、地域差が顕著に出てきそうなのが後者の人口動態である。表１―４に、各都道府県における生産年齢人口の１９９５年から２０１５年までの変化と、２０１５年から20年間に予想される変化が示されている。表中の数字は１

表１―４　各都道府県の生産年齢人口

	2015年	2035年		2015年	2035年
北海道	81.3	60.7	滋賀	99.1	87.7
青森	77.1	49.9	京都	85.2	71.5
岩手	80.0	57.1	大阪	84.4	71.7
宮城	90.5	70.3	兵庫	88.4	72.6
秋田	72.5	44.6	奈良	80.3	59.8
山形	80.4	57.2	和歌山	77.4	58.1
福島	82.3	56.5	鳥取	84.2	66.8
茨城	87.2	67.4	島根	80.0	63.6
栃木	89.5	71.7	岡山	86.5	74.9
群馬	86.5	69.2	広島	86.0	74.9
埼玉	91.2	80.3	山口	76.9	60.4
千葉	90.9	79.0	徳島	80.1	59.2
東京	102.2	100.0	香川	82.7	68.4
神奈川	95.1	84.0	愛媛	80.5	61.0
新潟	82.4	62.5	高知	77.4	56.6
富山	81.3	65.4	福岡	91.6	80.6
石川	85.6	71.9	佐賀	85.7	68.1
福井	84.7	67.6	長崎	79.6	57.6
山梨	84.6	60.1	熊本	86.1	69.1
長野	84.2	65.9	大分	82.9	65.3
岐阜	83.4	65.9	宮崎	82.5	62.0
静岡	85.5	68.4	鹿児島	84.1	61.0
愛知	94.9	86.8	沖縄	107.1	98.5
三重	86.6	69.6			

（注）1995年を100とする。
（出所）1995、2015年は「人口推計」（総務省統計局）。2035年は「将来人口推計」（国立社会保障・人口問題研究所）。

図１—11　都道府県ごとの生産年齢人口成長率と融資増加率（1998—2018年、散布図）

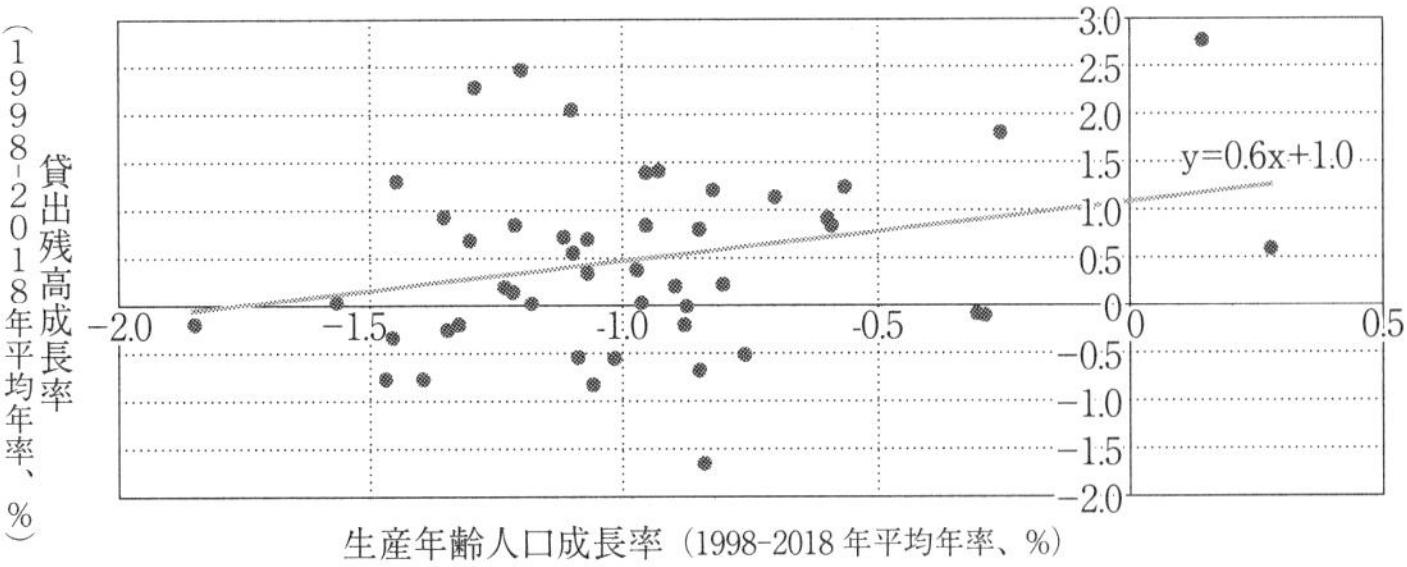

（出所）融資増加率は「都道府県別貸出金」（日本銀行）から得られる国内銀行の融資残高を、地方別消費者物価指数（総合、2015年基準）で実質化。毎年３月末残高の1998年から2018年までの平均成長率。生産年齢人口は「人口推計」（総務省統計局、毎年10月時点）より。1998年から2018年までの平均成長率。

９９５年のレベルを１００として表示してある。東京と沖縄は例外的に増加しているが、多くの地域で１９９５年から２０１５年の20年間に15％以上減少している。この次の20年間はさらに速度を増して多くの地域で20％以上減少する見込みである。95年比でみると、東京、沖縄ではほぼ変化がないが、その他の地域では軒並み３割程度、大きいところでは５割以上減少することが見込まれている。

　過去20年間の生産年齢人口の変化と、銀行による融資額の変化の関係を調べるために、横軸を過去20年間の生産年齢人口の平均増加率、縦軸を過去20年間の融資残高（各地の消費者物価指数で実質化）の平均増加率として、散布図を描いたものが図１―11である。各点が都道府県である。先の国別データの散布図よりも、傾きは緩やかではあるが、正の相関が見て取れる。近似直線の傾きはおおむね０・６である。これは、今後生産年齢人口が３割程度減少する地域では、融資市場が２割程度縮小することを示唆している。利鞘が縮小

図1―12　本業からの利益（国内部門のみ）

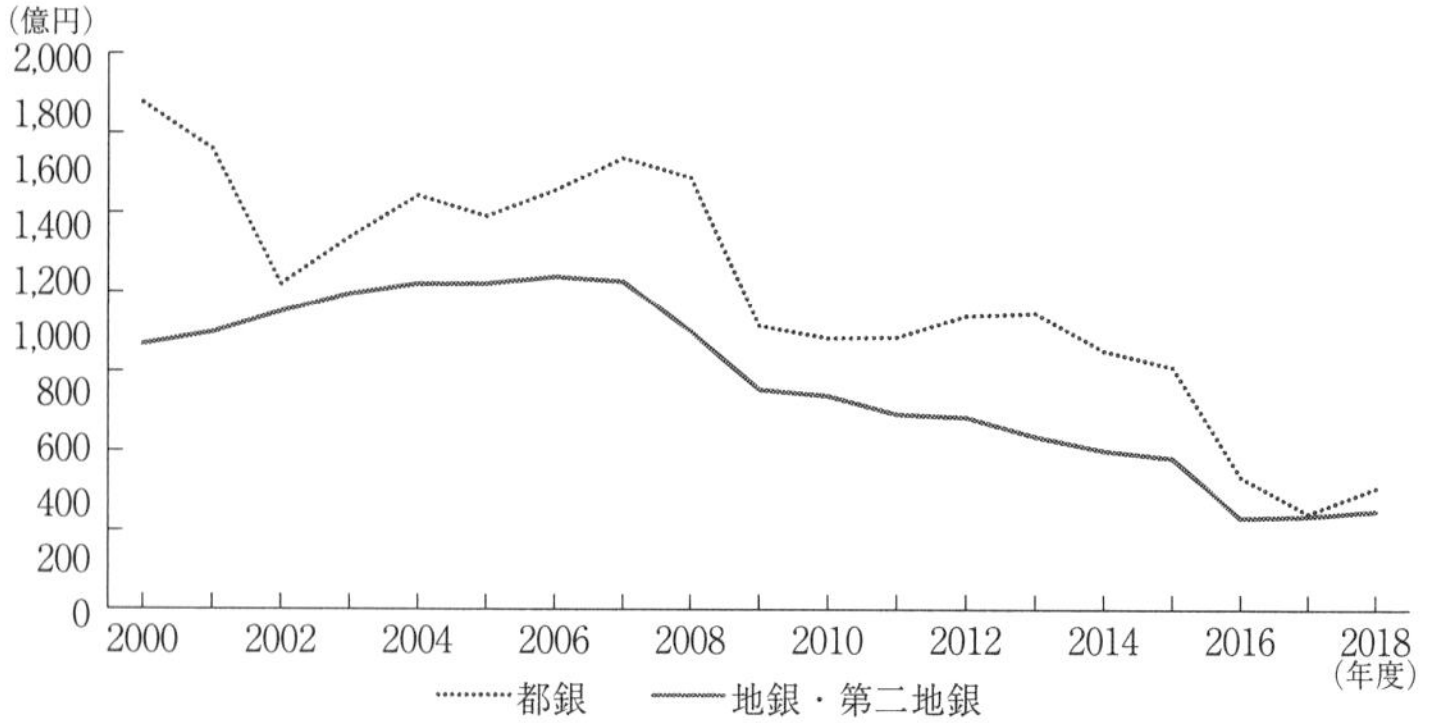

（出所）全国銀行財務諸表分析付属表（全銀協）より筆者作成。貸出利益は、貸出残高×（貸出金利回り－預金債券等利回り）。役務利益は、役務取引等収支。

する上に、市場規模も縮小するため、生産年齢人口の減少が顕著な地域を地盤とする金融機関は厳しい状況に追い込まれることが予想される。

(2) 地域金融機関の財務健全性

多くの地域で市場縮小の圧力がかかる中、地域金融機関の収益力はじわじわと低下している。２０１９年７月に金融庁から公表された報告書[26]によれば、２０１８年度に地域銀行１０６行中45行で本業の利益が連続赤字となっており、そのうち27行が５期以上の連続赤字となっている。

金融庁の報告書にある計算方式にならって、貸出業務と役務業務の収支合計から営業経費を控除したものを、本業からの利益として業態ごとに集計して時系列グラフに表したものが、図１―12である。いずれも単体の財務諸表に基づくものであり、主に国内業務を反映している。都市銀行の場合は、２０００年以降継続的に減少傾向にある。地方銀行では２

図１—13　本業からの利益の内訳（都市銀行、地方銀行）

（a）都市銀行

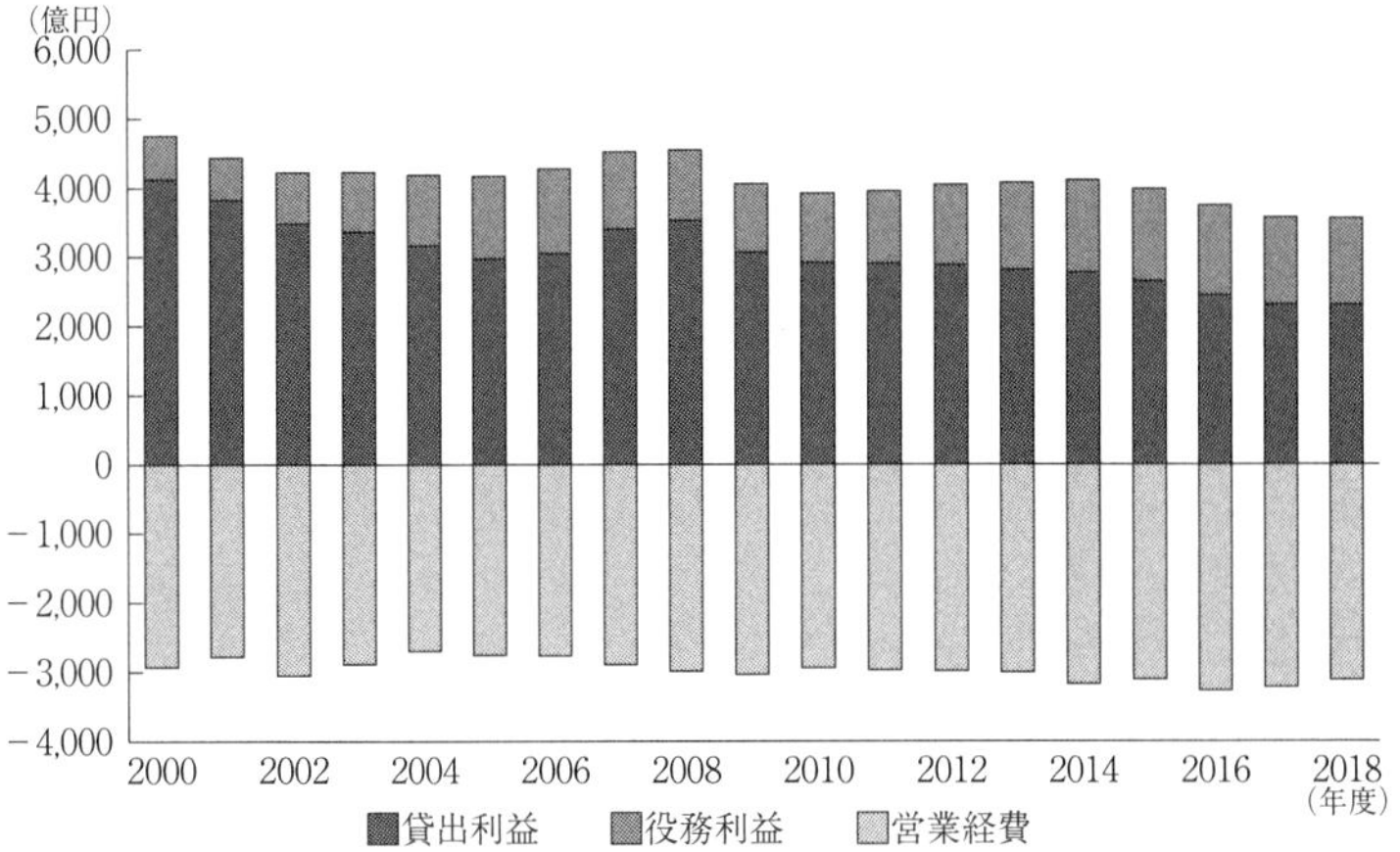

（b）地方銀行・第二地方銀行

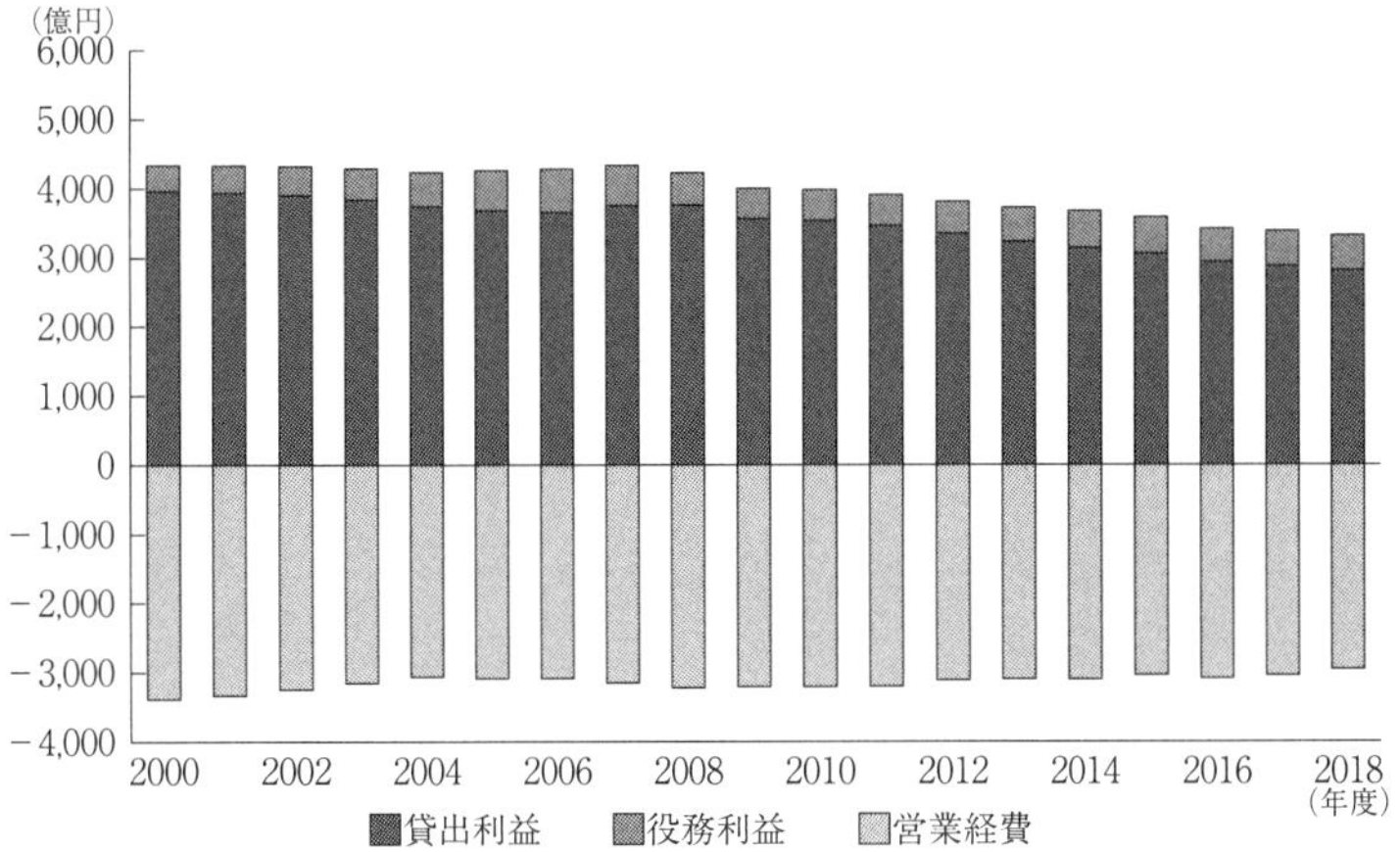

（出所）図１－12と同じ。

008年の金融危機直前までの好況期には増加傾向にあったが、2008年以降は継続的に減少している。ピークであった2007年には都銀で1・6兆円、地銀で1・2兆円であったものが、2018年度には、都銀で4分の1程度、地銀で3分の1程度まで減少している。

本業の利益を、貸出収支、役務収支、営業経費に分解して図示したものが図1―13である。役務収支はいずれの業態でも緩やかに増加しているが、それを上回る勢いで貸出収支が縮小していることがわかる。これら収支のうち役務収支が占める割合は、都市銀行で2000年度に13%であったものが、2018年度には35%まで増加している。地方銀行では2000年度に9%であったものが、15%まで増加している。収益の85%を貸出に依存する地方銀行で特に問題が深刻であることがここからわかる。いずれの業態でも、集計値で見る限り、急激な収益低下に経費節減が追いついていない。

こうした中、採算が特に悪化した2017年以降、大胆な店舗削減や人員削減を公表する銀行が相次いでいる。日本経済新聞が2020年3月に行った調査では、地銀・第二地銀の約2割が今後5年間で2割程度店舗を減らすことを計画していることが明らかにされている[27]。大手都銀では、2017年比で25%から40%程度の店舗削減や、店舗のうち75%程度の軽量店化などさらに大胆なリストラが計画されている[28]。

4　地域金融行政の現状

金融機関の規制監督を担う金融庁は、こうした構造的問題を早くから察知して、特に伝統的な預貸業務への依存度が高い地域金融機関に向けて、さまざまな規制緩和、監督方針等の改訂、情報発信を行っている。

(1)　地方創生に向けた地域密着型金融の深化

従来、地域金融機関に対しては、中小企業向け融資を通して、地域経済の活性化と生産性向上に寄与すると期待される事業展開や取引慣行を促すことで、地域金融機関の持続可能な成長を促す諸施策が講じられてきた。２００２年に始まった「リレーションシップバンキングの機能強化に関するアクションプログラム」は、地域金融機関が本来発揮すべき情報生産能力、有望な事業を見抜く「目利き」能力の向上により、資金を的確に衰退部門から成長部門に円滑に再配分することで、地域経済の成長と、地域金融機関の財務健全性の改善を狙った政策であった。この考え方は、その後、「地域密着型金融」の推進、「日本型金融排除」の解消、担保や保証に過度に依存しない「事業性融資」の促進と、具体的なテーマを変えながらも、現在に至るまで地域金融機関向け監督方針のベースとなっている。

後の章で詳しく説明するとおり、中小企業の中でも、新興の成長企業や、事業転換により再生を図る再生企業については、融資ではなく、株式購入による出資のほうが、資金の出し手と取り手双方にとって望ましい場合がある。こうしたニーズを踏まえて、銀行による産業支配の防止を目的とした、銀行による一般事業会社への出資規制が、最初はベンチャー企業について（1999年）、後に事業再生会社（2006年）、地域活性化事業会社（2013年）、について緩和されてきた。地域への資金供給手段の選択肢が徐々に拡充されている。

銀行法には、他業から銀行の本来業務へのリスク波及を避けるなどの観点から、銀行の行える業務範囲を制限する規定がある（他業禁止規定、銀行法12条）。この規定についても、顧客向けサービスの充実、地方創生の観点から、年々緩和されてきた。2020年時点では、取引先企業に対して行うコンサルティング業務、ビジネスマッチング業務、人材紹介業務、M&Aに関する業務が認められている。

1990年代末の銀行危機から金融機関の健全性を回復することを目的として策定された債権管理のガイドライン「金融検査マニュアル」においても、地域金融機関については、「別冊 中小企業編」（2002年）が用意され、財務諸表など外形的な情報のみに依存しない中小企業金融特有の取引慣行に一定の配慮がなされていた。しかし、こうしたガイドラインへの形式的な順守が重視されすぎ、金融機関自身の主体的判断による信用リスク管理に必ずしもつながっていなかったとの反省から、2019年をもって同マニュアルは廃止された。これにより、地域金融機関は、信用リスクの引き受け・管理について、より実態に即した主体的判断を行うことが求められるようになっている。

(2) 統合・提携の積極的容認

伝統的な預貸業務への依存度が高い地域金融機関の採算が目立って悪化するようになった2014年頃から、地域金融機関、とりわけ地方銀行と第二地方銀行に対して、「経営統合も重要な選択肢[29]」との異例の言及が金融庁幹部からあるなど、縮む市場に対応した再編が意識され始めた。

それまでほとんど再編がなく各地のトップバンクとして君臨していた地方銀行による経営統合が、その後相次いで発表されている（表1－5）。なかでも論争となったのが、それまであまり見られなかった同一県内の経営統合である。営業エリアが重複する銀行同士の合併は競争制限的に作用する恐れがあるため、顧客向けサービスの低下、融資金利の上昇など、顧客への不利益が生じる恐れが大きい。このため条件によっては、独占禁止法に基づいた、公正取引委員会による企業結合審査が必要となる。

この審査の一例目となったのが、2016年2月に公表された福岡銀行を中核とするふくおかフィナンシャルグループと長崎県の十八銀行の統合合意である。ふくおかフィナンシャルグループの傘下には同じく長崎県を地盤とする親和銀行があり、統合計画は2018年4月にこれら長崎県の2行を合併することとしていた。県内1位と2位の合併により、合併後の県内融資シェアが7割を超えることから、競争制限的な副作用の有無について論争となった。

2018年8月に公表された企業結合審査結果では、当該合併による競争制限的効果が認定されたものの、問題解消措置として1000億円弱相当の事業性融資債権を他行に譲渡することを条件

表1—5　2013年以降の地方銀行の経営統合

統合年月	経営統合の内容
2014年10月	東京都民銀行と八千代銀行が、持株会社東京TYフィナンシャルグループ（FG）を設立。
2015年10月	肥後銀行と鹿児島銀行が、持株会社九州FGを設立。
2016年 4月	東京TYFGと新銀行東京が経営統合。
同上	横浜銀行と東日本銀行がコンコルディアFGを設立。
同上	徳島銀行と香川銀行の持株会社トモニホールディングスが大正銀行と経営統合。
同上	常陽銀行と足利銀行が持株会社めぶきFGを設立。
2016年10月	西日本シティ銀行、長崎銀行、西日本信用保証が持株会社西日本FGを設立。
2018年 4月	関西みらいFG、関西アーバンFG、みなと銀行が、関西みらいFGに統合。
同上	三重銀行と第三銀行が、持株会社三十三FG設立。
2018年5月	東京都民銀行、八千代銀行、新銀行東京が合併。きらぼし銀行に。持株会社は東京きらぼしFG。
2018年10月	第四銀行と北越銀行が、持株会社第四北越FG設立。
2019年 4月	近畿大阪銀行と関西アーバン銀行が統合して、関西みらい銀行に。
同上	ふくおかFGと十八銀行が統合。
2020年 1月	大正銀行と徳島銀行が合併。徳島大正銀行に。
2020年10月	十八銀行と親和銀行が合併。十八親和銀行に。
2021年 1月	第四銀行と北越銀行が合併。第四北越銀行に。

として、統合が認められた。この条件をクリアし、当初予定より2年半遅れの、2020年10月に合併が実現した。

2018年4月に金融庁が公表した「地域金融の課題と競争の在り方」と題する報告書は、「金融システムレポート」（2017年10月、日本銀行）における地域金融の競争環境に関する詳細な分析を引用しつつ、企業数や人口減少の結果、複数行の存続が困難な地域、あるいは1行ですら存続が困難な地域が存在すること、および長崎県が後者に含まれることを指摘し、本件合併の妥当性を主張している。

2020年5月には、地域金融機関の円滑な統合を可能にするため、地域金融機関に関する独占禁止法の適用除外を一定の条件で認める特例法が、10年の期限付きで成立した[30]。競争制限的な副作用を防ぐために、サービス値上げなど不当な不利益を利用者に与える恐れがある場合には、主務大臣が当該事業者に対して「当該不当な不利益の防止のための方策を定めることを求めることができる」（4条2項）と規定している。競争制限的副作用のリスクを抱えながらも、経営統合を促進することで市場縮小に備えるために、かなり踏み込んだ対応がとられている。

5　現状認識のまとめと問題設定

以上、さまざまな資料に依拠して、地域金融の現状認識を試みた。ここまでの情報を見る限り、地域経済は避けようもない収縮圧力に長期にわたってさらされることが見込まれ、地域金融機関は相当な覚悟をもって準備をしなければならない状況にあると言わざるを得ない。

しかし、地域経済がお先真っ暗というわけではない。そもそも集計値が下がったからといって、一人あたりの所得や生産性まで下がるとは限らない。経営者の高齢化を理由とする自主廃業が増加していると先に書いたが、このように廃業を決めた企業は、承継を決めた企業よりも生産性が低いとの実証結果がある。[31] また、廃業により企業の資産、ノウハウ、顧客基盤が全部失われてしまうわけではなく、有望な部分については部分的に営業譲渡することで、他の企業に引き継がれていくケースが多数あることを2018年版『中小企業白書[32]』は報告している。合併・買収を仲介する業者の成長も著しい。これまで他の先進国と比較して、中小企業の生産性の低さが際立っていることがしばしば問題視されてきたが、このように企業の集約が進むことによって、効果的な情報関連投資が可能となり、生産性が向上することが期待される。

また、金融技術についても技術革新が進みつつある。いわゆるフィンテック（次章で詳述）である。詳細は後の章に譲るとして、これまでコストがかかりすぎて採算が合わず、提供できていなかった先へのサービス提供の可能性が広がりつつある。クラウドファンディングと呼ばれる、個人が不特定多数からネット上で直接資金調達を行う金融も広がりを見せている。

以下の章では、これらの前向きな動きも踏まえつつ、地域経済の生産性を向上させながら上手に縮むための地域金融の構造調整の方向性を探っていきたい。

【第１章　注】

（１）　Acemoglu and Restrepo（2017）.

（２）　この点に関しては、鯉渕ほか（２０１４）、Ogura（2018）が詳しい分析を行っている。同様の現象は、２０２０年３月以降深刻化した「コロナショック」でも起きている。

（３）　たとえばWatanabe（2007）, Ishikawa and Tsutsui（2013）。

（４）　２０１９年版『中小企業白書』。第２部第１章76ページ「図２―１―３　年代別に見た中小企業の経営者年齢の分布」。

（５）　深沼・山崎（２０２０）を参照。

（６）　同様の指摘は、家森（２０２０）第１章３節にも見られる。

（７）　たとえばOrihara *et al.*（2020）。

（８）　小倉（２０１５）。

（９）　こうした企業向け融資の地理的分断についてはIshikawa and Tsutsui（2013）、Ono, Saito, Sakai, and Uesugi（2016）の実証結果がある。

（10）　ここでは、寡占市場の代表モデルであるクールノー・モデルを想定している。

（11）　ここでは、完全競争モデルや限界費用（調達金利）が等しい企業間のベルトラン・モデルを想定している。

（12）　Taylor（1993）.

（13）　たとえば学部上級生向けのマクロ経済学の代表的教科書であるMankiw（2009）では、この第三項を自然利子率と解釈している。たしかに、目標インフレ率がゼロである場合は、論理的に無理なく第三項を自然利子率と解釈することができる。目標インフレ率を現在の国際標準である２％とする場合、厳密には、第三項はヴィクセルの定義した自然利子率からずれる。しかし、それでも自然利子率の決定要因が、第三項の重要な決定要因でもあることに変わりはない（Eggertson *et al.*（2017）を参照）。

（14）　Wicksell（2014）第８章 The Natural Rate of Interest on Capital and The Rate of Interest on Loansの冒頭にある元の英訳は以下のとおりである。“There is a certain rate of interest on loans which is neutral in respect to commodity prices, and tends neither to raise nor to lower them. This is necessarily the same as the rate of interest which would be determined by supply and demand if no use were made of money and all lending were effected in the form of real capital goods. It comes to much the same thing to describe it as the current value of the natural rate of interest on capital." 本文中の「」は、これを筆者が意訳したものである。

(15) テイラールールとヴィクセル型金融調節の関係については、Woodford (2003) の2章を参照。

(16) 海外での研究例としては、Carvalho *et al.* (2016)、Eggertson *et al.* (2017) などがある。また、日本を対象とした研究の例としては、岡崎・須藤（２０１８）、Sudo and Takizuka (2018) が挙げられる。

(17) 前脚注に挙げた研究に加えて、岩崎ほか（２０１６）、Iiboshi *et al.* (2018) など。

(18) 岡崎・須藤（２０１８）。

(19) Eggertson *et al.* (2017)。最近の米国の生産性成長の鈍化傾向については、Decker *et al.* (2017) など参照。

(20) Sudo and Takizuka (2018).

(21) この点に関連して、Sudo and Takizuka (2018) は、90年代以降の短期金利低下のうち30％程度は生産年齢人口要因で説明できるとのシミュレーション結果を提示している。また、人口の高齢化と長期金利の負の相関は、Ichiue *et al.* (2015) の実証研究でも明らかにされている。

(22) Summers (2013).

(23) Carvalho *et al.* (2016).

(24) OECD (2020) Long-term interest rates (indicator) doi: 10.1787/662d712c-en (Accessed on 31 July 2020). Inflation (CPI) (indicator) doi: 10.1787/eee82e6e-en (Accessed on 31 July 2020).

(25) 植杉ほか（２００９）26ページ、表１―32によれば、８割強の企業が自社から半径10キロ圏内の金融機関支店をメインバンクとして利用している。

(26) 金融庁「利用者を中心とした新時代の金融サービス～金融行政のこれまでの実践と今後の方針～（令和元事務年度）」78―79ページ。

(27) 『日本経済新聞』２０２０年５月13日朝刊９ページ「地銀の二割、店舗削減へ」。

(28) 『日本経済新聞』２０２０年５月20日朝刊７ページ「三井住友ＦＧ　店舗の４分の３個人相談に重点」。同紙２０２０年５月21日朝刊９ページ「三菱ＵＦＪ銀店舗４割削減へ」。

(29) 『日本経済新聞』２０１４年１月25日朝刊５ページ「金融庁、地銀に再編促す」。

(30) 法律の正式な名称は、「地域における一般乗り合い旅客自動車運送事業及び銀行業に係る基盤的なサービスの提供の維持を図るための私的独占の禁止及び公正取引の確保に関する法律の特例に関する法律」。
(31) Tsuruta (2019).
(32) ２０１８年版『中小企業白書』第２部第６章「M＆Aを中心とする事業再編・統合を通じた労働生産性の向上」。

第2章　変容する金融ビジネス
――収益源の多様化と他業との緊張関係

前章では、地域金融機関の置かれたマクロ経済的な環境を中心に、データを用いた描写を試みた。そして、地域金融機関を苦しめる預貸利鞘の縮小は、金融政策に起因するものというよりは、生産年齢人口の減少や技術革新の停滞など、実体経済のファンダメンタルズにより決まる自然利子率の低下に起因するものであるとの見方を示した。このことは、金融緩和政策をやめれば利鞘がただちに元の水準に戻るというような単純な議論では済まないことを示唆している。

こうした地域金融機関にとって厳しくなりつつあるマクロ経済環境の変化に加えて、金融仲介のビジネスモデルそのものの変革が進んでいる。ビッグデータ（リアルタイムで更新される大量の個人情報）を使いこなすために不可欠な情報通信技術やインフラが確立されたことにより、これらを利用して低コストでの金融サービス提供を行う企業の参入がこの10年ほどで急激に増えている。いわゆる「フィンテック」[1]企業と呼ばれる新興企業群である。フィンテック企業の参入は、決済業務から預貸業務に及び、伝統的銀行にとって強力なライバルが現れたと見る論調が主流である。他方で、こうした技術革新による金融サービスの低コスト化は、従来の銀行では採算が取れず扱えなかったような高頻度の小口サービス提供の可能性を新たに開拓しているようにも見える。フィンテックの登場は、伝統的な銀行業にとって脅威かもしれないし、機会かもしれない。

預貸業務からの収益が長期的に収縮する中、既存銀行は収益源の多様化を図っている。これに対応して、銀行の業務範囲に関する規制緩和が徐々に進んでいる。銀行業と他業の相互参入により、銀行業の境界線は今後ますます曖昧なものになると予想される。こうした銀行業と他業の補完関係あるいは緊張関係に関する議論には、長い歴史がある。銀行業と商業の分離、いわゆる「銀商分離」の規制として、古くから議論されてきた論点である。

本章では、まず、海外でのフィンテックや国内の一般事業会社による預貸業務への参入事例を概観した上で、こうした新規参入の地域金融機関へのインパクトを考察する。この考察を踏まえて、銀商分離規制に関する論点の再整理を試みる。

1 フィンテックの勃興

(1) 事例1：電子商取引、電子決済、そしてインターネット銀行へ
――アントフィナンシャル（中国）の事例

2020年11月、中国の巨大フィンテック企業「アントフィナンシャル」が上海と香港の証券取引所への同時上場を目指して準備を進めているとの報道があった。結局、中国の規制当局により上場は差し止められてしまったが、上場時の株式時価総額は3500億米ドル（1ドル105円で換算すれば、約37兆円）と予想され、もし実現すれば世界最大の新規株式公開となっていたはずだった。この金額は世界最大級の老舗銀行であるJPモルガン・チェース銀行の時価総額（約30兆円）

を凌駕する。日本最大の銀行グループである三菱ＵＦＪフィナンシャルグループの株式時価総額が６兆円弱であることを考えると、文字どおり、桁違いのフィンテック企業である。オンライン決済取扱額も桁違いであり、２０１９年には、世界的なクレジットカード会社であるＶＩＳＡとマスターカードの合計決済金額をしのぐ、16兆米ドルに達している[2]。規制上の問題や競争政策の観点から上場は差し止められてしまったものの、そのビジネスモデルは注目に値する。

アントフィナンシャルは、中国最大の電子商取引プラットフォーム、アリババ（阿里巴巴）グループの資金決済部門「アリペイ（支付宝）」が２０１４年に分社化してできた会社である。アリペイは、ＱＲコード決済を初めて開発・運用したことでも有名である。アリペイが個人間のオンライン決済業務を開始したのが２００３年であるから、事業開始後20年足らずで、世界最大級の時価総額を持つ銀行に成長してしまったことになる。成長と変化の速さには驚嘆するばかりである。

同社の沿革、ビジネスモデル、創業者たちの理念を詳述した書籍『アントフィナンシャル』（廉薇・辺慧・蘇向輝・曹鵬程（著）、永井麻生子（訳）、みすず書房、２０１９年）には、同社の成長過程が克明に描かれている。この書籍に依拠して、同社を概観してみよう。

１９９９年、ジャック・マー（馬雲）らにより設立されたアリババは、企業間取引（business-to-business：Ｂ２Ｂ）のマッチングを行うサイト、アリババ・ドットコムとして事業を開始した。２００３年にこれを個人間取引（consumer-to-consumer：Ｃ２Ｃ）に応用したタオバオ（淘宝）を開設するに至って、同サービスは「信用の問題」に直面する。買い手が約束どおり代金を支払ってくれるのか不安であるために、売り手は代金を受け取ってから商品の発送をしたいと考える。買い手は、約束どおりの物が届くのを見届けてから、代金を支払いたいと考える。どちらも後手を取ろうとするために取引が始まらない。

この問題を解決するためにタオバオでは「保証取引」と呼ばれる決済方法を導入する。まず①買い手がタオバオに対して代金を支払う。②タオバオは売り手に代金受け取りを確認した旨を伝えて、品物の発送を指示する。③買い手は納品を確認し、その旨をタオバオに連絡する。④タオバオはこの連絡を受けた後に、①で買い手から預かっていた代金を売り手に送金する。このように、すでにB2B取引を多くこなすことで確立されていたアリババ自身の信用力を活用して、信用の問題を克服した。しかし、提携銀行による送金手続き、品物の輸送、納品確認など多大な時間とコストがかかる仕組みであり、取引量が増えるにつれて、処理能力を超える業務と多大な送金手数料が、タオバオにのしかかることとなった。

この問題を克服するために、タオバオは「バーチャル口座」と呼ばれる仮想口座の仕組みを2004年に設ける。これが後の「アリペイ」の核となる。この仕組みのヒントとなったとされるのが、「いつも『払い戻し不要。払い戻し分をアリペイにプールして、次の取引の時に使ってほしい』と伝言を書き残しているユーザー」の存在だった[3]。利用者はあらかじめタオバオが用意したバーチャル口座に入金しておき、タオバオ上での取引にはこの口座を用いる。現金化する必要がある場合のみ、この口座から銀行口座に送金する。このようにして、銀行の振替手数料やそれにかかる事務手続きを大幅に節約することができるようになった。この仕組みが奏功して、タオバオは中国およびアジア最大のC2CとB2Cの小売プラットフォームに成長した。その後も、アリペイは、決済に関するさまざまな技術革新を進め、２０１６年では1秒間で12万件もの決済処理が可能となっている[4]。

２０１３年には、バーチャル口座からアリペイアプリでいつでも送金できる「ユーウーバオ（余額宝）」というマネーマネジメントファンド（ＭＭＦ）口座を開設し、オンライン資産運用の機能を持たせたことで人気に拍車がかかった。オンライン決済サービスには、中国最大のソーシャルネットワーキングサービス（ＳＮＳ）であるウィーチャット（微信）を運営するテンセント（騰訊）も、テンペイ（財付通）というブランドで同様のサービスを急速に拡大しており、熾烈な競争を展開している。２０１８年のインターネット決済市場のシェアを見ると、アリペイが54・４％、テンペイが39・２％、残りがその他となっており、実質的に両社が市場を二分している[5]。

決済を仲介する主体が効率性を追求して、やがて預金を受け入れるようになるという流れは、次章で紹介する15世紀フィレンツェのメディチ家や江戸時代の日本の両替商が銀行業を営むに至る過程によく似ている。規制が未発達であった中世や近世であれば、ここから、余資の運用が始まり、新たな銀行が登場することになるが、現代では銀行業の脆弱性を補うために参入規制をはじめとするさまざまな規制が存在する。この点は、中国も例外ではなく、中央銀行であり、かつ監督当局でもある中国人民銀行が目を光らせている。

アリババは当初は規制対応の負担が重い上に、既存銀行がひしめいている融資業務に直接参入することは避けていた。２００７年に、タオバオをはじめとする電子商取引プラットフォーム上の中小企業や個人の取引履歴など信用情報を提携銀行に提供し、この提携銀行がこれを活用して審査と融資を行うという間接的なかたちで融資業務に参入した。しかし、こうした提携融資の当初の審査通過率は「2～3％と極めて低く[6]」、これが、ジャック・マーによる「銀行が変わらないなら、われわれが銀行を変える」との発言（2008年第7回中国企業家サミット）につながる[7]。

この公約は2年後に実行に移される。2010年4月にアリババは杭州市からマイクロクレジットの営業許可証を得て、浙江阿里巴巴小額貸款股份有限公司（通称「阿里小貸」）を設立し、零細企業向けの融資事業を開始した。タオバオなどアリババグループのプラットフォームの会員のうち、従業員が数名から十数名程度の零細企業や個人に対して、約13万元（2010年4月の相場、1元＝約14円で換算すると約182万円）以下の小額の無担保融資をオンラインで行うというのが、阿里小貸の主要な業務である。プラットフォームの会員であるため、キャッシュフローや受注の状態をオンラインでリアルタイムに把握できる。2017年以降のQRコード決済の普及で、各小売店のネット取引だけではなく、実店舗での取引情報も蓄積されるようになり、こうした自動審査の対象範囲がさらに広がっていると推測される。

興味深いのは、借り手の「80％はそれまでまったく融資を受けたことがない層」である点だ[8]。つまり、阿里小貸は既存の銀行が取り上げてこなかった資金需要を発掘し、そこに資金を供給する道を新たに開いたと言える。その意味で、阿里小貸は、既存銀行のディスラプター（破壊者）としてではなく、これを補完する存在として台頭してきたと言える。

中国で民営銀行設立が解禁された直後の2015年に、アリババは、預金業務と小口融資業務を行うインターネット銀行、浙江網商銀行（通称マイバンク）を設立し、阿里小貸の零細企業向け融資事業の一部をこの銀行に引き継ぐ。これにより、マイクロクレジット会社では許されていなかった預金による資金調達が可能になった。銀行化以前は、主に融資債権の証券化により資金調達していた。(9)

同銀行の２０１９年版アニュアルレポートによれば、２０１９年末時点の貸出残高は約７００億元であった。(10)当時の為替レート（1元＝約16円）で換算すれば、これは約１・１兆円であり、日本の大きめの信用金庫程度の規模となっている。不良債権比率は１・３％であり、低位に推移している。

零細企業向け融資については、網商銀行による引き受けのほかに、オンラインで受けつけた融資申し込みを上記の信用情報とセットで提携銀行に提供し、利息のうちの一定割合をその見返りとして徴収するビジネスモデルも展開している。この場合は、与信判断、信用リスク管理、回収はすべて提携銀行の責任で行われる。こうした仲介分も含めると、２０２０年6月末時点で、零細企業向け与信残高は約４０００億元（約６・４兆円）となっており、仲介ビジネスがむしろ主となっている。(11)

他方、個人向け融資は証券化されて、資産担保証券（ＡＢＳ）として、中国の大手銀行を含む提携金融機関に売却されている。２０２０年6月末時点で、約１兆７３２０億元（約28兆円）の融資残高を記録している。日本の大手信託銀行と匹敵する融資規模である。個人向け融資の回収業務はアントフィナンシャルが行う。

(2) 事例2：クラウドレンディング

貸出業務に関連するフィンテックとして成長著しいもう一つの業態が、クラウドレンディングである。Peer-to-peer（P2P）レンディングとも呼ばれる。インターネット上で個人から広く資金を募る資金調達方法は、クラウドファンディングと総称される。クラウドレンディングは、このうち個人が個人・企業に対して直接小口融資を行う「融資型」に該当するものである。このほかに、純粋に寄付を募る「寄付型」、新製品の予約販売を通して新製品開発費を募る「購買型」、未上場企業の株式の購入を行う「株式型」などがあるが、多くの国で融資型の成長が著しく、規模が圧倒的に大きい。

米国財務省のレポート[12]は、クラウドレンディングの金融仲介スキームを、①直接融資モデルと、②プラットフォーム融資モデルの二種類に分類している。

① 直接融資モデル（Direct Lender Model）

クラウドレンディングプラットフォームの運営会社が、個人投資家からオンラインで集めた資金、あるいは機関投資家から集めた資金を、個人・企業にオンラインで融資する形態である。プラットフォームの貸借対照表に計上するかたちでこれらの取引を行う。

たとえば、イギリスで２００５年に開業した最古参のクラウドレンディングZopaは、個人向け融資の束で構成された投資信託を個人投資家向けに販売する形態をとっており、直接融資モデルに近い形態である。また、日本のクラウドレンディングの多くもこのように投資信託を販売する形態を

図２―１　世界のクラウドファンディングによる資金調達額（十億米ドル）

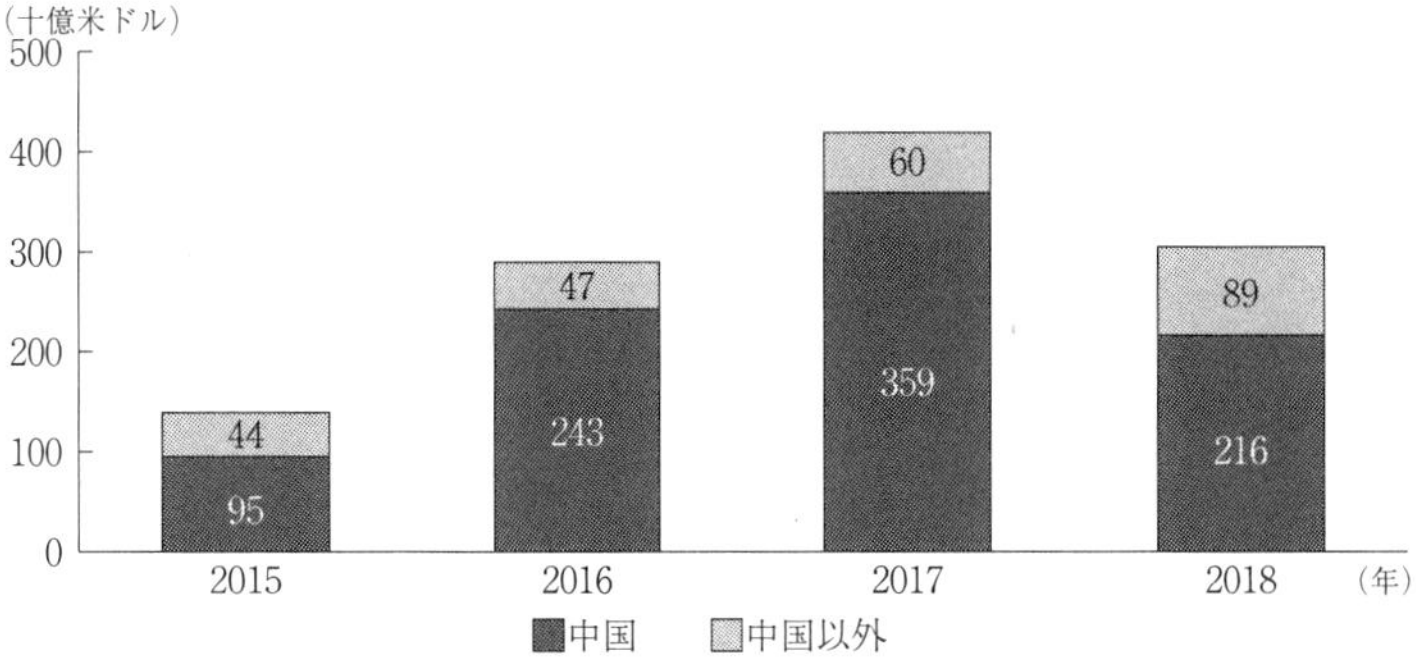

（出所）Fig 1.1: Total Alternative Finance Volume (2015-2018), The Global Alternative Finance Market Benchmarking Report (2020), p.34, Cambridge Centre for Alternative Finance, University of Cambridge, Judge Business School のデータを元に筆者作成。

とっていると見られる。

②　プラットフォーム融資モデル

(Platform Lender Model)

プラットフォーム運営会社の貸借対照表を介することなく融資を仲介する形態である。運営会社と提携する銀行が存在し、これがクラウドレンディング融資申請者の与信審査を行い、融資を行う。この融資が一件ごとに証券化され、プラットフォームを経由して融資提供を希望する個人投資家に売却される。機関投資家がまとめて購入する場合もある。借り手からの利払いと返済は、この証券の保有者に渡る。プラットフォーム運営会社は、貸し手と借り手のマッチング機会を提供するだけで、実際の融資・証券化は背後にいる銀行が行う。運営会社の収入は、マッチングの仲介手数料である。２００５年に米国で最初に創業したクラウドレンディングであるプロスパー（Prosper）や、２００８年創業で米国最大のクラウドレンディングとなったレンディングクラブ

（LendingClub）はこの形態を採用している。

ケンブリッジ大学ジャッジ・ビジネススクールの研究チームが公表している調査報告書から、どのタイプのクラウドレンディングがどの地域でどの程度成長しているかを知ることができる。図2―1に示したとおり、クラウドファンディングによる全世界の資金調達額は、2017年の約4000億ドル（1ドル100円換算で40兆円）まで急成長したのち、2018年にはやや減少して約3000億ドル（約30兆円）で推移している。その過半は中国で調達されたものであり、2018年の中国のシェアは約7割である。この分野でも中国の躍進ぶりが目立つ。

2018年において、クラウドファンディング調達額の上位3カ国は中国、米国、英国である（表2―1）。いずれの国でも融資型、つまりクラウドレンディングが圧倒的なシェアを占めている。先ほどと同様に円換算すると、中国で約22兆円、米国で約6兆円、英国で約1兆円がクラウドレンディング経由で調達されている。日本では2018年時点ですべてのタイプを合計しても1100億円程度[13]であり、上位3カ国に比べると、あまり浸透していない。

融資型の内容をさらに分類して集計したものが、表2―2に示されている。中国では、先述のプラットフォーム融資型に対応するP2P融資が圧倒的に多い。消費者向けの比率が高いが、事業者向けも無視できない規模に達している。米国では、P2P融資については消費者向けの融資が圧倒的に多い。事業者向け、あるいは不動産向け融資については、先述の直接融資型に対応するBS（貸借対照表）融資が多い。英国では、中国と同様にP2p型が圧倒的に多い。特徴的なのは、個人向

表２―１　国別タイプ別資金調達額

（10億米ドル）

	融資型	投資型	その他
中国	215.4	0.0	0.0
米国	57.7	2.6	0.7
英国	9.3	0.9	0.1
その他	15.3	1.5	0.7

（出所）Tab 1.2: Total Volume by Region and Model Categories, The Global Alternative Finance Market Benchmarking Report（2020）, p.41, Cambridge Centre for Alternative Finance, University of Cambridge, Judge Business Schoolのデータを元に筆者作成。

表２―２　上位３カ国の融資型における形態別資金調達額

（10億米ドル）

	中国	米国	英国	その他
P2P融資（消費者）	163.3	25.4	2.1	4.5
P2P融資（事業者）	42.7	2.0	2.5	3.0
P2P融資（不動産）	1.8	0.7	1.8	1.5
BS融資（消費者）	0.4	7.5	0.6	1.2
BS融資（事業者）	6.1	12.4	0.9	1.7
BS融資（不動産）	0.0	9.5	0.1	1.4
その他融資型	1.0	0.1	1.4	1.9
融資型合計	215.4	57.7	9.3	15.3

（出所）Tab 1.2: Total Volume by Region and Model Categories, The Global Alternative Finance Market Benchmarking Report（2020）, p.41, Cambridge Centre for Alternative Finance, University of Cambridge, Judge Business Schoolのデータを元に筆者作成。

けよりも事業者向けのほうが大きい点である。英国では中小企業向け融資のうち約12％がクラウドレンディングによるものであると推定されており[14]、中小企業の重要な資金調達手段となっている。

クラウドレンディング向けプラットフォームを運営する会社の中には、すでに証券取引所に上場を果たしたものもある。先に紹介したレンディングクラブ（２０１４年12月ニューヨーク証券取引所上場）と、中国のイーレンダイ（Yirendai［宜人貸］：２０１２年創業、２０１５年12月に同取引所上場）がその代表例である。

クラウドレンディングはインターネット上で資金の貸し手と借り手を、具体的にどのようなプロセスでマッチングするのだろうか。運営会社により異なる部分も多いと思われるが、ここでは個人向け融資仲介において、米国最大手で公開情報が豊富なレンディングクラブを例に挙げ、同社の上場時の目論見書やウェブサイト上で公開している解説を元にしてマッチングスキームとビジネスモデルについて紹介しよう[15]。

マッチングのプロセスは、借入希望者がウェブサイト上で融資申し込みを行うことで開始する。この際、借入希望者は、希望金額、満期、資金使途、また信用格付（スコアリング）に必要な年収や持家の有無などの個人情報をウェブサイトに入力する。金額は１０００ドルから3万５０００ドルの範囲、満期は36カ月か60カ月のいずれかに選択肢が限られている。入力情報、および蓄積・共有されている信用情報（たとえばＦＩＣＯスコア）などから算出される信用スコアに基づいてレンディングクラブが信用格付を付与するとともに、この格付に応じた信用コストを加味した融資金利を設定する。ＦＩＣＯスコアとは、米国ＦＩＣＯ社がクレジットカードを保有する個人の収入、債務残高、債務履行の状況などに基づいて採点した信用評点であり、クレジットカードの保有者には必ず付与されている。この評点は、融資審査に活用できるように金融機関の間で共有されている。ＦＩＣＯスコアが６６０に満たない、いわゆるサブプライム層はこの段階でふるい落とされる。

初期スクリーニングを通過した融資申請は、融資金利、格付、資金使途、希望金額、満期などの情報とともに投資家（貸し手）閲覧用のウェブページに掲示される。投資家用のページには、初期スクリーニングを経た融資申請がすべてリストアップされる。投資家は画面上で、25ドル刻みで希望貸付額を各案件に対して割り振ることで、貸し付け参加の申し込みをする。つまり、投資家は25ドル単位で自由自在に個人向け融資のポートフォリオを構築できる。

２週間程度の募集期間内に希望調達額を満額調達できた場合にのみ、融資が実行される。これは、希望額に満たないにもかかわらず融資を実行した場合、当初の資金使途とは異なる目的に使われる可能性が高いためである。この融資の時点でレンディングクラブは融資総額に対する１～５％程度の手数料を得る。これがレンディングクラブの収入となる。したがって、融資金利に最大５％の手数料を加えたものが、借り手にとっての資金調達コストとなる。

以上がユーザー（貸し手、借り手）から見えるプロセスである。実はこのプロセスの背後では１９９７年から商業銀行として営業し、預金保険制度の対象でもあるウェブバンク（WebBank：ユタ州）が重要な役割を果たしている。契約上、借り手に直接貸し付ける主体はこのウェブバンクである。

ウェブバンクが組成した個人向け債権は、レンディングクラブに転売される。転売されたそれぞれの個人向け債権を担保として、レンディングクラブは「ノート（Ｎｏｔｅ）」と呼ばれる証券を発行する。このノートには、借り手が毎月返済する返済元本と利息を受け取る権利が付与されている。投資家（貸し手）はウェブサイト上で入力した貸付希望額を払い込むと同時に、対象となる融資案件に対応したノートを払込金額に応じた持分だけ受け取る。こうして、投資家が借り手に融資を行い、その返済元利を投資家が受け取るというお金の流れが生成される。満期時の債権回収業務はウェブバンクが請け負う。

なお、オンラインで受けつけた個人向け融資の転売先には、大手金融機関を含む提携金融機関も含まれる。当初の目論見とは異なり、近年ではこちらの比率のほうが圧倒的に大きい。したがって、オンラインで集めた融資需要情報を提携金融機関に紹介することで手数料を稼ぐ、アントフィナンシャルの仲介モデルに近づいているように見える。

同社のアニュアルレポートによれば、２０１９年に組成したローンの総額は、約１２３億米ドル（１ドル１０５円換算で約１・３兆円）にのぼっている。２０１７年以降毎年10～20％のスピードで成長をし続けてきた。残高ではなく、組成額であるので日本の金融機関の規模と単純に比較することはできないが、無視できない規模になっていることは間違いない。ただし、２０２０年３月以降の新型コロナウイルスの蔓延により、個人の信用力が大きく損なわれたことから、20年第２四半期の組成額は、前年同期比で９割減となり、激減している。

(3) 与信系フィンテックの特徴と功罪

貸出業務に携わる「与信系フィンテック」のうち、特に規模が大きい2社のビジネスモデルについて、ここまで概観してきた。アントフィナンシャルは、オンライン決済業務を出発点に、預金、貸出、資産管理など、フルレンジの金融サービスを提供するに至った。レンディングクラブに代表されるクラウドレンディングは、証券化手法を巧みに活用することで、預貸業務に付きまとう重い規制を回避しながら、究極的な貸し手と借り手をオンラインで直接に結びつける新しい貸付業務のかたちを提示した。

伝統的銀行と比較することで浮かび上がる与信系フィンテックの革新点は、①ビッグデータを利用した融資審査の省力化と精緻化、②個別債権の証券化スキームの活用、と思われる。また、クラウドレンディング固有の特徴として、③投資家のリスク選好を「見える化」する効果もあるように思われる。以下、この三点を手がかりに、与信系フィンテックの持続可能性と課題について考察を進める。

① ビッグデータによる融資審査の省力化と精緻化

アントフィナンシャルの例で典型的に見られるように、インターネット取引で蓄積されたビッグデータを活用した機械学習による融資審査の省力化と精緻化が、与信系フィンテックの最大の特徴である。機械学習とは、簡単に言えば、過去のデータから傾向を読み取って、将来予測に役立てる統計的な手法である。融資審査の文脈で言えば、過去のデータからさまざまな個人属性と債務不履行確率の関係を調べ、その傾向に基づいて、将来の債務不履行確率を推定するというかたちで機械学習は応用される。多くの人々のショッピングやさまざまな決済が、インターネット上のプラットフォーム経由で行われるようになって久しい。この結果、各個人の携帯電話やその他公共料金の支払状況、電子商取引プラットフォームでの契約履行状況や決済状況などの情報は、今この瞬間にもリアルタイムで蓄積されつつある。

こうした大規模な個人データ用に、債務不履行確率を推定するための機械学習のアルゴリズムをあらかじめ設定しておくことで、与信審査を自動化することができる。企業についても、消費者向けあるいは企業間取引向け電子商取引プラットフォームでの日々の受発注情報や売上高、あるいはクラウド会計ソフトウェアを介して収集された各種会計情報など、リアルタイムで入手でき、かつ信頼性の高い情報を活用した与信審査が可能である。実際にクラウド会計ソフトウェア上の情報を金融機関と共有し、金融機関による機械学習を活用した融資審査に活用する試みがすでに始まっている。このような仕組みにより、コストをかけずに精度の高い与信審査を迅速に行うことが可能となれば、これまで、審査コストの割には融資額が小さすぎて採算が取れないとの理由で、伝統的な銀行の融資対象となり得なかった個人や零細企業など小口利用者の資金需要を取り込む可能性が開かれる。

先の阿里小貸の例はこの典型例と言える。アントフィナンシャルはこれを拡張して、個人の信用格付ビジネス「ジーマシンヨン（芝麻信用）」を２０１５年から本格展開している。表面上は米国のＦＩＣＯスコアと類似の個人の信用格付である。ただし、銀行融資やクレジットカード債務の履行状況など利用情報が限られている従来型のＦＩＣＯとは異なり、上述のオンライン取引情報、プラットフォームの提携企業・機関から得た各個人の契約履行状況など、３０００もの調査項目を自動的に収集して、個人の信用格付を行っていると言われている。[16] オンライン情報を活用した信用格付は便利ではあるが、行き過ぎればプライバシーの侵害となり、利用者に不快な思いをさせることもあり得る。個人情報保護の問題とどのように折り合いをつけるのかは論点のひとつであろう。この点については、それぞれの国や時代により判断が異なってくると思われる。

個人情報を用いて債務不履行確率を推定し、それに基づいて融資の可否や金利設定をある程度自動的に行うという試みは決して新しいものではない。１９９０年代後半から、個人向けあるいは零細企業向けの小口融資について、日本の多くの金融機関が導入した「スコアリング融資」も原理的には同じ範疇のものである。新しいのは、インターネット上で収集される、より詳細で改訂頻度の高いデータが用いられるようになった点である。２０００年代のスコアリング融資では、情報の鮮度と精度の低さがそのまま審査の精度の低さにつながってしまい、日本ではあまり浸透しなかった経緯がある。審査自動化がどこまで普及するかは、オンラインで人の手を介さずに得られる情報の質にかかっていると言える。

② 証券化スキームの活用

伝統的な銀行融資の場合は、銀行自身が融資審査を行い、融資を組成し、その後のモニタリングや債権回収を行う。債務不履行が発生した場合は、銀行自身が損失を被る。つまり、銀行が信用リスクをとる。

一方、与信系フィンテックの場合は、審査・回収主体と、信用リスクをとる主体の関係が異なる。銀行を設立する前の、阿里小貸では、資金調達のために債権を証券化して、投資家に転売していた。レンディングクラブでも、債権の組成と回収はウェブバンクが担うものの、債権そのものはオンラインで貸付参加を申し込んだ投資家たちに転売されていた。つまり、信用リスクを抱えるのは、債権を組成した阿里小貸やウェブバンクではなく、債権を購入した投資家たちである。

このように審査・モニタリング主体と信用リスクを担う主体が異なる状況は、審査主体が審査基準を緩める誘因を生み出す。特に、レンディングクラブのビジネスモデルの場合、融資を組成すれば1～5％の手数料がレンディングクラブに入ってくる一方、デフォルト時の損失はすべて投資家が引き受けることになるので、格付を甘くするなど審査基準を緩めて融資を粗製濫造するほうが、利益を大きくすることができる。この問題は、金融危機時に問題となった、CDO（債務担保証券、Collateralized Debt Obligation）などの証券化商品における債権組成者のモラルハザード[17]と同様の課題をこのスキームが抱えていることを示唆している。

ただ、クラウドレンディングでは、個別案件の最終的な融資決定は、リスクの担い手である投資家に委ねられているため、この問題は証券化商品ほど深刻ではないかもしれない。格付が甘ければ、投資家はそれを認識して、融資の意思決定時に格付の要求水準を引き上げる、あるいは格付に応じた金利の要求水準を引き上げることが期待されるからである。ただし、そのように認識を改訂するのにどの程度時間がかかるのかが問題である。認識の改訂が遅ければ、それだけミスプライシングされたローンが多く組成されてしまい、事後的に不良債権を想定以上に抱えてしまうことになる。

③　クラウドファンディングにおける投資家のリスク選好の「見える化」

伝統的銀行融資の源泉となる資金は預金者からの預金である。一時的に資金を預けているだけの預金者もいれば、投資機会を待つために預金を預けている人もいる。さまざまなリスク許容度を持つ預金者の預ける資金を一括りに預金として管理している。したがって、リスク許容力のある人の資金はよりリスキーな運用機会に投入するといった、預金者の好みに応じた対応はできない。

他方で、クラウドレンディングのうち、上述のような個別案件を投資家が直接選択するタイプのものでは、資金提供者が自身のリスク許容度に照らして、受け入れ可能な融資案件を自ら選ぶことができる。その際に、各投資家にとって重要となる判断項目が、信用リスクに対してリスクプレミアム（信用スプレッド）が十分であるかという観点であろう。リスク許容度が高い投資家は、リスクプレミアムがさほど高くなくてもリスキーな案件に資金を供給するが、許容度が低い慎重な投資家は、リスクプレミアムが相当高くないと資金を供給しようとはしない。ウェブサイト上にさまざまな信用格付と金利を組み合わせた融資案件を掲示して、そこから投資家に選択させることで、信用格付の割にリスクプレミアムが相対的に低い案件にはリスク許容度が高い投資家が、高い案件にはリスク許容度が低い投資家が集まることになる。このように個人向け融資の文脈で、リスク許容度の高い資金を見出し、既存銀行よりも安価に供給する仕組みを生み出した点は注目に値する。

(4)　伝統的銀行にとって脅威か、それとも機会か

与信系フィンテック企業の勃興は既存の銀行に取って代わるディスラプター（破壊者）であり、既

存の銀行にとって深刻な脅威であるとする論調が主流のようである[18]。しかし、本書で取り上げた融資を行う世界最大級のフィンテック企業のビジネス展開を見る限り、これまで既存銀行がコストに見合う収益を得られないとして十分に力を入れていなかった分野、とりわけ零細企業や個人向けのサービスに主に参入している。

銀行の支店網があまり発達しておらず、融資市場の競争が緩い国や地域で特にクラウドレンディングのシェアが高まっていることが最近の実証により明らかにされている[19]。また、中国で急速にモバイル決済が普及した背景には、そもそもクレジットカードが普及していない（２０１９年末時点で18歳以上人口のうち75％程度が保有していない）ことが挙げられる[20]。既存銀行を代替するのではなく、これとは棲み分ける方向に成長している。結果として、金融サービスの行き渡る範囲を広げて、開発金融の文脈でしばしば問題となる「金融包摂」の実現に貢献してきたと思われる。

小口融資を多数の零細企業や個人に実行する場合は、大数の法則、すなわちデータサイズが大きいほど推定値が真の値に近くなるという推定量の性質のおかげで、融資ポートフォリオ全体での貸し倒れ損失は、統計的な推定値からかけ離れることはさほどないであろう。しかし、一定規模以上の大口融資先については、大数の法則が想定するほどの件数がなく、債務不履行が発生した場合の一件あたりの損害も大きいことから、機械学習などによる推定デフォルト確率に依存して融資決定をするよりも、個別企業の情報をしっかりと見極めて意思決定をするほうが効率的である。つまり、大数の法則が妥当する範囲ではフィンテック企業が、それ以外では伝統的銀行が優位に立つかたちで、自然に棲み分けが生じる。また、フィンテック企業の保有する情報はオンライン取引に偏る一方で、伝統的銀行の保有する情報はオフライン取引とオンライン取引の両方を含む古くから蓄積されたデータである。この点でも両者は補完的な関係にあると見られ、業務提携のメリットが推測される。

ユーザー企業側の視点に立てば、創業まもなくで規模も小さい段階ではフィンテックを利用し成長を図る。その後、十分に成長してある程度の規模になったら、伝統的な銀行の提供するサービスにシフトするというかたちで使い分けることができる。フィンテックはサービスの供給が過小になりがちな前者の段階での新たな選択肢を提供していると言える。

2　銀行業と商業——銀商分離

(1)　日本における非金融業からの銀行参入

見落とされがちではあるが、異業種からの預貸業務への参入は、日本国内でもかなり大規模に進行している。バブル崩壊後、銀行危機のために金融が目詰まりしていた２０００年に、金融業への新規参入による目詰まり解消を期待して、一般事業会社による銀行保有が解禁された。

２００１年のジャパンネット銀行から始まり、情報通信業（ソフトバンク、ソニー、ａｕ、楽天）や小売業（セブンアンドアイ、イオン、ローソン）などの非金融業から、２０２０年までに８行が参入した。いずれも個人あるいは個人事業主向けの小口サービスに特化しつつ、それぞれに特徴的なサービスを提供している。

図２―２　他業種から参入した銀行の貸出金残高と預金残高

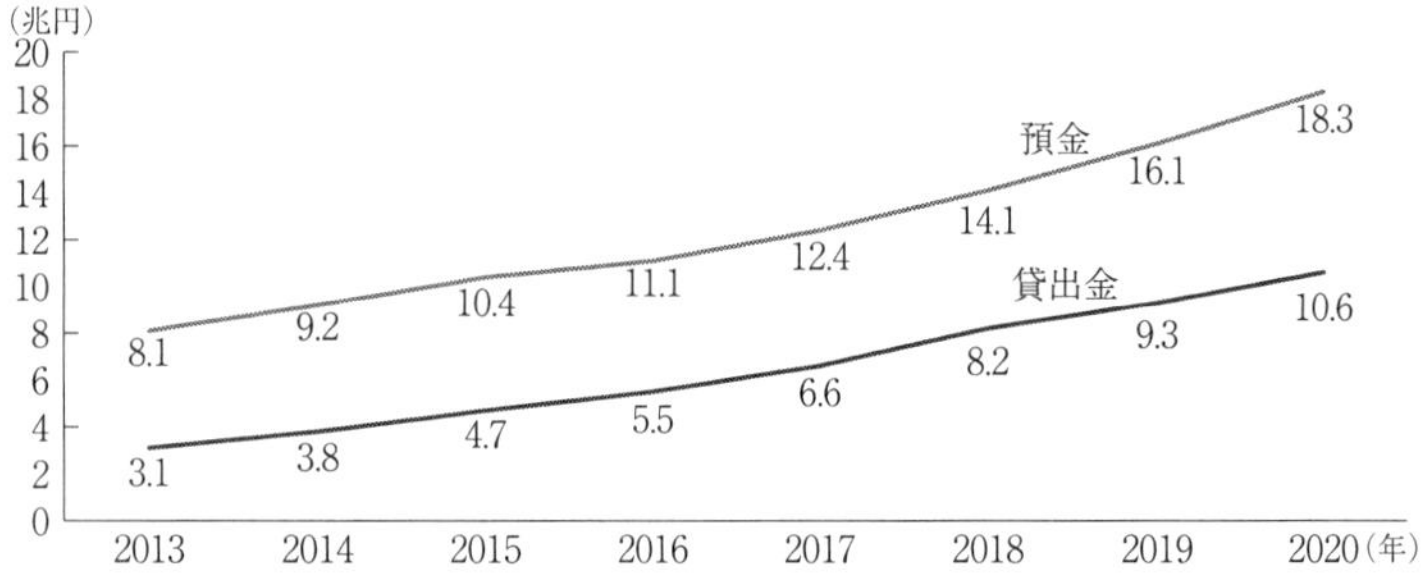

（注）各年3月末時点。

（出所）有価証券報告書掲載分は日経NEEDS FinancialQuestから収集。それ以外は、各社のアニュアルレポートから収集。ジャパンネット銀行、ソニー銀行、セブン銀行（アイワイバンク銀行）、イオン銀行、auじぶん銀行、楽天銀行（イーバンク銀行）、ローソン銀行、住信ＳＢＩネット銀行の合計。

情報通信業系の銀行は外貨両替やオンライン証券との連携、あるいはモバイル決済との連携に強みを発揮している。実店舗を持たず営業経費が節約できることを武器に、これらの銀行の一部は、住宅ローンや個人向け不動産担保融資など情報の非対称性の問題が比較的小さい分野で、低金利攻勢をかけている。

ただし、事業者向けの融資はさほど増えていない。小売系は、既存の店舗網を活用した効率的なＡＴＭ管理を武器に、既存銀行とＡＴＭの互換提携を結び、そこから得られる手数料で大きな収益を上げている。

参入直後の約5年間は、資産規模が十分に膨らまず、多くの銀行で経常利益がマイナスであったが、その後はいずれも順調に収益を伸ばしている。図2―2に示したとおり、２０２０年3月末時点で、これら新規参入銀行の預金残高は約18兆円、貸出金残高は約11兆円となっている。参入が解禁されてからの20年間で、大手地銀がひとつ増えたほどのインパクトがあった。これらの新規参入銀行の収益構造の特徴は、売上高に占める役務取引収益、つまり、手数料収入の比率の高さである（図2―3）。

一般の地銀では役務収益が15％、貸出金など資金運用からの収益が85％程度というのが標準である。しかし、これらの新規参入銀行では50％が役務収益である。預貸業務への収益依存が低い分、長短金利差がつぶれてしまっても、収益を上げることができている。

表2―3に、2020年3月期における各銀行の貸出金残高、預金残高、収益（資金運用収益と役務取引等収益の合計）のトップ5を列挙した。各行の預金残高の規模は、1兆円から5兆円程度となっており、中堅からやや小さめの地銀程度の規模となっている。収益を見ると、特にATM接続手数料で稼いでいる小売系で大きく、大手地銀並みの収益を上げている。

こうした一般事業会社による銀行保有を原則として認めていない国もある。米国がその代表である。ILC（industry loan corporation）と呼ばれる自社製品の割賦販売やクレジットカード業務を担う金融子会社を例外として、フルサービスを提供する銀行の保有は一般事業会社には認められていない。1991年に事業会社による銀行保有解禁を支持するレポートが財務省から公表されたことを契機に論争となったこともあったが、結局、下院の反対が強く、解禁されないまま現在に至っている[21]。

他業種からの銀行参入に危機感を抱く中小銀行の業界団体「米国独立銀行協会（Independent Bankers, Association of America）」の強力なロビー活動がその背後にあったと言われている。たとえば、米国最大の小売業者であるウォルマートは、2005年にILCの設立を試みたが、規制当

図2―3　他業種から参入した銀行の収益

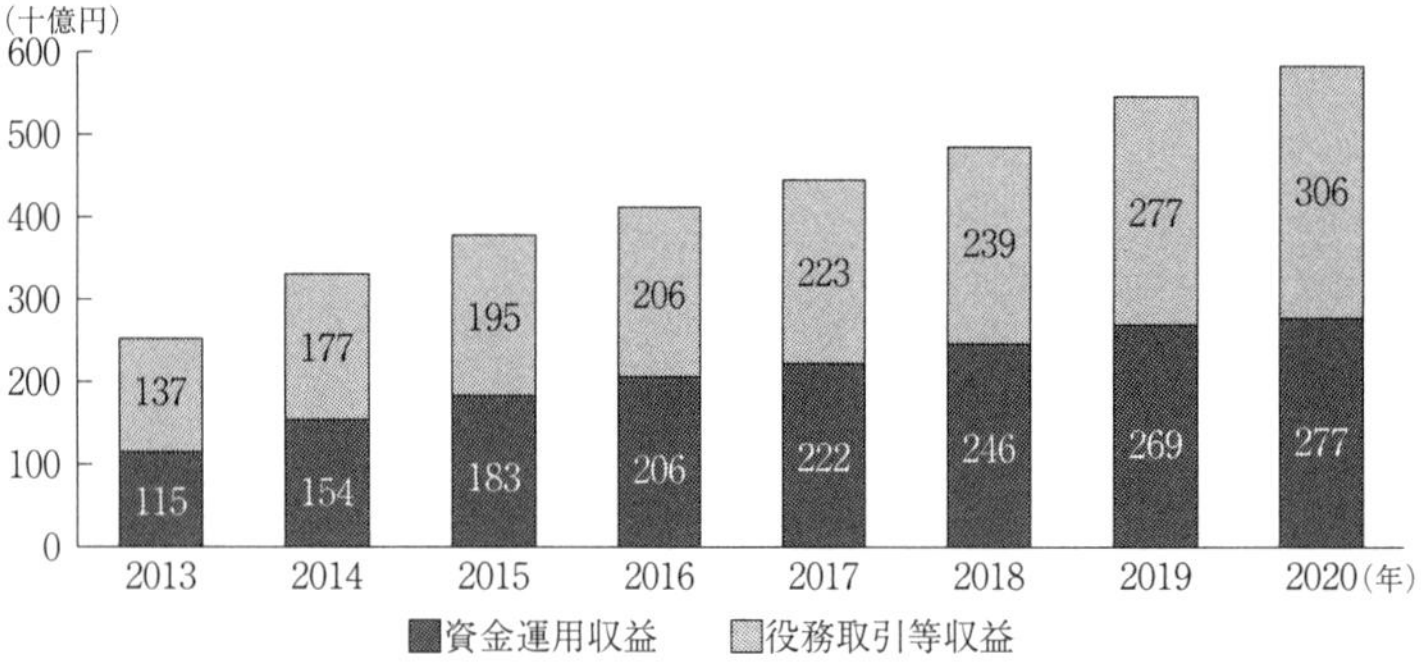

(注) 3月期決算。
(出所) 図2－2に同じ。

表2―3　他業種から参入した銀行のランキング

(a) 貸出金残高

順位	銀行名	貸出金残高(兆円)
1	住信SBIネット銀行	4.0
2	イオン銀行	2.2
3	ソニー銀行	2.0
4	auじぶん銀行	1.2
5	楽天銀行	1.1

(b) 預金残高

順位	銀行名	預金残高(兆円)
1	住信SBIネット銀行	5.4
2	イオン銀行	3.8
3	楽天銀行	3.6
4	ソニー銀行	2.5
5	auじぶん銀行	1.5

(c) 資金運用収益と役務等収益の合計

順位	銀行名	収益合計(10億円)
1	イオン銀行	167
2	セブン銀行	120
3	楽天銀行	90
4	住信SBIネット銀行	68
5	ソニー銀行	41

(注) 2020年3月期の値。
(出所) 図2－2に同じ。

局への申請後に、業界団体や労働組合を巻き込んだ反対運動に直面して申請を取り下げている。[22]

日本では、他業からの参入を容認しつつも、他業から銀行預金者へのリスク波及を遮断するために、銀行法による重厚な規制が張り巡らされている。フィンテック企業による融資仲介の拡大など、銀行と他業の境界が曖昧になりつつある中、いったいどの程度この規制は緩和されるべきなのだろうか、あるいは強化されるべきなのだろうか。銀行と他業に関する規制について、ここで再検討を試みたい。

(2) 預金者保護と他業リスクの遮断

次章で詳しく述べるとおり、銀行規制は、いつ引き出されるかわからない預金に資金調達の多くを依存している銀行の財務的脆弱性を補完するために導入されてきた。大勢の預金者が一斉に預金を引き出す「銀行取り付け」を回避するために特に重要なのは、預金者からの信頼の確保である。

このためにまず必要なのは、銀行の営める事業を限定することである。極端な例ではあるが、人々から集めた預金で銀行が製造業や小売業を営むことを認めてしまうと、リスク分散ができず、預金者を大きなリスクにさらすこととなってしまう。

また、こうした他業リスクには、金銭的なものだけではなく、風評にかかわるリスクもある。実際に、1974年、米国のある小規模銀行で、不動産投資信託子会社の損失問題が報道されたのを受けて、預金取り付け騒ぎが発生したことが記録されている。[23] こうした事態を防ぐために、銀行法は、固有業務（10条、預金、貸付、為替）、付随業務（11条、有価証券売買やデリバティブ取引など）を限定列挙した上で、銀行はこれらの業務とその他の法律により認められている業務以外の業務は営むことができないと規定している[24]（12条）。いわゆる「業務範囲規制」である。

銀行が特定の企業や個人に貸し込み過ぎると、リスク分散が利かず、預金者を過大なリスクにさらすことになる。１９２０年代の昭和金融恐慌時に問題となった「機関銀行」問題がその典型である。事業会社が設立した銀行が、集めた預金を親会社である事業会社に融資することが横行し、これが金融恐慌につながった。その反省から、現行の銀行法には、「大口信用供与規制」が規定されている（13条）。銀行の自己資本に対して、特定の企業グループへの融資・出資は40％以内、特定の企業への融資・出資は25％以内とされ、特定の先への信用供与が、銀行の資本規模に対して過大にならないように規制されている。

さらに、先述の業務範囲規制の抜け穴をふさぐために、銀行またはその子会社は他の会社の議決権を、合算して５％以上保有してはならない（16条の４）とする、いわゆる「５％ルール」（銀行持株会社については15％、52条の24）が規定されている。

一般事業会社による銀行保有に関連する規制としては、銀行主要株主（銀行の議決権を20％以上保有）と銀行支配株主（同50％以上保有）に関する規制がある。このような銀行大株主になることについては認可制とし、後者については特に銀行監督の対象とするなどの規制が置かれている（52条の９～15）。

預金者が安心してお金を銀行に預けられるようにすることに意識を集中するのであれば、これらの規制は至極妥当に見える。しかし、これらの規制は、銀行によるリスク資金の供給、とりわけ株式購入などによる資本性資金の供給や、銀行による付加的なサービスの供給を制約する側面もある。このため、これらのニーズの高まりに対応して、徐々に規制が緩和されてきた。

(3) 独占禁止法の視点

前節で紹介した5％ルールは、もともとは１９４７年施行の独占禁止法（11条）でのみ規定されていたものであった。これが１９８２年の銀行法改正時に、銀行法にも書き加えられたものである[25]。つまり、当初の趣旨は、戦前の財閥に見られたような、銀行による産業支配の防止にあった。

この考え方は、古くはイギリスのイングランド銀行法（１６９４年）にも見られる。この法律では、イングランド銀行に独占的に銀行業務を営むことを認可する代わりに、その他の商業を営むことを禁じていた。独占銀行としての特権を悪用して、さまざまな財市場において独占的にふるまい、国民を抑圧することを防ぐのがその目的であった[26]。米国の銀行規制はこの影響を強く受けていると言われている[27]。ＧＨＱ統治下において、米国の強い影響下で制定された日本の独占禁止法もこの影響を強く受けていると考えられる。１９４７年制定時の上限が5％であったものが、１９５３年の改正で10％に緩和され、その後、１９７７年の改正で再び5％に戻されて、現在に至っている[28]。

規制が導入されてから70年以上が経っており、特定の銀行が多くの企業の議決権を買い占めることで生じる弊害を具体的に思い描くのは難しい。しかし、最近、このような弊害を想起させる現象が米国の大手資産運用会社で生じていることを示唆した実証研究が、有力学会誌に公刊され、研究者の間で注目された。

米国のS&P500や日本の東証株価指数（TOPIX）などの株価指数と価値が連動する投資信託である「インデックスファンド」が人気を博しており、近年運用額が非常に大きい。株価指数を再現するためには、これらの指数を構成するポートフォリオを再現する必要がある。つまり、さまざまなセクターで競合している上場会社すべての株式を時価総額シェアに応じて保有する必要があるということだ。

ファンドの規模が大きければ、必然的にこれらの競合会社の議決権を大量に保有することになる。たとえば、インデックスファンドの老舗であるヴァンガードの2016年末時点の航空業界での持株比率を見ると、デルタ航空6・3%、ユナイテッド・コンチネンタル航空6・9%、アメリカン航空6・0%、ジェットブルー航空8%などとなっており、いずれの会社でも上位3位以内の大株主となっている。

こうした共通の大株主を持つ航空会社がシェアの多くを占める路線では、そうでない路線よりも運賃が割高になっていることを、この実証研究は明らかにしている。人手運用会社が複数の競合会社の大株主となり議決権を行使する結果、企業利益を優先するあまりに競争制限的な戦略をとるように経営陣を暗に陽に誘導している可能性をこの結果は示唆している。この研究では航空産業のみが分析対象なので、これを一般化して議論するのは現段階ではまだ難しいが、「コモン・オーナーシップ」の問題として、研究者たちの間で認知されつつある。

これとは別に、銀行業には、放っておくと自然に独占へと向かってしまう傾向があることが理論的に指摘されている。[29] 資金量が大きい銀行ほど、多様な地域と、多様なセクターに幅広く、分散投資をすることが可能だからである。この結果、資金量の大きい銀行は、小さい銀行よりもリスクを抑えつつ、同レベルかそれ以上の運用益を得ることができる。したがって、預金者は安全でかつ同レベル以上の利息を得ることが期待できる大きい銀行に預金を移してしまう。このように、大きい銀行はますます大きくなり、小さい銀行はますます小さくなる力が作用する。

また、先述のアントフィナンシャルの母体であるアリババや、米国のGAFA（グーグル、アップル、フェイスブック、アマゾン）のようないわゆる巨大プラットフォーマーにも、少し異なるかたちではあるが、自然に独占へと向かう傾向があることが指摘されている。たとえば、買い物目的でインターネットのショッピングモールにアクセスする場合、お店が多く、品数もそろっているという理由で、できるだけ大きいモールにアクセスする人が多いだろう。出店者の立場からすると、このような理由でお客さんが集まりやすい大きいモールに出店したほうがより多くの売上を期待できるので、そのように出店計画を立てるだろう。お店がたくさんあるからお客さんが集まる。お客さんがたくさん来るからお店も集まる。これを繰り返しているうちに、大きいモールはますます大きくなり、小さいモールはますます小さくなって、いずれは消滅してしまう。

一度大きいプラットフォームができてしまうと、新規参入は極めて難しい。このような市場は「二面市場（two-sided market）」[30]と呼ばれ、この自然独占的傾向をどのように抑制するべきかが議論されてきた。この性質は、ショッピングモールだけではなく、広告収入を主な収益とする検索サイトやSNSにも同様に内在している。

自然独占的な業務を本業とするプラットフォーマーが、自然独占的性質を持つ銀行業に参入する場合、消費者や小規模事業者に不当な不利益が生じる可能性について、相当な警戒を要すると言わざるを得ない。今後、この方向での具体的な動きが表面化した場合、競争政策上の重要な論点となるであろう。

(4) 銀行による議決権保有と利益相反

銀行が融資先企業の株式を大量保有した場合、他の株主の利益を犠牲にして、その企業に貸し込むインセンティブを持つ可能性が理論的に指摘されている。銀行に支払う利息は、他の株主にとっては費用であるが、銀行にとっては利得である。したがって、大株主たる銀行は、融資利息を費用としては認識しない。このため銀行が大株主となっている企業は、そうでない企業よりも積極的に多額の借入を行いやすい。言い換えれば、銀行以外の株主から、大株主たる銀行は利息のかたちで利益を吸い上げることができてしまうということである。

1970年代の日本において、銀行との関係が深い財閥系の企業で、負債比率が高く支払利息が大きいために、利益率が低かったことが実証的に明らかにされている。[31]銀行による議決権保有制限にはこのような利益相反の問題を回避する役割もあると考えられる。

(5) 銀商分離のための規制コストと規制緩和

ここまで述べてきた銀商分離のための諸規制は、預金者保護、産業支配の排除、一般株主の利益の保護に一定の役割を果たすものと期待されるが、その一方で、コストもある。

①　シナジー効果「範囲の経済」への制約

業務範囲規制は、銀行と他業のシナジー効果「範囲の経済」を犠牲にしている。米国の実証研究で銀行業とのシナジー効果が高いと指摘されているのが、不動産業と信託業である。

銀行が不動産業を傘下に持つと、抵当権を行使することで得た不動産の売却や賃貸などを円滑に行うことができる。つまり、担保資産の流動性が増すため、担保付き融資のコストが下がる利点がある。[32] しかし、日本では銀行や銀行持株会社が不動産業を保有することは認められていない。米国でも１９５６年に制定された銀行持株会社制度の下では、不動産業を子会社として保有することは禁止されていた。しかし、根拠法において、銀行持株会社は「傘下に二つ以上の銀行を保有する会社」と定義されていたため、傘下に一つしか銀行を持たない持株会社はこの規制の対象外となっていた。この隙をついて、多くの単一銀行持株会社が他業を営む子会社を保有していた。特に多かったのが不動産子会社であった。

信託業では、資産管理業務を通じて富裕層とのつながりができる利点が銀行にある。こうした富裕層の優良資産を担保として、安全な融資を増やすことができるとの指摘がある。[33] こちらについては、日本でも２００１年以降、銀行本体での参入が認められている。

また、２０１７年には、フィンテックや地域活性化に資する地域商社の設立を念頭に置いた「銀行業高度化等会社」を銀行あるいは銀行持株会社の子会社として設立することが可能となるなど、範囲の経済を念頭に置いた規制緩和が行われている。

② 資本性資金の供給制約

銀行が企業に融資する際には、大口信用供与規制のみが制約となる。他方、銀行が企業に出資して議決権を保有する場合には、大口信用供与規制だけではなく、5%ルールも制約となる。資金提供の対象が中小企業の場合、資本金がそもそも小さいため、この5%ルールが特に強い供給制約となる。銀行の資金供給手段は、実質的に融資に限られ、出資による資金供給は限定的となる。

企業価値の成長がさほど期待できない場合は、倒産時の弁済優先度が高い融資として資金を提供するほうが、資金提供者には有利である。しかし、企業価値の飛躍的成長が見込める場合は、そうした成長の果実を得ることができるように株式を取得するかたちで資金提供をしたほうが、資金提供者に有利である。言い換えれば、成長がさほど見込めない企業にとっては融資による資金調達のほうがコストが安く、成長企業にとっては株式売出による資金調達のほうがコストが安い。このように、企業の成長可能性に応じて最適な資金提供の形態を自在に使い分けるのが本来は望ましい。先の5%ルールは、成長企業あるいは、業態転換により再生を目指す企業にとって望ましい資本性資金による調達を制約してしまうという副作用がある。

また、議決権のない優先株式で調達すればこのような問題は回避できるのではないかとの意見もあり得る。優先株式を含む資本性資金の提供者は、融資債権者に比べれば弁済順位は低いという意味で、立場が弱い。議決権のついた普通株式であれば、議決権を行使して、成長可能性があるものの、大きなリスクを伴う新興企業あるいは再生企業の経営にしっかりと関与することでこの立場の弱さを補うことができ、したがって、資金を提供しやすくなる。議決権がなく、そのように実権をもって経営に関与できない優先株式での資金提供に応じる投資主体は少ないであろう。

こうした資本性資金へのニーズを踏まえて、前章でも紹介したとおり、ベンチャー企業（１９９年より）、事業再生会社（２００６年より）について、前者は15年、後者は10年の年限で、投資専門子会社という一定のバッファーを通して、銀行も１００％の議決権を保有することが認められるに至っている。その後も、地域活性化事業会社や事業承継会社など、特に地域経済の活性化の観点から、議決権保有規制は緩和されている。

２０２０年の新型コロナウイルスによるパンデミックは、多くのセクターに甚大な経済的被害を与えた。蔓延防止策として採られた移動制限や外出自粛が、地域の宿泊業、観光業、飲食店などを直撃し、多くの事業者で半年以上にわたって売上が激減する状況が続いている。政府、自治体、日銀、民間金融機関、政府系金融機関による前例のない規模の緊急融資や支援金は、多くの中小事業者の当座の資金繰りを支えたが、売上高がコロナ前の水準に戻る見込みが立たない中、緊急融資の返済が不安視されている。

災害や疫病による損失は、企業存続のための固定費用として認識せざるを得ない。この固定費用を賄うために取り入れた負債を抱え続ければ、その後の新たな成長資金の確保の妨げとなってしまう。成長可能性のある企業に対して、このような妨げとなることを防ぐためには、積み上がった負債を、返済期限が長くかつ弁済順位の低い資本性の資金に置き換えて、新たな資金提供者が資金提供に躊躇しないような財務構造にしておく必要がある。今後も、震災や水害など、激甚災害が起こる恐れは十分に高い。こうした災害対策の観点から、資本性資金供給の間口をできるだけ広げておくことは重要である。

3　曖昧化する銀行業の境界と適切な規制の模索

本章では、銀行の伝統的預貸ビジネスモデルに挑戦し、新風を吹き込んでいる、世界的フィンテック企業の事例と、日本における小売業や情報通信業からの新規参入銀行について概観し、これらが伝統的銀行業に対してどのようなインパクトを持ち得るか、また、こうした変化に対応した銀商分離規制のあり方について考察した。

与信系フィンテック企業や、日本の新規参入銀行は、既存の銀行のサービスが手薄であった地域と分野（個人、零細企業向けサービス）で急成長を果たした。その点で、既存銀行に置き換わるものではなく、これを補完するものとして成長したと言える。フィンテック企業が提供するサービスの中には、既存の銀行が早く気がついて、早くから真剣に取り組んでいれば提供できたかもしれないサービスが含まれているかもしれない。その意味では、既存銀行、特に地域金融機関は外堀を埋められ、これら金融機関に比較優位はあるものの、第1章で見た通り、現時点では成長がさほど見込めない事業性融資市場に押し込められて、そこで磨きをかけるしかなくなってしまったと言えなくもない。地域金融機関にとって悔しい結果ではあるが、このような新規参入は、サービスの多様化に寄与し、利用者からは歓迎すべきものである。その一方で、要求払預金で資金を集めるという銀行の財務的脆弱性を考慮すると、既存の銀商分離の規制を完全になくして、やみくもに新規参入を認めることは危険であろう。

新規参入による金融サービスの向上と、金融システムの安定性の維持の二つの目標のベストなバランスを狙いつつ、多様なサービスや資本性資金のニーズなどその時どきの社会的要請に応じて、業務範囲規制や出資規制について絶えず微調整する必要がある。銀行と利用者にとって使い勝手のよい規制体系の模索は今後も続くであろう。

【第2章　注】

（１）「フィンテック」とは「金融（finance）と技術（technology）を融合させた、金融サービスと情報技術を結びつけて展開する種々の手法」を指す。「フィンテック企業」とは主にフィンテック（先端金融技術）の技術・手法を駆使し活動を展開する先端的企業。

（２）「データで稼ぐ、異形の金融帝国アント　アリババ傘下」『日本経済新聞』２０２０年11月４日朝刊13ページ。

（３）廉ほか（２０１９）18ページ12行目。

（４）前掲書62ページ14行目。

（５）iResearch, "China's Third-Party Mobile Payment Market Soared 58.4% in 2018," May 6, 2019.

（６）廉ほか前掲書１６１ページ１行目。

（７）同前１６４ページ12行目。

（８）同前１６８ページ17行目。

（９）同前１７１ページ10行目。

（10）同前１９０ページ19行目。

（11）Post Hearing Information Pack of Ant Group Co. Ltd., October 21, 2020, Hong Kong Exchanges（上場目論見書の草稿）

１９２ページ。

（12）U.S. Department of the Treasury（2016）*Opportunities and Challenges in Online Marketplace Lending.*

（13）Cambridge Centre for Alternative Finance（2020）P.193.

（14）*Ibid*, P.85.

（15）本節の以下の部分については、拙著（２０１９）にさらに詳細な分析が紹介されている。

（16）*The Economist*, Briefing, "Queen of the colony: What Ant Group's IPO says about the future of finance," October 10, 2020.

（17）こうした債権転売に伴う債権組成者のモラルハザードの問題は、Pennacchi（1988）がすでに指摘していた。Keys *et al.*（2010）はこの問題が実際に起こっていたことを２００８年世界金融恐慌前の数年間に組成されたサブプライム層向けの住宅担保融資データを用いて実証した。彼らは、信用度の基準から、ぎりぎり証券化の対象となり得た融資と、ぎりぎり証券化の対象となり得なかった融資との間で、そのわずかな信用度の差では説明できないほどに、前者のほうが融資審査が通りやすく、かつ事後的にデフォルトが多かったことをデータにより明らかにしている。

（18）たとえば、キング（２０１９）は、「ここで私にはっきりとわかったのは、軌道の変化が起こって未来のバンキングのテンプレートが誕生しつつあるのを私たちが目の当たりにしていることと、そこには現在私たちが知る銀行のほとんどが含まれないということだ。」（７ページ）と述べている。

（19）たとえばCornelli *et al.*（2020）は、人口あたりの銀行支店数が少なく、銀行部門のラーナー指数（銀行の粗利益率に近い指標。高いほど競争が緩いことを示す）が高い国のほうが、クラウドレンディングによる融資実行額が大きいことを国際データから明らかにしている。

（20）Post Hearing Information Pack of Ant Group Co. Ltd., October 21, 2020, Hong Kong Exchanges（上場目論見書の草稿）１７５ページ。

（21）Saunders（1994）２３１―２３２ページ。

（22）Omarova and Margaret（2012）１６７―１６９ページ。

（23）Saunders（1994）２４４ページ7行目。

（24）以下、銀行法に関する解説は、小山（２０１２）、および、金融庁の事務説明資料に依拠している。

（25）野村（２０１３）14ページ。

（26）Shull（1983）では、イングランド銀行法の以下の条文（5&6 William & Mary c. 26）が紹介されている。"And to the intent that their Majesties subjects may not be oppressed by the said corporation by their monopolizing or engrossing any sort of goods, wares or merchandise be it further declared…that the said corporation…shall not at any time …deal or trade…in the buying or selling of any goods, wares or merchandise whatsoever." ２６０ページ、５－９行目。

（27）Shull（前出）。

（28）野村（前出）。

（29）Matutes and Vives（1996）。

（30）二面市場については、ティロール（２０１８）14章「デジタル技術とバリューチェーン」に、専門知識に頼らないわかりやすい解説がある。

（31）Weinstein and Yafeh（1998）.

（32）Hausbrich and Santos（2005）.

（33）Abedifar *et al.*（2018）.

第3章　銀行業の金融経済学的理解

ここまで、地域金融の置かれた環境について、さまざまな角度からデータに基づく現状認識を試みた。まず、マクロ経済環境の観点からは、生産年齢人口の減少と技術革新の鈍化のために、資金需要が弱く、自然利子率が低下傾向にあり、これが長期金利の低下と預貸利鞘の縮小につながった可能性が示唆された。他方、機械学習など情報処理技術の発達を背景に、フィンテック（企業）と呼ばれる新興の金融業が急速に発達し、飽和状態にあると思われていた金融業に見事に参入を果たしてきたことも確認した。他業からの銀行参入は、銀行と商業の境を曖昧にし、従来の銀行規制の枠組みの見直しが進みつつあることは前章で見たとおりである。

以上の環境変化が、地域金融機関に与える影響を予見し、よりよい対応策を考察するにあたり、理論的な枠組みがあると見通しが格段によくなる。ただし、理論的な枠組みにも、多様な分野を土台とするものがあり、そのどれが正しいかを判断することは容易ではない。ここでは筆者がこれまで継続してきた、利己的な経済合理人を前提とする理論モデルを組み立てて、これにデータを当てはめて理論モデルの妥当性を検証するというプロセスを繰り返す、伝統的な経済学研究のレンズを通して見た風景を示してみたい。

銀行業に関する経済学的分析を主眼とする分野は、海外では「バンキング」と呼ばれ、金融経済学（Financial Economics）の一角を占めている。マネーサプライの重要な決定要因となる信用創造過程を対象としている点、あるいは新事業を試みる企業家に資金を供給することで、生産手段を「従来の用途から抜き取り、経済を強制的に新しい軌道に乗せる」[1]という新陳代謝の触媒としての役割を分析対象としていることから、マクロ経済に関する含意にも富む分野である。長年にわたり蓄積された国内外のバンキング研究の個々は断片的な一面を捉えているだけであるが、これをつなげて整理することで、体系的な枠組みを提示することができる。

本章では、このバンキング分野での学術研究に基づいて、預金業務と貸金業務を集約的に行う伝統的銀行業の経済的意義、その中で日常的に行われる情報生産と、その結果として生じる銀行と企業・個人の間の長期的取引関係の功罪、さらにそこから派生する諸問題について整理する。

1 決済、預金、融資の補完性「資産変換機能」

金融の歴史に関する書物の多くは、初期の銀行が、遠隔地に資金を送る為替業務から始まったことを紹介している。「送る」といっても、物理的に貨幣を送るのではなく、遠く離れた二地点に支店を構えて、一方の店で貨幣を受け入れ、他方であらかじめ蓄えておいた貨幣を払い出すことで、あたかも貨幣を送ったかのような体裁を整えるという営みである。

たとえば、15世紀のイタリア・フィレンツェで隆盛を誇った銀行家であるメディチ家は、フランダース地方や英国などの羊毛産地と北イタリアの間の為替送金と外貨両替を本業としていた。やがて教皇領の徴税にかかわる送金も行うようになり、そこから得られる為替手数料収入により巨万の富を得たと言われている[2]。当時、教会法では高利貸しは禁止されていたが、為替手数料は教会法上問題とされることなく、合法的であった。さらにさかのぼれば、12世紀のテンプル騎士団が、その軍事的ネットワークと防衛力を活用して、当時十字軍遠征によりキリスト教徒に制圧されていたエルサレムへの欧州からの巡礼者向け為替送金業務に携わり、銀行のように機能していたと言われている[3]。

日本でも、江戸時代の代表的金融機関と言えば、両替商と呼ばれる、大坂から江戸への為替送金を担う商人たちであった。当時、幕府や藩は年貢米を大坂の米市場で換金し、これを江戸藩邸などでの支出に充てる必要があった。この際の送金業務を担ったのが両替商であった。このような為替送金が大量かつ定期的に行われるようになれば、資金をこうした仲介業者に預けたままにすることが多くなる。

たとえば、1691（元禄4）年から公金為替を担った三井組と御為替十人組は、「大坂で公金を下げ渡されてから江戸でそれを上納するまで60日間（のちに150日まで延長）のあいだ無利子であずかり、その間は自己の資金として運用することが認められていた[4]」。また、資金を受け取るタイミングと支払うタイミングのずれの結果、実質的に仲介業者は預金・貸金業務を担うことになる。

前章で紹介したフィンテック企業の多くが、決済業務に参入している。決済業務から預金業務が派生したという歴史的経緯は、決済から斬り込んできたフィンテック企業が、やがては預貸業務にも進出してくるであろうことを示唆している。

より多くのより多様な人々の預金を集めれば、その分、預金の預け入れや引き出しのタイミングがばらつくので、預金者の引き出し要求にタイムリーに応じていても、相当な資金が仲介業者の手元に安定的に滞留するようになる。こうした滞留資金は、時間がかかるが利回りが大きい長期プロジェクトに投じることができる。このように預けられた預金の一部を預金引き出しに対応するための手元の準備として残して、他の部分を長期運用に回す銀行の形態は、「部分準備銀行制度」と呼ばれ、現在の商業銀行の標準的な姿となっている。

このように、預金者から要求されれば即座に返済しなければならない「要求払い預金」のかたちで超短期の資金を集めて、これを長期資金として供給するという役割が「資産（満期）変換機能」と呼ばれる銀行業特有の機能である。[5] これがいわゆる預貸業務である。

多様な預金者から預金を集めることで銀行に余裕資金が生じやすくなる、あるいは必要準備を節約しやすいという点は、マイナスの預金、つまり当座貸越やクレジットライン（あらかじめ設定された金額の範囲で必要なときに随時融資を受ける契約）などの融資を含めて考えても同じである。たとえば、米を作る農家と米を仕入れる卸問屋が、どちらもある特定の銀行に預金口座を持っているとする。収穫期には、農家は米を収穫して、これを問屋に売り、その代金を銀行に預金する。問屋は銀行からお金を借りて、農家に代金を支払う。問屋はその後この米を売った代金で返済する。どちらも同じ銀行を使っているのであれば、収穫期の資金取引は同一銀行内の預金口座間のやり取りだけで済み、具体的な貨幣はまったく必要ない。このように、預金業務と融資業務を兼ねることで取引に必要な貨幣の量を節約することができる。[6]

預金が「要求払い」であることにも、理論的に重要な意味がある。[7] もし預金が要求払いではなく、返済義務が発生するまでの時間が長ければ（長期契約であれば）、銀行の資金運用が過剰にリスキーであるとか、利回りが不十分であるなど、銀行の運営に問題があったとしても、預金者はすぐに預金を引き出して他所に避難させることができない。銀行にしてみれば、引き出される恐れがない分、上記のような問題に対する自己規制が緩んでしまう。このような「緩み」の懸念が預金者に生じれば、預金者はそもそも多くを銀行に預けようとはしない。それでも多くの資金を集めようとすれば、この問題を補う程度に高い預金金利を設定して集めなければならない。

要求払いであることは、預金者に「避難」の手段を与える。これが預金者にある種の交渉力を与え、銀行に適正な運営を行うプレッシャーを与える。「要求払い」だからこそ、低金利でも預金を集めることができる。

こうして、「短期借り、長期貸し」、つまり、短期の資金を集めて、これを長期運用する、という典型的な銀行の財務構造が現れる。この財務構造は極めて危険な構造である。なぜなら、負債の返済期限のほうが近いので、長期で貸したお金が返ってくる前に、自分が先にお金を返さなければならないからである。このような構造は他の業種では通常忌避すべきものである。繰り返しになるが、多様な人々から預金を集めていて、皆が一斉に預金を全額引き出す可能性が低いからこそ、このような構造を維持できる。しかし、銀行破綻の噂が立って、人々が不安に駆られれば、我先に預金引き出しに殺到し、銀行は支払い不能に陥り、本当に破綻してしまう。いわゆる「銀行取り付け（bank run)」である。

この脆弱性を補うために、一定額の支払準備を常に維持しておくことを求める「法定準備制度」、銀行破綻時に一定額までの預金立替え払いを保証するための保険に加入することを銀行に義務づける「預金保険制度」が多くの国で導入されている。また、最後の砦として、いよいよ銀行の資金が足りなくなった場合には、不足分を遅滞なく融資することで信用秩序の維持を図る、「最後の貸し手(lender of last resort)」たる中央銀行が存在している。

このうち、預金保険制度については、銀行経営者に対する「要求払い預金」のプレッシャーを軽減させてしまうという副作用があることに注意が必要である。副作用を抑えるためには、預金保険料を銀行の破綻リスクに合わせて、リスクが大きいほど保険料を高くする、などの工夫が必要である。

2　与信管理＝「情報生産」——情報の非対称性とエージェンシー問題の軽減

預金のうち、安定的に銀行に滞留する部分を企業向け融資などの運用に回すことで利回りを得る。前章で概観したとおり、この運用収益が、現在の日本の銀行の最も重要な収益源である。これ自体は限られた資金の効率的な活用であり、銀行所有者にとっても利用者にとっても、存在することが望ましい、つまり、これら関係者すべての便益の合計である「経済厚生」を向上させるようなビジネスである。

しかし、ここに難題がある。いかにして融資の返済を確保するかという問題である。すべての借り手が、善良な管理者たる注意を払って、返済に努力するとは限らない。借入当初から、結局踏み倒す可能性が高いことを知りながら、その場しのぎで借りてしまう人がいるかもしれない。最初はまじめに返すつもりだったが、途中で業況が悪化してしまい、自暴自棄になって、返済努力を放棄してしまうこともあるかもしれない。

まず問題となるのは、教科書で必ず指摘される、借り手自身が把握している状況が、貸し手には正確にはわからないという意味での、「情報の非対称性」の存在である。

また、そもそも融資契約にあたって、借り手の目指すところと、貸し手の目指すところがずれていることがほとんどであろう。たとえば、借り手は自身の利得の最大化を目指している一方で、銀行側は確実な返済の確保を目指している、といった具合である。このような契約当事者間で目的が異なる状況は、「プリンシパル・エージェント（本人・代理人）問題」と呼ばれている。この問題を抑制するために、実際の融資市場ではさまざまな工夫がなされている。

(1) モニタリング

最も基本となるものが、「モニタリング」である。銀行の「情報生産機能」とも呼ばれる。日本語で言うモニタリングには「観察する（observe）」というニュアンスが強いが、経済学用語としてのモニタリングには、望ましくない行動が見られる場合はそれを強制的に修正する、「強制（enforcement）」の意味も込められている。融資を実行する前の事前審査、あるいは実行後の定期的なモニタリングは、こうした情報の非対称性の問題や、プリンシパル・エージェント問題を軽減するために行われるものである。

この文脈で強調しておきたいのは、融資額が大きい貸し手ほど、モニタリングに積極的であるという理論的な帰結である。モニタリングから銀行が得る利得は、最も単純な場合、（モニタリングによる返済確率の増加分）×（融資額）×（預貸利鞘）なので、融資額が大きいほどモニタリングから得られる便益は大きい。他方、モニタリングのコストについては、融資額に合わせて比例的に担当者や調査時間を増やさなければならないということはなく、融資額が大きい先でも小さい先でもさほど費用は変わらない。したがって、モニタリングコストは、固定費用に近い。便益がコストを上回る場合にのみ、銀行はモニタリングを行うとすれば、融資額が大きいほうがそのような条件を満たしやすいので、融資額が大きい貸し手ほど、モニタリングに積極的であるという結論になる。

大口の資金提供者ほどモニタリングに積極的であるとの視点は、株主についても当てはまる。機関投資家などの大口株主の存在が企業統治に好影響をもたらす可能性が理論的に指摘され、数多くの実証研究が行われてきた(8)。

銀行は、多数の預金者を代表してモニタリングを行うので、それぞれの預金者が個々にモニタリングを行う場合と比べれば、モニタリング重複の無駄を省くことができる上に、個々の預金者よりもまとまった金額を融資する銀行のほうが、先のロジックからモニタリングに積極的である。こうした情報生産の効率性の観点から、伝統的預貸業務の経済合理性を説く理論は、銀行の基礎理論として広く受け入れられてきた(9)。

(2) 担　保

返済可能性を向上させる融資契約上の工夫として伝統的なものが担保である。約束どおり元利が返済できない場合、すなわち債務不履行（デフォルト）時に、債権者は担保として設定された資産を処分して、そこから返済を受けることができる。担保の設定があれば、借り手に対して、デフォルトすれば担保資産が取り上げられるとの脅しが効いて、担保がない場合よりも、返済努力の誘因が強くなる[10]。また、デフォルトの可能性を下げるために、借り手は安全な事業を志向するようになる。

担保権はデフォルト時にのみ実行されるので、デフォルト確率が高い借り手は、担保の負担を重く感じる。デフォルト確率が低い借り手は、担保をさほど負担には感じず、むしろ約定金利が高いことをより重く負担に感じる。この傾向を利用して、貸し手は、デフォルトしやすい借り手とそうでない借り手をふるいにかける（スクリーニングする）ことができる。具体的には、担保が設定されていて金利が安い融資契約と、担保設定がない代わりに金利が高い融資契約の、二つのタイプの契約を融資申請者に提示する。上記の傾向から、デフォルト可能性が低い借り手は前者を選びやすく、デフォルト可能性が高い借り手は後者を選びやすい。このように借り手の選択から、タイプを判別して相応の金利設定を行うことができる[11]。

担保は、貸し手にとって、言うまでもなく望ましい制度である。また、担保がなければまったく融資を受けられなかった企業が、担保制度の整備により融資を受ける可能性が開かれるという点で、借り手にとっても望ましい制度である。しかし、借入額が、担保資産の価値に制約されるという意味では、依然として制約が残る。

担保に用いることができるのは、登記制度や評価制度が整備され、権利関係が証明しやすい不動産や、自動車、売掛債権、時価判定が可能な在庫など一部の動産に限られる。不動産に投資する場合は、それを担保に入れることで資金調達が比較的容易にできるが、人材の採用、人材開発、販路、ノウハウといった無形資産に投資する場合はそのようなことはできない。したがって、融資市場が担保設定に固執するような取引慣行を維持する限り、こうした無形資産への投資は、有形資産への投資よりも強く制約される。

新産業の中心が、有形資産を多く使う製造業ではなく、情報通信関連サービス業、専門的な知識に基づくサービス業など、有能な専門人材を中心とする無形資産に多くを依存する非製造業にシフトして久しい。こうした新しいサービス業の成長を促す際に、有形資産担保に過度に依存する融資慣行が足かせとなる可能性に注意する必要がある(12)。

3　企業と銀行の長期的取引関係――リレーションシップ・バンキング

担保制度は、担保に供し得る資産の購入・保有を前提としている点で、先述した産業の新陳代謝の触媒としての銀行の役割を制約するものである。そのような資産を持たない新産業での起業家に対して、返済可能性を確保しつつ資金提供を行うことは可能だろうか。

この問いに対する理論的解答の一つが、企業と銀行の長期的取引関係、いわゆるリレーションシップ・バンキングの理論である。長期取引関係は業歴の長い古い企業の話であって、新規参入企業への資金融通には関係ないように見えるが、実は大いに関係がある。

ある人が事業目的でお金を借りようとしている状況を想定しよう。事業終了後に収益がいくらであったかを貸し手は観察できず、約定どおりの返済がない場合に裁判に訴えたとしても、借り手の収益を立証できないとする。このような状況で、お金を貸してくれる人はいない。自分の個人的利益を最大化しようとする借り手は、事業がうまくいったとしても「失敗した」と偽って、返済を免れようとする。貸し手にはこれを防ぐ手立てがないので、この状況でお金を貸してしまうと損をすることが目に見えている。

しかし、借り手が将来にわたって継続的に利益を上げられるような事業を考えていて、繰り返し融資を受ける必要がある場合、状況は大きく変わる。最初の融資において、約束どおり返済がない場合は二度と融資しない、約束どおり返済があった場合は次からは金利を安くする、という行動を、どの貸し手も取るとする。このことを知っている借り手は次回以降の金利低下を期待して約束どおり返済する誘因を持つ。こうして返済可能性が生じるので、お金を貸す人が現れる。

また、二度目の融資で最初の融資とは別の貸し手から借りてしまうと、再び高い金利から始めなければならないので、借り手は最初の貸し手との関係を極力維持するように努めることになる。このように長期的関係を前提とするがゆえに、最初の新規参入時の融資が可能になるとともに、その後の企業・銀行の融資関係が固定化する。(13) 同じ銀行から繰り返し借りるほうが企業にとってもお得なのである。ただし、後述するとおり、長すぎる関係には弊害もある。

企業と銀行の長期的取引関係に関する実証研究には1970年代から現在に至るまで膨大な蓄積がある。80年代までの日本では上場企業であっても、「メインバンク」と呼ばれる特定の銀行との結びつきが強く、こうしたメインバンクによる企業統治が、日本特有の歴史的慣行であるとされてきた。80年代以降の社債発行など直接金融にかかわる規制緩和、さらに90年代末の銀行危機後の大手銀行の合併・リストラを契機に、このような関係は弱くなったと言われている。

しかし、事業性融資の過半を占める中小企業向け融資に目を向けると、依然としてメインバンクとの長期取引関係は残っている[14]。また、中小企業金融における長期的関係は、日本特有の現象ではなく、米国や欧州主要国など多くの先進国にも共通に観察されるというのが、現在のこの分野の研究者らの共通認識である[15]。

なお、リレーションシップ・バンキングと似た取引慣行は、ベンチャーキャピタルによる出資にも見られる。出資段階を複数ステージに分け、それぞれのステージでの目標達成に応じて、ベンチャー企業は追加出資を受けることができる、「ステージドファイナンシング」と呼ばれる仕組みである。リレーションシップ・バンキングと同様に異時点間の動機づけをもたらす慣行として理解することができる[16]。

4　情報生産と融資競争——情報独占と競争戦略

取引関係が続く間に、メインバンクは融資先企業について詳細な情報を蓄積し、他の金融機関よ

表３－１　中小企業向け貸出について金融機関が重要視すること

項　目	回答比率（％）
債務償還能力（債務償還年数等）	84.2
信用保証協会など保証機関の保証	83.6
代表者の経営意欲	80.7
主要事業の市場動向	73.7
収益性（売上高経常利益等）	71.7
技術力	70.4

（注）2006年経済産業研究所調査。
（出所）2006年版『中小企業白書』（中小企業庁）の表１－３－133のうち、回答比率上位の６項目から筆者作成。「中小企業金融環境に関する実態調査」（経済産業研究所、2006年、委託先：東京商工リサーチ）において、金融機関が中小企業に貸出審査を行う際「以前と比較して特に重要度が増すもの」と回答（複数回答可）のあったものを集計。

りも情報優位に立つことができる。メインバンクが独占的に入手できる情報は、公開情報ではないという意味で、経済学では「私的情報」と呼ばれる。こうした長期的取引関係から得られる私的情報の保有をもとにリレーションシップ・バンキングを定義する文献もある。[17]

メインバンクが独占的に入手し得る「私的情報」として考えられるのが、決済口座での資金の動き、送金先などの情報である。これは客観的なデータであり、必要に応じて第三者に正確に伝えることが可能な情報である。このような検証可能な情報は「ハード情報」と呼ばれる。

他方、経営者の事業意欲、従業員のスキル、士気など、企業に出向いて親しく話をできるような関係でなければなかなかわからない「私的情報」もある。このような、第三者には正確に伝えにくい情報は「ソフト情報」と呼ばれている。[18]少し古いデータではあるが、２００６年度『中小企業白書』で紹介されている金融機関向けアンケート調査（表３－１）では、与信判断にあたって重視する項目の上位５位の中に、返済能力に関するハード情報に加えて、「経営者の事業意欲」といったソフト情報に当たるものも含まれている。このことからも、ソフト情報が金融機関の意思決定に無視できない影響を与えてきたことがわかる。

企業の財務情報は、客観的で誰にでも正確に伝わるべき内容を備えているのが理想的だが、中小企業の場合は、経営者の家計と連結させて見直すなどの実態修正が必要であることが、融資の現場では常である。こうした実態修正に際して、上記の私的情報がヒントとなるため、実態修正済みの財務情報も、メインバンクの私的情報と言える。

こうした情報の蓄積は、貸さなくてもよい先に貸してしまう、あるいは貸すべき先に貸さないといったエラーを減らし、融資審査の精度向上につながる。

問題は情報がメインバンクに偏在することである。ここで、私的情報を持つメインバンクと、そのような情報を持たない非メインバンクが、ある企業向け融資をめぐって金利競争をしている状況を考えてみよう。企業はより安い金利で融資をしてくれるほうを選ぶとする。

メインバンクは精度の高い審査によって実態業績の良い企業に低金利で融資し、悪い企業には高金利を提示するか、融資を断る、というメリハリのある意思決定ができる。

これに対し、情報を十分に持たない他の銀行は、このようなメリハリのある意思決定ができない。メインバンクは、上述のようなメリハリのある提示をするので、非メインがメインバンクと金利競争した場合、内実が悪い企業に限って、非メインが競り勝ってしまう。情報を持たない非メインはこのように「勝者の災い」のリスクにさらされている。これに備えるため、非メインの銀行は高い信用コストを埋め合わせるのに十分な高金利を提示せざるを得ない（図3―1のB）。この金利は、

図3―1　情報優位による超過利潤（概念図）

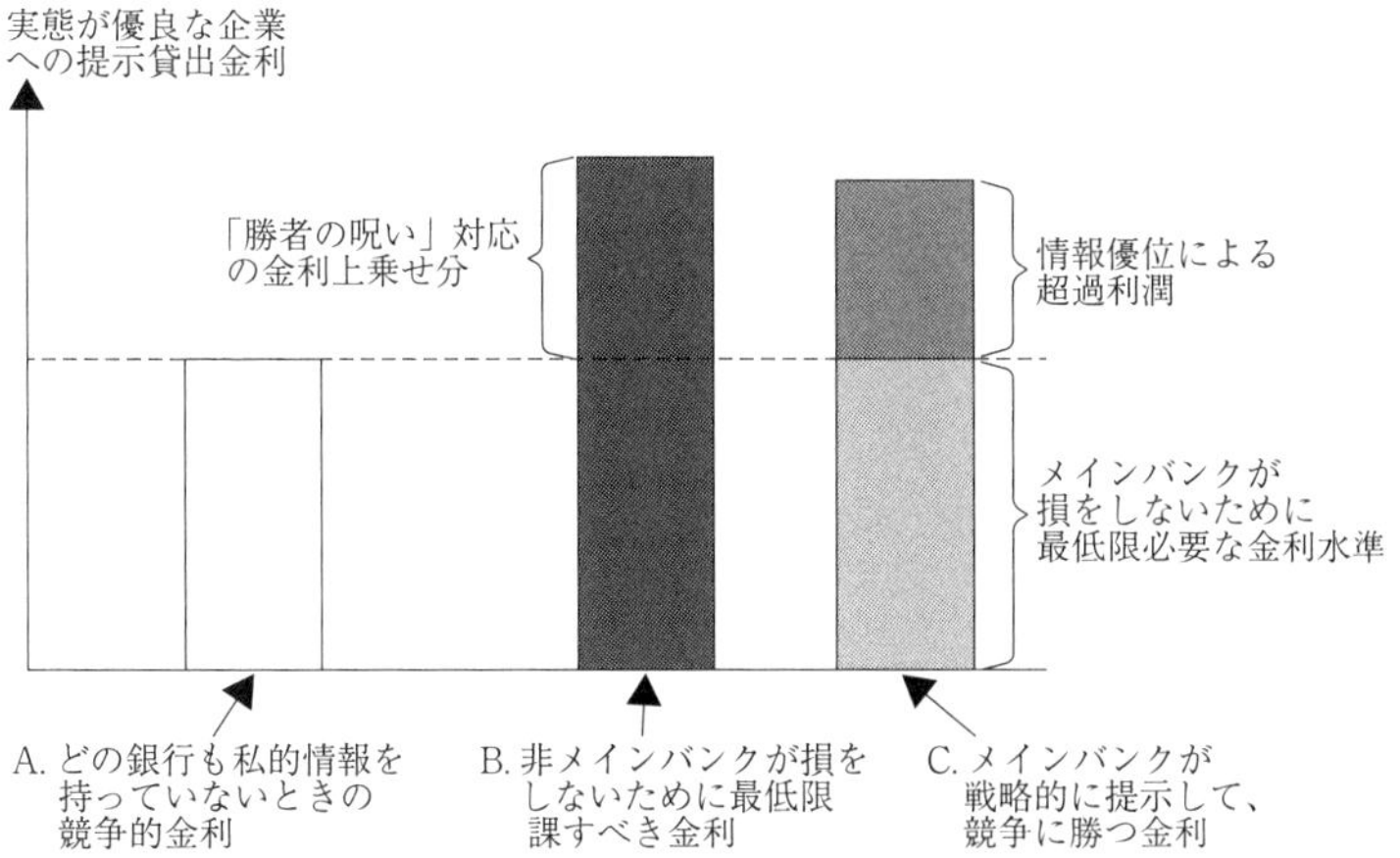

すべての銀行が同様に情報を持ち合わせていない、対等な場合の競争的金利（図3―1のA）よりも高くなる。

心情的にそこまで利己的に動けるかどうかは別として、理論上は、メインバンクは、非メインのこのような行動を見越して、内実が良い企業に対して、非メインが提示する高金利をわずかに下回る金利を提示することで融資競争に競り勝つことができる（図3―1のC）。すべての銀行が私的情報を持っていない完全競争的な場合（図3―1のA）よりも、金利水準は高めとなる。こうして情報優位に立つメインバンクは、超過利潤を確保することができる[19]。

また、優良企業については、メインバンクが情報を独占している限り、常に融資競争に勝てるので、優良企業との長期取引関係を維持する力がここでも作用する。前節では、取引関係を維持するために銀行は金利を下げるとしていたが、情報優位に立てばその必要はない。まさに、「情報は金なり」である。情報独占は利益になるので、他の金融機関と情報共有をする積極的な誘因はない。このように情報優位に立つものが利益を得て、そうでないものはゼロリターン、あるいは損をするという構図は、株式取引など金融市場のミクロ経済学的分析でしばしば出てくるモチーフである。

地域金融機関の文脈での例としてわかりやすいと思われるのが、他県への出店である。すでに地元企業と強固な顧客関係を築いている地元金融機関が存在する地域に誤って参入してしまった場合、新規参入の支店が、そこで新たな法人融資先を開拓するのは至難の業で、食い込んだとしても利益を得ることができないことが、この理論から予測される。

このような情報独占から期待される利得は、新規参入企業とできるだけ早いタイミングで関係を構築する誘因を銀行に与える[20]。このように銀行に新規参入企業の発掘を促し、産業の新陳代謝を活性化させる効果がある一方で、負の側面もある。

負の側面として、まず理論的に指摘されるのが「ホールドアップ問題」である[21]。ひとたび融資関係が始まり、情報が独占されてしまうと、先ほどの理屈で、他の金融機関から借りるという選択肢が失われてしまう。このため、最初に融資関係を始めた銀行の交渉力が圧倒的に強くなってしまい、融資金利が高くなってしまう。事業からの利得の多くを融資利息として銀行にとられてしまうので、企業家の事業意欲を減退させる恐れがある。

また、もう一つの負の側面が「追い貸し」（業績不振先への追加融資）に代表される「ソフト・バジェット」（緩い予算制約）の問題である。長期的取引関係を前提とする銀行は積極的に情報収集に投資する。情報収集をいったん行ったら、その情報は使わないと損である。公開情報だけで判断すると、とても融資できないような状態の先でも、私的情報に照らせば、融資をしても、少なくとも損はしないと判断される場合がある。

長期的取引関係を前提としない銀行は、将来活用する機会がない私的情報を集めるインセンティブはない。長期的取引関係を前提とする銀行が存在する融資市場の経済厚生（銀行と借り手の利得の合計）と、そのような銀行が存在しない市場の経済厚生を比較すると、情報収集にかかる費用が十分に大きいとき、後者のほうが高いことが理論的に示される[22]。つまり、長期的取引の慣行の下では、あまり有望ではない先の融資のために、過大な情報生産コストをかけてしまう恐れがある。

先述のとおり、他の金融機関との競争を有利に進めるために、各銀行は情報収集投資を積極的に行う。この投資競争が行き過ぎて、情報収集が重複し、かえって融資市場の効率が悪くなる可能性も理論的に指摘されている。情報生産の結果、個別銀行の利益が増えるものの、銀行業全体での利益や利用者の便益が、情報生産コストに比べてさほど増えていない場合、これはコストをかけて既存のパイの奪い合いをしているだけなので、社会的には非効率である。ゲーム理論で有名な「共有地の悲劇[23]」と、その産業組織論への応用である「過剰参入定理[24]」と同様のロジックである。この理論からは、銀行の数が多いほどこのようなリレーションシップへの重複投資の非効率が生じやすく、これを抑えるには合併の促進が有効であるとの結論が得られる[25]。

5　リレーションシップ・バンキングの流動性保険機能

以上の議論は、メインバンクが強い交渉力を持つ状況を想定していた。しかし、ある程度事業が軌道に乗れば、当初のメインバンク以外の銀行に対しても、自社の信用力を信憑性をもって伝えることができる程度の信用履歴が蓄積される。ここまでくれば、複数の金融機関に積極的に情報を開示して、複数の金融機関と緊密な関係を保って、上記のような問題を避けることができる。それでも顧客を引きつけて収益を得るために、銀行は収集した情報があればこそ提供できる、顧客にとって付加価値の高いサービスを用意しようとするであろう。

さまざまなサービスの中で、特に実証研究でも確認されているのが、「暗黙の流動性保険」と呼ばれる慣行である。[26] 経済産業研究所が２００８年に実施した「企業・金融機関との取引実態調査」では、7割超の企業が一時的に資金繰りが悪化した場合の対処法として、メインバンクに融資や返済延期を要請することを挙げている。一時的な資金難に陥った際、メインバンクが私的情報に基づいて、これが一時的な問題であることを見抜いて柔軟につなぎ融資に対応してくれることを借り手企業は期待している。銀行はこのような評判を確立することで、多少高い融資金利でも顧客を引きつけることができる。[27]

実際に、上記調査の個票データを用いた分析からは、「一時的資金繰り難に陥った場合に、メインバンクに追加融資を打診する」とアンケートに回答した企業は、そうでない類似企業よりも平均で

０・６％程度高めの融資金利を払っていることがわかっている。これは、一時的困難に対する保険料の意味合いがある[28]。

なお、この研究からは、メインバンクのほうが情報を多く持っているだけでは、そのような金利差が発生しないこともわかっている。この点で、日本におけるリレーションシップ・バンキングでは、情報独占によるホールドアップなどの弊害よりも、情報を活用した顧客へのサービスの還元の側面が強いことが推測される。

こうした保険機能を明文化した契約が「コミットメントライン」である。米国では中小企業向け融資でもこの契約形態が主流であるが、日本では、金利上限規制との関係で、中小企業向け融資ではほとんど見られないことも、このような「暗黙の保険」と呼ぶべき慣行の存在の一因であると推測される。

これ以外にも、ビジネスマッチング等販路の紹介、事業承継先の紹介、さまざまな経営リソースの紹介などを含む経営改善のためのコンサルティングなど、日本での地域密着型金融の一環として推奨されてきた活動は、このようなサービス差別化として理解することができる[29]。

6　組織構造と融資行動――集権か分権か[30]

上述のソフト情報は、組織の内部においても伝達に困難が生じ得る。たとえば、金融機関がある企業に対して融資を実行するか否かの決定を行う際、多くの場合は支店の営業担当者がその企業に関する情報収集を行う。支店に融資判断の最終的な決定権限があれば、支店内部でそれらの情報を共有した上で意思決定を行うことが比較的容易にできる。しかし、もし融資判断の最終決定権限が本店にあるならば、これらの情報をすべて文書化した上で本店に伝達する必要がある。

この伝達作業において、ソフト情報が信憑性のあるかたちで本店に伝達されず、意思決定に利用されない可能性が出てくる。したがって、融資決定におけるソフト情報の利用可能性、あるいはそれを収集する支店の情報収集誘因の決定要因として、融資決定の権限配分が「集権的(hierarchical)」であるか「分権的(decentralized)」であるかが重要な要素となる。

情報収集を行う部署が意思決定も兼ねる分権的な組織では、部署の利益最大化にソフト情報が効果的に活用される。一方、中央の意思決定を行う部署が情報収集を行う部署から情報を集約した上で意思決定を行う集権的な組織では、ソフト情報が部署の利益最大化に活用されない可能性がある。ソフト情報を集めただけでは業績評価されず、集めた情報が最終的な意思決定に活用されて初めて業績として考慮されるとすれば、また、ソフト情報の収集に費用がかかるのであれば、無駄なく情報が利用される前者のタイプの組織のほうが、情報収集部署の情報収集の誘因が強い。このことから、分権的な組織構造を持つ金融機関のほうがソフト情報の収集・蓄積に積極的で、リレーションシップ・バンキングの提供に比較優位を持つ[31]。この理論は、意思決定にソフト情報活用が有効である場合、またソフト情報を証明可能な情報に仕立てることが難しい場合には、分権的な意思決定構造が望ましいことを示唆している。

その一方で、ハード情報だけで十分に的確な意思決定ができる場合は、中央が意思決定権限を握る集権的な組織のほうが、全体を見据えた大域的な最適資源配分を実現しやすい。また、本店は銀行全体のリスク調整済みの利潤最大化を目指しているのに対して、支店レベルでは支店の利潤最大化、あるいは支店での融資総額最大化を目指しているというように、本店の行動目的と支店の行動目的が乖離しているという意味でのプリンシパル・エージェント問題がある場合、分権的組織が無条件に望ましいわけではない。ソフト情報活用の便益とプリンシパル・エージェント問題のトレードオフの結果として、最適な「分権度」が決まる。[32]

最近、多くの金融機関で支店の権限強化の動きがあると言われている。[33] 分権化を進める際には、支店担当者の評価制度の設計にも十分に注意を払う必要がある。たとえば、新規融資先の獲得が支店評価の重点項目である場合、支店担当者が将来の破綻懸念を軽視して、目先の融資営業に邁進する結果、リスクテイクが過剰になってしまうかもしれない。１９８０年代末のバブル期に一部の銀行で、営業推進と審査を一つの部署が兼務するという組織改革を行ったことで、リスク管理が甘くなり、深刻な不良債権問題につながったとされる事例がよく知られている。[34]

第1章で言及した、地域金融機関の合併は、こうした意思決定構造の大きな変更を伴う。１９８0年代から90年代にかけての米国の地域金融機関の合併を対象とした実証研究では、合併銀行が合併前に比べて中小企業向け融資を減少させるものの、他の銀行がこれを肩代わりするかたちで中小企業向け融資を増やしたことが報告されている。[35] この傾向は、合併に伴う意思決定構造の変化により、中小企業融資に欠かせないソフト情報の活用が抑制されたことにより生じていると解釈されている。合併に伴う融資意思決定プロセスの変更は合併後のパフォーマンスに無視できない影響を与える。この点については後の章でさらに詳しく検討する。

7　負債と株式

後の章で、地方創生に対する地域金融のかかわり方、地域金融機関の収益源の多様化、あるいは低金利下でのリスクテイクの拡大といった、現在地域金融が直面する課題について議論する際に重要となるのが、「銀行の資金調達と資金運用のほとんどが返済期限、元本、利息があらかじめ契約で固定されている『負債』の形態をとっている」という事実である。

銀行を含む企業の資金調達手段は大きく分けて二つある。一つは銀行融資や社債などの負債発行で、もう一つは株式発行である。前者はデットファイナンス、後者はエクイティファイナンスと呼ばれる。銀行の場合、預金者からの預金が負債の重要な構成要素となる。

資金を提供する側から見れば、負債は、一定の期日に元本と利息を受け取ることを条件に、企業に資金提供したものである。株式は、「キャッシュフロー権」と呼ばれる、企業の利益や財産から持株比率に応じて金銭を受け取る権利と、「議決権」と呼ばれる、株主総会での一株一票の投票権をまとめたものである。株式購入は、これらの権利を得ることを条件に企業に資金を提供することを意味している。

金銭的な利得の観点から負債と株式を比較したとき、際立って異なるのは、負債では、先述のとおり元本、利息、返済期限があらかじめ契約で決められているが、株式ではこれらがそもそも設定されていないことである。株式については配当が支払われるのが慣例であるが、それは契約上の義務ではない。日本を含むほとんどの国で、企業が解散して利害関係者に財産を分与するとき、返済額と期限が明示されている負債には、株式よりも優先して元利返済を受ける権利が認められている。このルールは、債権の「絶対優先原則」（absolute priority rule）と呼ばれている。優先する債権者に約束の元本と金利を返済したのち、残っている財産があれば、それが株主に分配される。このため、株主は「残余財産請求権者」（residual claimant）とも呼ばれる。

企業の所有者ともいうべき株主は、このように債権者に劣後する立場ではあるものの、「有限責任」と呼ばれる仕組みで一定の保護を受けている。このため、株式の価値はゼロになることはあっても、マイナスになることはない。言い換えれば、株主は株式購入時に払い込んだ金額の範囲で損失を被ることはあるが、それ以上に損失を被ることはないということだ。その意味で、株主の責任は、株式購入時に払い込んだ金額以下に限定されている。このように損失規模を限定することで、株式を投資家に購入しやすいものにしているのが、有限責任の制度である。

この二つの法的な仕組み、負債の「絶対優先原則」と、株式の「有限責任」の下で、債権者が得る利得と企業価値の関係を図示したものが図３―２(a)である。企業価値は、事業から得られる将来の現金収入の現在価値と遊休資産の価値の合計である。Dが返済しなければならない負債総額（元利合計）である。企業価値がこれを超える場合は、約束どおりDを返済できるので、債権者の取り分はDで水平となる。

しかし、企業価値がDを下回る場合は、約束どおりの返済ができない。債務超過のため、倒産手

図3―2 負債の価値、株式の価値

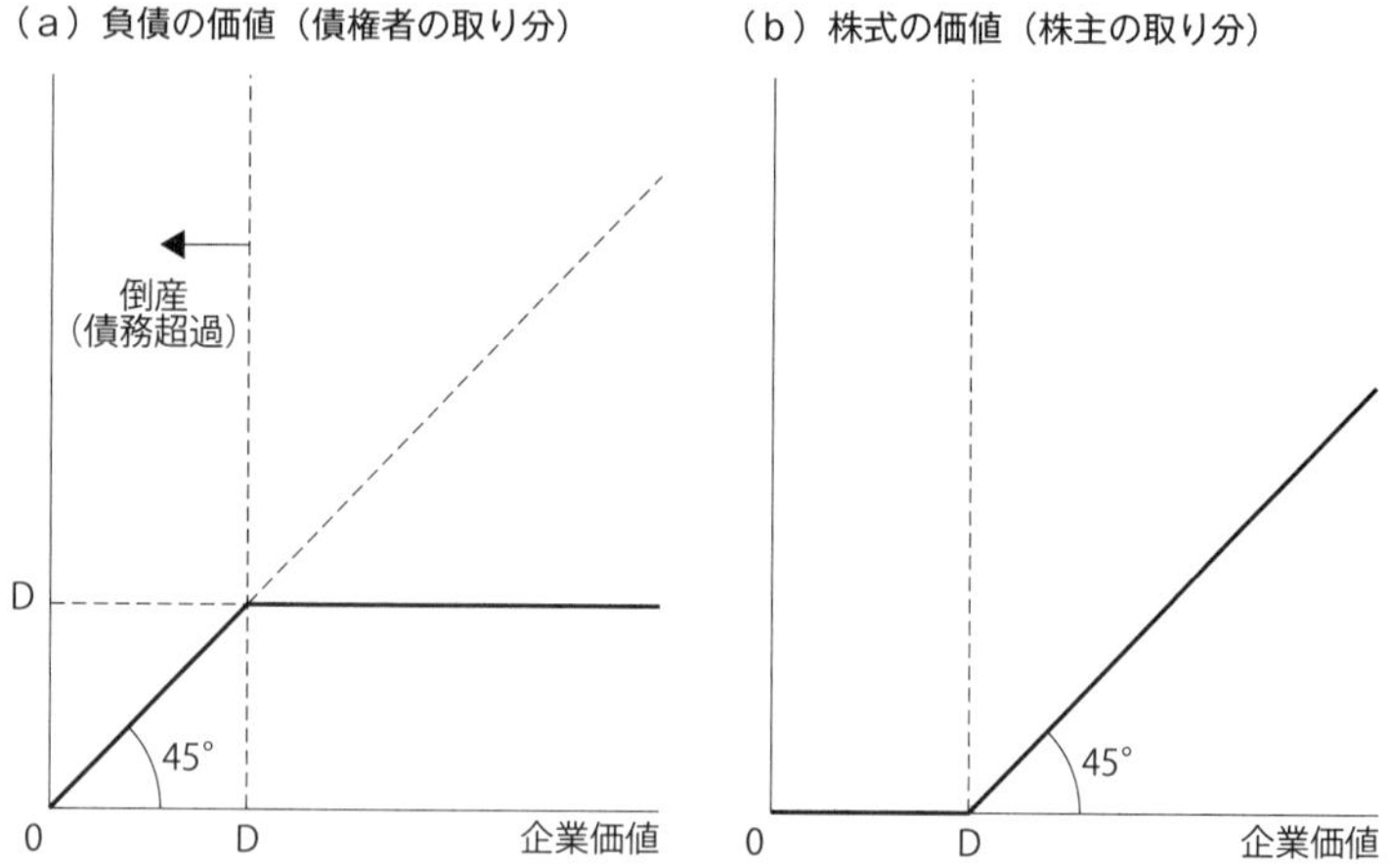

続きを始めなければならない状況である。株主が有限責任で守られている場合、株主の個人資産から強制的に追加負担を徴収するかたちで負債の返済を強制することはできない。ただし、中小企業融資でよく見られるように、オーナー経営者本人による保証や、個人資産への担保設定がある場合は、有限責任による保護はその分、制限される。他方で、絶対優先原則のおかげで、債権者には企業価値から優先的に返済を受ける権利がある。

端的に言えば、このような債務超過の状況では、債権者が企業価値のすべてを取っていく。つまり、図3―2(a)で企業価値がDを下回る範囲（個人資産を担保に入れる場合は、Dから担保設定額を引いた額を下回る範囲）では、債権者の取り分は企業価値に対して45度の直線（45度線の高さは底辺と等しい）となる。

図3―2(a)の台形のような利得を描く債権は、「標準的負債契約」（standard debt contract）と

金融論では呼ばれている。資金提供者には企業価値が直接には観察できず、これを正確に計測するためには、監査人を雇うなどの固定費用がかかるとき、このコストを最も節約できる契約が標準的負債契約であることが理論的に知られている。[36] この理論は、こうした負債契約が世界中で広く利用されていることの理論的な裏づけとなっている。

企業価値（図3―2(a)の45度線の高さ）から負債の価値（債権者の取り分）を引いた残りが、株式の価値（株主の取り分）となる（図3―2(b)）。この図3―2の(a)と(b)を比較してまず気がつくことは、企業価値が低いときは、債権が株式よりも価値が高いということである。つまり、成長がさほど期待できない企業については、負債で調達したほうが有利である。逆に、企業価値が高いときは、株式のほうが債権よりも価値が高い。成長が期待できる企業は株式で資金調達するほうが有利に資金調達できるのはこのちがいによる。第2章で紹介した銀行による事業会社の議決権保有規制は、この点で、顧客企業の成長可能性に応じた資金提供手段の最適選択を制約するという副作用がある。

図3―2は、銀行理論と企業金融理論において、最も重要な図のひとつである。この図を用いて、企業と銀行の投融資とリスクテイクの意思決定に関する重要な理論を解説することができる。

その一つが、負債による資金調達が株主にリスクテイクを促すという「リスクシフティング」（資産代替）の理論である。[37] この理論は、利鞘低下に伴う銀行のリスクテイクの積極化と深い関わりがある。これについては第5章で詳しく解説する。

もう一つが、「デットオーバーハング」（過剰債務）の問題である。[38] 企業が過大な負債を抱えていると、有望な事業があったとしても、その成果は優先順位の高い残債の返済に充てられてしまうため、その有望な事業のための新たな資金提供者が現れず、これが実行されない、という理論である。これは地域における企業再生、あるいは銀行資本に対する公的資金注入の文脈で重要な意味を持つ。詳細は第7章で論じる。

【第3章　注】

（1）シュムペーター『経済発展の理論』（上）岩波文庫、1977年、271ページ。
（2）ソール（2015）3章。
（3）Goetzmann（2016）Chapter 11.
（4）岩橋（2002）V部1章4節「近世の信用体系」、462ページ2―12行目。
（5）資産変換機能のパレート最適性については、Diamond and Dybvig（1983）を参照。
（6）Kashyap, Rajan, and Stein（2002）の理論と例による。
（7）この段落の議論はCalomiris and Khan（1991）, Diamond and Rajan（2001）の理論に依拠している。
（8）この方向の理論と実証に関してはShleifer and Vishney（1997）が参考になる。
（9）Diamond（1984）.
（10）担保による借り手のモラルハザード抑制効果については、Boot, Thakor, and Udell（1991）。
（11）この段落は、Bester（1985）の理論に基づく。
（12）担保に利用できる財の範囲が広がったことによる、資金制約の緩和と、企業成長促進効果については、Calomiris, Larrain, Liberti, and Strugess（2017）, Campell and Larrain（2016）の実証がある。
（13）ここでの記述は、Bolton and Scharfstein（1990）の理論に基づいている。
（14）たとえば、2008年に経済産業研究所が実施した中小企業向けアンケート調査では、回答企業のうち、約8割が10年を超える融資関係をメインバンクと維持している。詳しくは植杉ほか（２００９）を参照。

（15）２０００年代までのリレーションシップ・バンキングに関する実証研究については、Degryse, Kim, and Ongena（2009）の第４章にそれまでの実証結果に関する紹介がある。

（16）Neher（1999）が、こうした関係的契約からベンチャーキャピタルのステージドファイナンシングを解釈する理論を提示している。

（17）Boot（2000）は、"We define relationship banking as the provision of financial services by a financial intermediary that: i. invests in obtaining customer-specific information, often proprietary in nature; and ii. evaluates the profitability of these investments through multiple interactions with the same customer over time and/or across products."（l.1, p.10）として、情報優位の観点からリレーションシップ・バンキングを定義している。

（18）この用語を最初に使ったのは、Aghion and Tirole（1997）の理論研究である。

（19）Rajan（1992）による。非対称情報下での共通価値第一価格オークションの融資競争への応用である。

（20）Sharpe（1990）.

（21）Rajan（前掲書）。

（22）Dewatripont and Maskin（1996）.

（23）Hardin（1968）.

（24）Mankiw and Whinston（1986）.

（25）Hauswald and Marquez（2006）.

（26）Chemmanur and Fulghieri（1994）, Dinç（2000）, Bolton, Freixas, Gambacorta and Mistrulli（2016）.

（27）同前。

（28）Nemoto, Ogura, and Watanabe（2016）。Bolton, Freixas, Gambacorta, and Mistrulli（2016）は、イタリアの融資データを用いて同様の結果を示した。

（29）この観点からリレーションシップ・バンキングを理論モデルとして表現した例として、Boot and Thakor（2000）, Yafer and Yosha（2000）がある。

（30）この節は、小倉・根本・渡部（２０１１）のⅡ-２-１節の整理に依拠している。

(31) 理論についてはAghion and Tirole（1997）およびStein（2002）、実証はLiberti and Mian（2010）, Agawarl and Hauswald（2010）, Skrastins and Vig（2018）などを参照。
(32) Dessein（2002）.
(33) ２０１４年の「金融モニタリングレポート」（金融庁）には、大手銀行で中小企業向け融資に関する支店権限の拡大が見られたことが報告されている（21ページ）。
(34) 藤原（２００６）。
(35) この研究の代表例がBerger, Saunders, Scalise, and Udell（1998）である。合併効果に関する既存の実証研究を紹介する論文としてはDeYoung, Evanoff, and Molyneux（2009）などがある。
(36) Costly state verification（ＣＳＶ）モデルと呼ばれている。Townsend（1979）が最初に提唱。
(37) Jensen and Meckling（1976）Section 4.
(38) Myers（1977）が最初に提唱した理論。比較的最近の応用例としては、Philippon and Schnabl（2013）による銀行への資本注入の分析がある。デッドオーバーハングの観点から、銀行への公的資本注入を理論的に支持している。さらに、資本注入を必要としない銀行が注入を申請するのを防ぐために、普通株式への転換権が付いた優先株式による資本注入の妥当性を主張している。

第4章　データで見る各地の融資競争
——地域により異なる生産年齢人口減少のインパクト

ここまで、生産年齢人口の減少が資金需要と金利に与える影響（第1章）、フィンテックに代表される金融技術革新が銀行業に与える影響（第2章）など、日本の銀行業全体を一括りに捉えたマクロの議論を主にしてきた。しかし、第1章で述べたとおり、融資市場は地理的に分断される傾向があるとともに、生産年齢人口減少の度合いは地域により異なるため、こうした構造変化が融資市場に与える影響には相当な地域差があると考えるのが自然である。ある地域では資金需要が旺盛で融資競争はさほど厳しくない一方で、別の地域では資金需要の減退が著しく融資競争が熾烈化するばかりであるといった具合に、地域金融機関から見える地元融資市場の風景は、地域によりかなり異なるはずである。こうした地域差をデータにより可視化することは、地域金融をめぐる政策論議をより建設的なものにするために有用であろう。

ところで、こうした構造変化が、各地の資金需要と、各金融機関の競争行動に与える影響をどのように可視化したらよいのだろうか。また、そもそも「競争」という抽象的な概念を具体的にどのように計測したらよいのだろうか。地域により異なる競争の厳しさの計測にあたっては、こうした抽象的な概念を計測可能なものに整理し直す作業が必要である。

そこで、本章ではまず、競争の度合いの参考指標としてしばしば注目される、貸出利鞘の決定要因について整理する。続いて、この利鞘から競争の度合いを抽出する経済学的な考え方と手法を紹介した上で、この手法を各地の融資市場に応用した計測結果を紹介する。本章で紹介する推定結果は、最近公刊された自身の学術論文（Ogura［2020］）をベースとしている。

1　貸出利鞘の要因分解

融資競争の厳しさは、金融機関の貸出金利と資金調達金利の差である貸出利鞘に影響する。しかし、このことは、貸出利鞘がすべて競争要因で決まってしまうことを意味しているわけではない。つまり、単純に利鞘を見ただけで競争の度合いは判断できない。

まず、貸出金利は、以下のように分解できる。

貸出金利＝資金調達コスト＋信用コスト＋競争要因

資金調達コストは、金融機関の資金調達にかかる費用である。預金市場や銀行間市場での負債による資金調達の金利と、株式による自己資本調達に伴う資本コストの加重平均である。加重は負債、株式それぞれによる調達比率である。つまり、企業価値計算に用いる加重平均資本コスト（Weighted Average Capital Cost：ＷＡＣＣ）と同じである。自己資本調達のための資本コストは、銀行の株式を購入する投資家にとっての機会費用である。言い換えれば、投資家に銀行株式を保有する気にさせるために最低限必要な株式利回りである。

地方銀行の場合は、負債と純資産の合計に占める純資産の割合が平均で５％程度なので、自己資本調達にかかる資本コストはさほど大きくはないと考えられる。信用金庫の場合は、投資家からではなく地域の会員から出資を募る。出資をして会員になることが融資を受けるための条件であるため、出資を十分に魅力的にするための資本コストは、株式会社である地方銀行よりもさらに低いと考えられる。

貸出金利から資金調達コストを引いたのが「貸出利鞘」である。先の式に基づけば、貸出利鞘は、信用コストと競争要因から構成される。

貸出利鞘＝貸出金利－資金調達コスト＝信用コスト＋競争要因

信用コストは、貸出先が債務不履行を起こした場合の予想損失である。（債務不履行の確率）×（元本のうち回収不能となる割合）がこの部分に該当する。債務不履行の可能性があるにもかかわらず、この部分を上乗せせずに融資すれば、貸し手の予想利回りは負になってしまう。そのような事態を避けるために、債務不履行の可能性の高い融資先には高めの信用コストを上乗せした金利で融資を行うのが通常である。こうした信用リスクを伴う融資を行った場合、金融機関は、貸倒引当金を積み増し、予想される損失をあらかじめ損金として計上しておく。多くの金融機関は、資金調達コストに信用コストを加算したものを融資案件の信用格付ごとに計算し、これを金利設定の行内基準としている[1]。

競争要因は、他の金融機関との競争関係などで決まる部分である。完全競争的な世界であれば、この部分はゼロとなる。銀行がサービスの差別化、あるいは前章で言及した情報優位などにより、ある程度価格支配力を持っていれば、この部分は正となる。融資先との取引関係の発展から将来期待できる収益を考慮に入れて、現時点での融資契約獲得を狙うのであれば、この部分が負となることもあり得る。その場合には、多くの金融機関で、本店の承認など相応の手続きを経る必要がある。[2]

貸出金利の決定要因のうち、負債による資金調達コストは、預金市場や短期金融市場で決まる。この市場は日銀の金融調節が圧倒的な影響力を持っている。また、預金者はネット銀行など全国どこにでも預金を移すことができるため、個々の金融機関の金利に対する影響力は小さい。自己資本調達コストは、株式市場で決まるものであり、世界中の証券との裁定関係を反映する。したがって、これも個々の金融機関が選択できる変数ではない。経済学的な用語で言えば、金融機関はこれらの市場において価格受容者（プライステイカー）である。

したがって、貸出金利の構成要因のうち、個々の金融機関が市場環境に応じて戦略的に調節する余地があるのは、信用コストと競争要因である。つまり、どの程度の信用リスクを受け入れるのか、また、どの程度融資金利を切り下げて積極的に融資拡大を目指すのか、あるいは、どの程度サービスの差別化や情報収集を進めて独自の市場を切り開くのか、といった金融機関の経営方針の選択がこの部分に影響する。

以上では、要因を便宜的に切り分けたが、それぞれの要因の間に相互作用があることにも注意が必要である。次章で詳しく解説するように、競争要因は信用コストと密接な関係を持っている。競争が厳しければ、安全な先に融資しているだけでは利益が上げられず、利回りを求めてあえてリスクを取りにいく誘因が働く。また、リスクを取りすぎて信用コストを過大に抱えれば、株価が下がって、資本コストが上昇する。銀行自体の信用リスクが大きくなれば短期金融市場での資金調達コストも増加する。

2　都道府県ごとの貸出利鞘の傾向

ここで各地の利鞘の推移を見てみよう。図４―１は、都道府県ごとの貸出利鞘、信用コスト、競争要因の、各年の上位10％、中央値、下位10％を図示したものである。多くの金融機関が県境をまたいで支店網を築いていることを考慮して、各都道府県における各金融機関（都銀、主要信託銀行、地銀、第二地銀、信用金庫）の支店数シェアを加重とする加重平均をとることで各変数を都道府県レベルに集約した。また、貸出利鞘の計算をする際に、株式資本コストは控除していない。

信用コストについては、貸倒引当金を毎年全額評価し直しているとみなして、つまり、毎年度末に貸倒引当金を全額繰り戻して、評価し直した額を繰り入れ直すとみなして、貸倒引当金残高を貸出金残高で割ったものを用いた。貸倒引当金の積み方については、金融機関ごとにスタンスが異なる可能性があるものの、公平な税負担の観点から過大に積むことは会計監査により防止されていること、また、２０１９年までは金融検査マニュアルなどのガイドラインにより、貸倒引当金の積み方に関する恣意性がある程度抑えられていたと考えて、これを信用コストとみなして分析を行う。た

図４―１　都道府県ごとの貸出利鞘、信用コスト、競争要因の分布

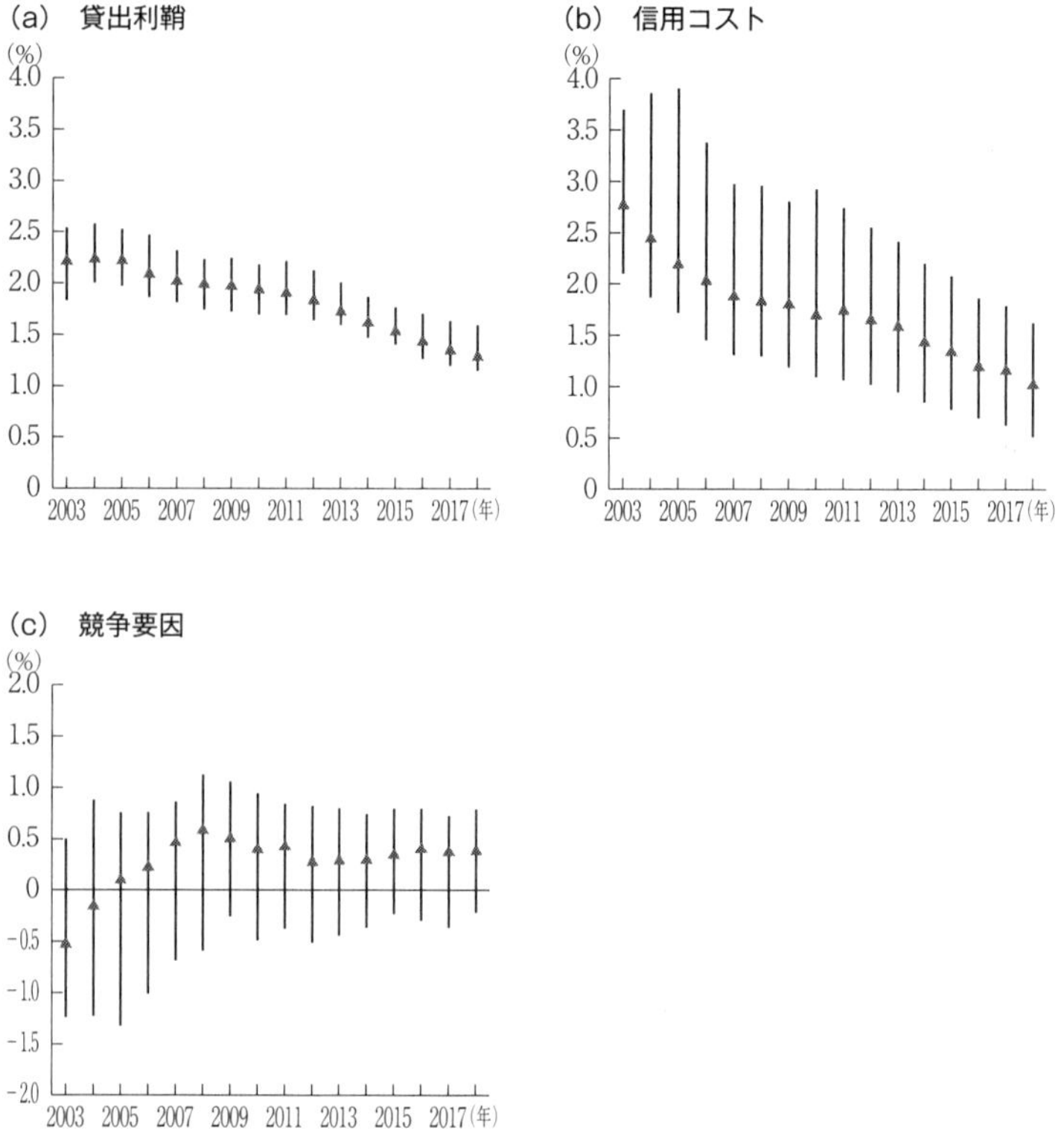

（注）三角：中央値、線分上端：上位10％点、下端：下位10％点。

（出所）Ogura (2020), Figure 2 (c), Figure 3から出版社（Elsevier）の許諾を得て転載。Nikkei NEEDS FinancialQuest,「全国銀行財務諸表分析」（全国銀行協会）。貸出利鞘は、（貸出金利）―（資金調達費用）。貸出金利は、（貸出金利息）／（貸出金）。資金調達費用は、（資金調達費用）／（資金調達勘定）。資金調達勘定は、負債の部の、預金、譲渡性預金、債券、コールマネー、売現先勘定、債券貸借取引受入担保金、売渡手形、コマーシャル・ペーパー、借用金、外国為替、短期社債、社債、新株予約権付社債、信託勘定借の合計。本書の図１―２と異なり営業経費は控除していない。信用コストは、（貸倒引当金）／（貸出金）。競争要因は、（貸出利鞘）―（信用コスト）。いずれも、単体財務諸表から収集し、各金融機関の支店シェアを加重とする加重平均を計算して、都道府県別に集計。支店データは、日本金融名鑑CD―ROMより収集。出張所やオンライン支店は除いている。住所を同一とする複数支店は一支店として計算。

だし、融資実行後しばらくして事後的にリスクを認知して積み直したり、規制上の特別な措置が適用されたりと、さまざまなノイズが含まれることに注意が必要である。

この図を時系列方向（図では横方向）に比較してみると、貸出利鞘の傾向的な低下（図４―１ⓐ）は、主に信用コストの低下によるものであることが見て取れる（同ⓑ）。信用コストの低下には、景気の好転による各企業の経営状態の改善、信用力の向上によるところもあるが、これに加えて、金融庁の検査方針の変化によるところも大きい。２００８年９月のリーマン・ショックに端を発する世界金融危機への対策として、09年11月以降、中小企業金融円滑化法などを通して、中小企業向け融資については、貸出条件の緩和があったとしても一定の条件を満たせば正常債権とみなす措置をとってきた。

通常であれば条件緩和債権は要管理債権として扱われ、相応の引当金を積み増す必要があるが、この特別措置によって貸倒引当金を積む必要が軽減された。これが表面上の数字で見た信用コストの低下として表れている。競争要因（同ⓒ）はやや低下傾向にあるものの、時系列方向ではさほど変化がないように見える。

図を横断面（図では縦方向）で比較すると、地域差の度合いがわかる。貸出利鞘の地域差はさほど大きくないが、信用コストの地域差が大きいことがわかる。この結果、競争要因の地域差も大きい。貸出利鞘そのものの地域差は小さいものの、その内訳に地域差がある。

さらに具体的に各都道府県の貸出利鞘と信用コストの水準をグラフに示したのが図４―２である。リーマン・ショック直前の２００７年度（２００８年３月期）、東日本大震災のあった２０１０年度、

図4—2　貸出利鞘と信用コスト（都道府県別）

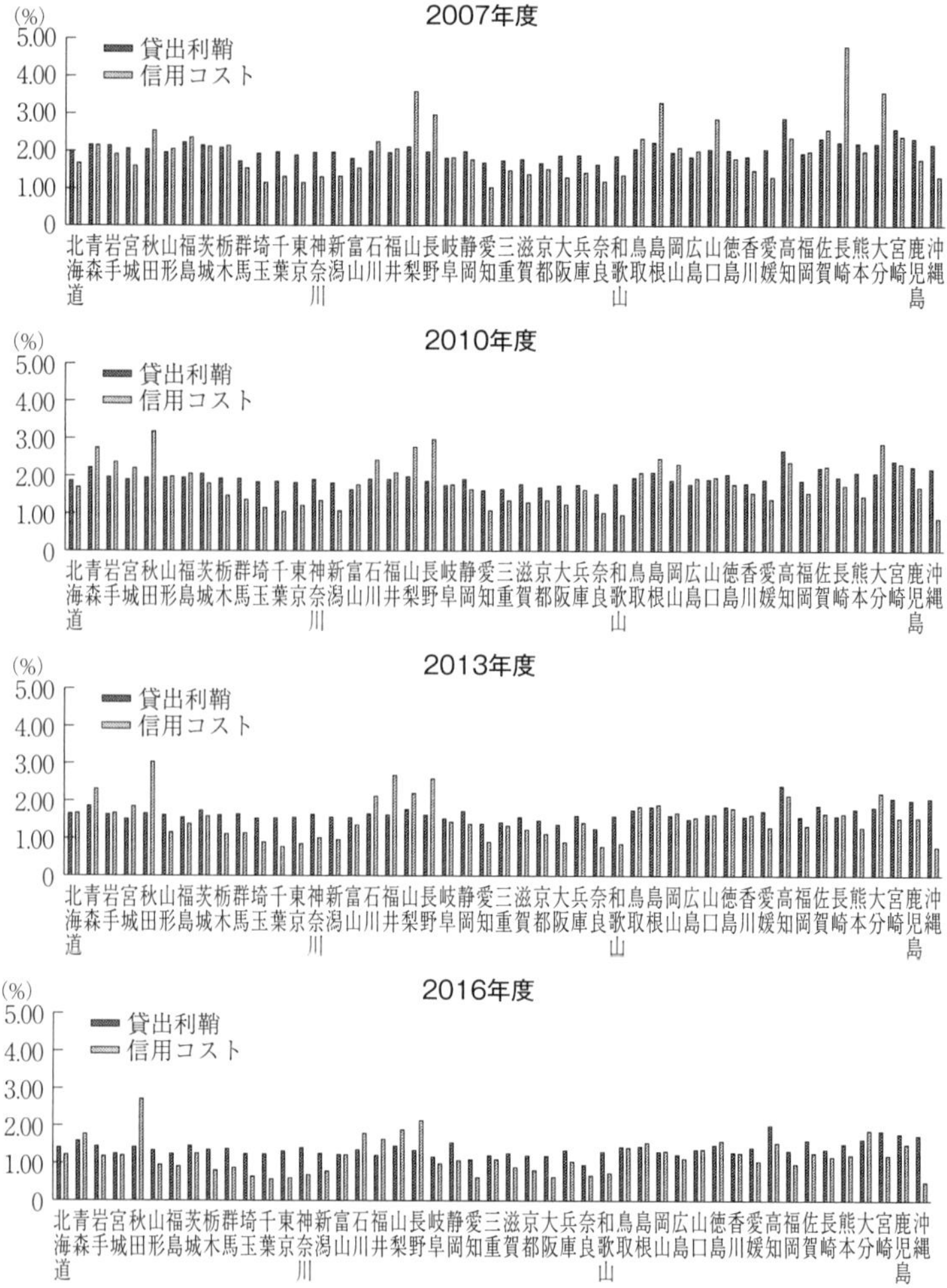

（注）2008年、2011年、2014年、2016年の各３月期。

（出所）図４—１と同じ。

日銀による異次元緩和が始まった２０１３年度、マイナス金利政策開始後まもなくの２０１６年度の値が表示されている。

どの時点でも共通しているのは、首都圏、東海、京阪神といった都市部、あるいは沖縄は、貸出利鞘に占める信用コストの割合が低い点である。その分、競争要因が正の値をとっている。他方で、東北北部、北陸、甲信地域では、信用コストが貸出利鞘を超えていることが多く、競争要因は負の値をとっている。都市部や沖縄は生産年齢人口の減少幅が他地域よりも小さい一方で、後者の地域では生産年齢人口の減少幅が大きいことから（前出表１―４参照）、人口要因がこの傾向に作用していることが連想される。

３　競争の度合いをどのように測るか

貸出利鞘の決定要因のうち、競争要因の地域差はどのような要因で決まるのだろうか。前節でみたように、生産年齢人口の動向が無視できない影響を持っていると推測されるが、これをさらに明確にするためには、経済学的な理論モデルが有用である。貸出利鞘は融資市場の需要と供給の均衡（あるいは不均衡）として決まるものであるから、需要側の要因と供給側の要因に要因分解することが、その決定要因の理解の一助となる。そこで本節では、こうした需要関数と供給関数を明示的に考慮した構造モデルを用いた「競争の厳しさ」の計測の例を紹介する。(3) 経済学の一分野である産業組織論の文脈で用いられてきた手法である。

(1) 貸出需要：企業・家計の意思決定

貸出需要は、企業と家計の行動計画により決まる。企業が設備投資や情報システム投資を行うか、企業買収を行うか、業容を拡大するために運転資金を増やすか、従業員や給与を増やすかといった選択がすべて資金需要につながっていく。家計の場合は、住宅や自動車を購入する、リフォームをする、あるいは学校に通うなどして教育投資をするといった意思決定が資金需要を決める。

インフレが無視できる程度に緩やかなものであれば、いずれの意思決定においても、貸出金利の上昇が需要を減少させる方向に作用する。貸出金利が上昇すれば、それだけ借入のコストが大きくなるからである。したがって、各地域金融市場において、図4―3のような需要曲線が、横軸が融資額L、縦軸が貸出金利Rの平面上で、右下がりの線として描かれる。

金利以外の要因も影響する。あるセクターにおいて画期的な技術革新があって、将来の売上成長が見込まれれば、企業は積極的に投資を行うであろう。ある地域において、生産年齢人口が増加すれば、住宅需要が増加するだろうし、住民の増加に対応して小売店などの出店需要もあるだろう。こうした貸出金利以外の要因は、図4―3にある需要曲線をシフトさせる要因なので、「需要シフター」と呼ばれる。

これらの関係をまとめたのが需要関数であり、たとえば、表4―1の(1)式のように仮定される。右辺の各変数の係数が、需要弾力性（たとえば、金利1％の変化に対して、需要が何％増えるかを示す値）となるように両辺を自然対数にして定式化されることが多い。

図4—3　融資需要関数

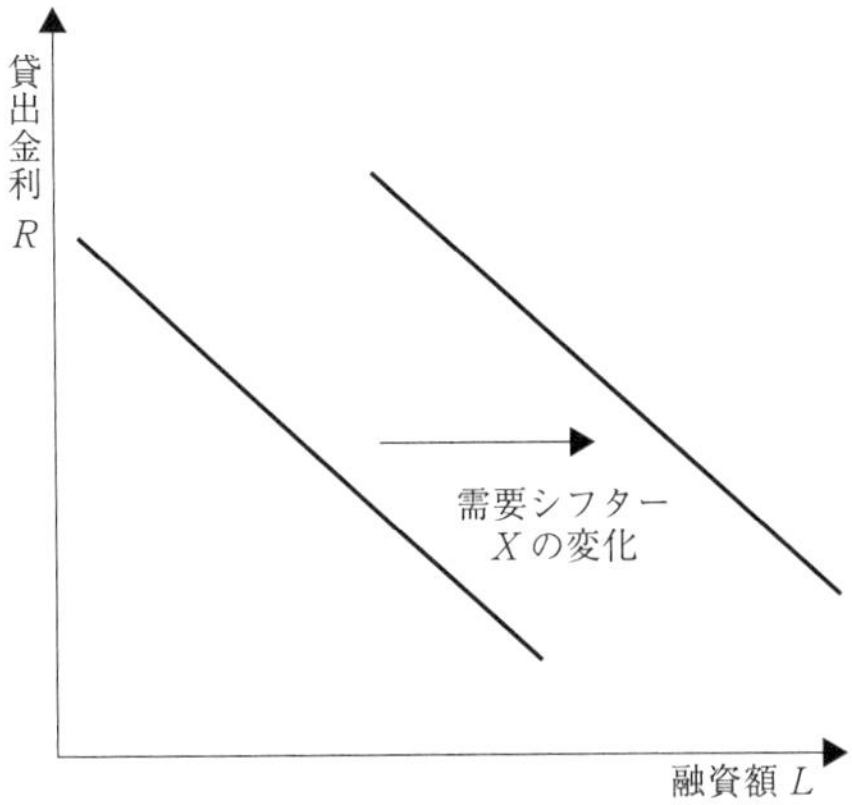

表4—1　融資市場における需要と供給

（需要）　$\ln L = \beta_0 - \beta_1 \ln R + \beta'_2 X$　（1）

（供給）　$\dfrac{R - \rho - D - MC}{R} = \dfrac{\theta}{\beta_1}$　（2）

（それぞれの文字の定義）
L ：市場での貸出需要（lnは自然対数を意味する）
$\beta_0, \beta_1, \beta_2, \theta$ ：定数（$\beta_1>0$は需要弾力性，β_2はベクトル）
R ：貸出金利
X ：需要シフターのベクトル
ρ ：資金調達費用
D ：信用コスト
MC：限界費用

(2) 貸出供給と銀行の競争モード

貸出供給関数は、各銀行が決める供給量の集計値である。各銀行はライバルの融資行動を予想しながら、自身の利潤を最大化するように融資額や金利を決定する。ライバルが少ないなどの理由で市場支配力がある程度あれば、需要関数のかたちも念頭に置いて、最適な意思決定を行える。市場支配力がまったくなければ、貸出金利を自行ではコントロールできず、貸出市場で決まる融資金利を受け入れて、その制約の下で最適な融資量を決めるよりほかない。つまり、各銀行はプライステイカーとして行動する。各銀行の融資からの利益は以下のように表現できる。

(貸出金利－資金調達コスト－信用コスト)×(融資額)－(その他変動費)

各銀行は融資を一単位増やすことにより得られる追加収入と追加費用を比較して融資額を決める。追加収入が追加費用よりも大きいと見込まれる場合は、供給を増やすことで利益を増やすことができる。逆に追加収入が追加費用よりも小さい場合は、供給を減らしたほうが収益を増やすことができる。したがって、追加収入と追加費用が釣り合うように供給量を決めることで、銀行は利益を最大化できるのである。(4)

途中の計算過程は省略するが、この追加収入と追加費用が等しくなるとの条件から、以下のような関係が導き出されることが知られている(表4―1の(2)式)。

（貸出金利－資金調達コスト－信用コスト－限界費用）÷（貸出金利）
＝（自行が融資を1単位増やした時の市場全体の融資増加額θ）÷（需要弾力性β_1）

限界費用は、融資を1単位増やすために追加しなければならない「その他変動費」である。需要弾力性は、金利を1％下げたときに、融資需要が何％増えるかを示したものであり、これは需要関数の形状によって決まる。大雑把に言えば、市場に参加している銀行すべてについて、この式を求めて集計すれば、その市場の供給関数となる。この式にデータを当てはめてθやβ_1を推定する際には、各銀行の融資シェアを加重とする加重平均を、両辺について取って推定することが多い。

この式の1行目（表4―1⑵式の左辺）は、「ラーナー指数」あるいは、「プライス・コスト・マージン」と呼ばれる競争指標に該当するものである。この値が高いほど粗利益率が高く、競争が緩いことを意味している。

等式はこのラーナー指数がさらに二つの部分に分解できることを意味している。式の2行目（表4―1⑵式の右辺）の分子θ（自行が融資を1単位増やした時の市場全体の融資増加額）は銀行の行動様式を表す指標で、ここでの分析のカギとなるものである。以下の四つのケースが考えられる。

① 独占の場合：自行1行のみしか市場に参加していないので、θは1となる。

② 完全競争・ベルトラン競争の場合：競合する銀行が無数にあり、各銀行の融資量の変化が与える市場全体への影響は無視できる程度しかないので、θはゼロになる。限界費用が等しい

2行が熾烈な金利競争を展開する場合（「ベルトラン競争」と呼ばれる）も、少し異なる理由でゼロになる。この場合は、それぞれが損失を出さないぎりぎりのレベルまで貸出金利を下げて融資獲得競争を行うので、金利をこれ以上下げる余地はなく、上げれば融資シェアをすべてライバルに奪われる。いずれの場合も、市場全体の融資額には変化がないので、θはゼロとなる。

③ クールノー競争の場合：市場参加者が少数ではあるが複数いて、融資シェア争いをしている（「クールノー競争」と呼ばれる）場合は、θは各銀行の融資シェアと等しくなる。表4―1(2)式の両辺について、シェアを加重とする加重平均を取った場合は、ハーフィンダール指数（市場に参加する銀行のシェアの二乗の合計）と等しくなる。

④ 融資サービスの差別化がある場合（たとえば、前章で議論した「暗黙の保険」など）：θはゼロから1の間の値をとる。

手短に言えば、「θが低いほど競争が厳しい」ことを意味する。θをデータから推定して、以上のいずれの状況に近いかを調べることで、銀行の競争行動の有り様を推定することができる。

2行目（表4―1(2)式右辺）の分母にある需要弾力性β_1は、競争の熾烈さが需要の状態の影響も受けることを示している。需要弾力性が高ければ、金利を上げることで市場全体の需要を大きく減少させてしまう。この場合は、独占であったとしても金利の引き上げには慎重にならざるを得ない。

(3) 競争モードθの計測

特に知りたいのはθの値である。これがわかれば、各地の競争がどの程度厳しいのかがわかる。このために、利用可能なデータを表4―1の二本の式に同時に当てはめて、データからは直接観察できないθやβ_1（需要弾力性）を推定する。データが完全にモデルに当てはまることはまずないので、誤差項と呼ばれる項をそれぞれの式に追加して、ある程度「遊び」を持たせて当てはめる。この遊びができるだけ小さくなるようなθやβを探すのが「推定」と呼ばれる作業である[5]。

また、表4―1では、θやβ_1を定数として扱っているが、これらの決定要因をさらに探るために、たとえば、θは金融緩和の度合いの指標となる銀行の準備率［(現金＋準備金)÷(預金＋譲渡性預金)］の関数であると仮定して推定する。需要弾力性についても、生産年齢人口が減るにつれて金利低下に対する資金需要の反応が小さくなる可能性を考慮して、これを生産年齢人口増加率の関数として定式化して推定する。このように定式化することで、θとβ_1それぞれの決定要因を検証することができる。

実際に筆者が行った分析（Ogura［2020］）では、これらの要因に加えて、θについては、都道府県ダミーや年ダミーを含めて、直接には観察できない地域ごとの特性や、全国レベルの景気変動要因を考慮した。需要弾力性β_1については、データ期間中の都道府県別の生産年齢人口の平均成長率、平均人口密度、大企業比率を説明要因に加えて、人口要因、都市化要因、地域の企業構造が需要弾力性に与える影響を考慮した。

推定にあたっては、θやβ_1が同一となるような地理的な範囲、つまり、融資市場の範囲を決めなければならない。融資市場において最も大きい割合を占めるのが中小企業向け融資であること、また中小企業は自社所在地から半径10キロ圏内の銀行や信用金庫の支店をメインバンクとすることがほとんどであることなどを考慮すれば、都市圏や通勤圏が適切な市場範囲と言えるが、これらの圏域に対応する経済データは現時点では限られているため、Ogura（2020）では、より多くのデータが利用可能な都道府県を市場の範囲と仮定して分析を行った。

各都道府県での銀行と信用金庫の貸出総額は日銀が公表しているので、これをそのまま使用する。需要シフターには、都道府県ごとに集計されている建築統計、課税所得、生産年齢人口などを用いる。貸出金利やその他コストにかかわる変数は、各金融機関の財務データから計算したものをベースに、それぞれの機関の県内支店シェアを加重とする加重平均を都道府県ごとに計算したものを使うなどして代用する。限界費用（MC）は、銀行の平均資産規模、単位あたりの労働コスト（行員一人あたりの営業経費）の二次関数であると仮定して、θやβと一緒にそれぞれの項の係数を推定する。(6)

このようなプロセスを経て、直接観測することが難しい、銀行の競争行動と需要弾力性を、需要と供給の両方に目を配りながらできるだけ推定の偏りが生じないように配慮しつつ、推定することができる。

4　データから見える各地の融資競争の厳しさ

ここでは、筆者が実際に行った2003年3月期から2018年3月期までの都道府県別パネルデータを用いた推計結果を紹介する。データに含まれる金融機関の範囲は、都銀、主要信託銀行、地方銀行、第二地方銀行、信用金庫である。いずれも国内の預貸業務に焦点を当てるために、銀行単体の銀行勘定財務諸表を用いている。

信用金庫と上場銀行の財務データは日経NEEDS FinancialQuestから、非上場銀行の財務データの一部は全国銀行図書館（全国銀行協会）ウェブサイトにある「全国銀行財務諸表分析」を用いて補足した。理想的には各都道府県における各機関の融資シェアが直接観察できればよいが、完全なデータは公表されていないため、ここでは日本金融名鑑（日本金融通信社）付属のCD－ROMから収集できる各銀行の店舗リストを用いて計算した支店数シェアを加重として、各都道府県における加重平均を取るかたちで、各銀行の財務データを都道府県レベルに集計した。

都銀の支店の資産規模は、信用金庫の支店の資産規模よりもかなり大きいことが想定されるので、店舗を数える際にそれぞれの金融機関の平均的な支店資産規模で加重して計算した支店数シェアを用いた分析も行ったが、あまり結果は変わらないので、ここでは単純な支店数シェア集計による結果を紹介する。

図４―４　競争モードθの時系列の傾向

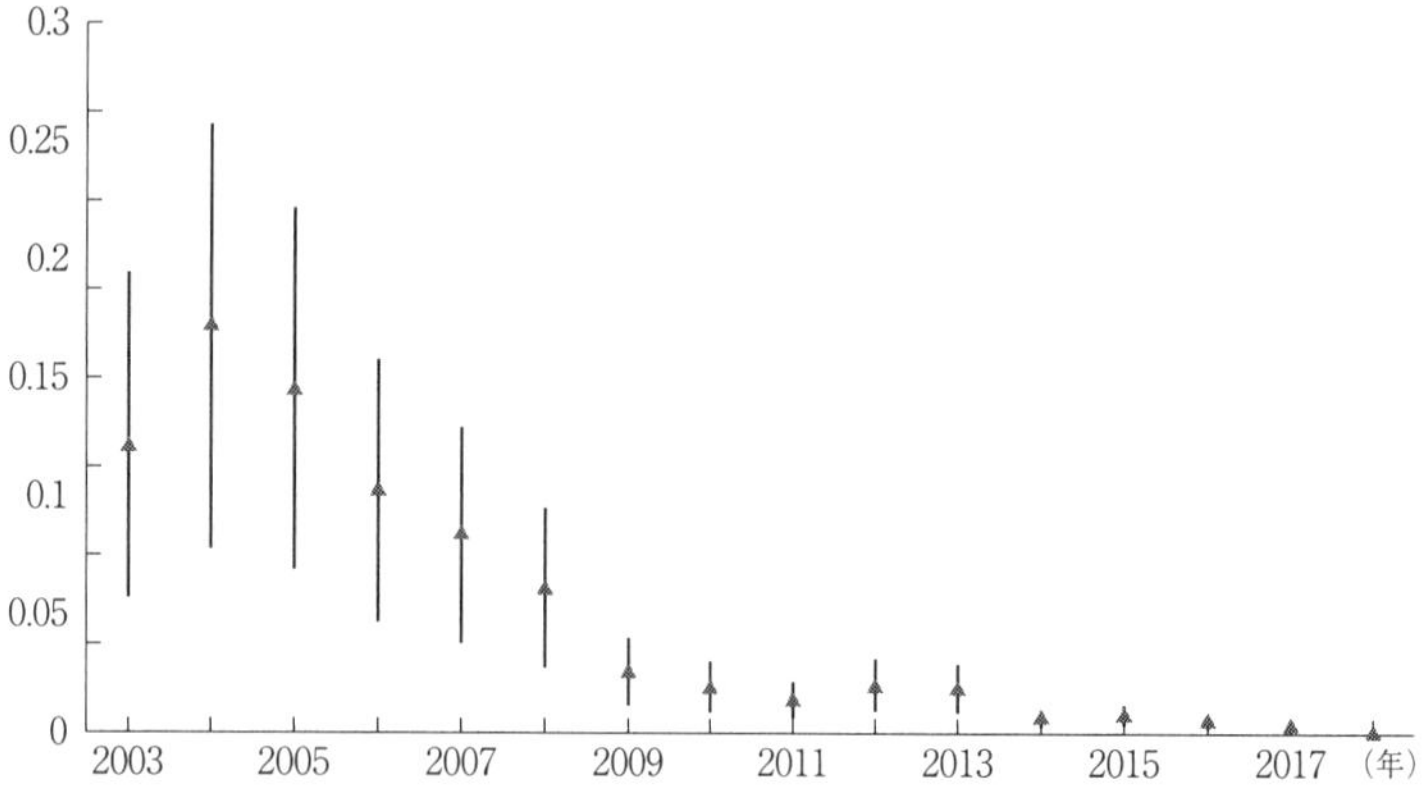

（出所）Ogura（2020），Figure 5（a）から出版社（Elsevier）の許諾を得て転載。

(1) 融資競争は激化している

銀行の競争モードを表すθの推定値は、これまで説明してきた方法で、各年各都道府県について推定することができる。推定結果を要約した図が図４―４である。図中の線分の上端は、それぞれの年の高位10％に該当する県の推定値、下端は低位10％に該当する推定値である。線分の中央近くの三角形は毎年の推定値の中央値を示している。

世界金融危機前の２００８年までは比較的高位を保っていた。中央値が０・１から０・18程度となっている。これは当時の支店数で見たハーフィンダール指数（市場シェアの二乗の総和）の中央値０・18と近い数字であり、寡占的なクールノー競争か、それよりもやや競争的な状況であったと考えられる。

２００９年の金融危機を境にこれが大幅に低下する。その後、２０１３年４月からの異次元金融緩和開始後、さらに低下する。値はどの地域でもほぼゼロに近く、完全競争（あるいはベルトラン競争）の状態となっていることを推定値は示している。

先述の図4―1(c)では、貸出利鞘から信用コストを引いた残り、すなわち貸出利鞘の分解の文脈で「競争要因」と呼んでいた部分に、さほどの明確な減少傾向は見えなかった。しかし、表4―1の(2)式に従って、この競争要因部分を競争モードと需要弾力性に分解した結果、利鞘を見ただけではっきりとわからなかった融資競争の激化が「見える化」されたと言える。

(2)　金利が下がっても需要が伸びない地域で競争が熾烈化

次に気になるのが、競争の厳しさの地域差である、データの直近部分ではほとんどの地域で一様に完全競争に近くなっているので地域差は見えないが、もう少し過去にさかのぼれば、地域差はかなりある。そこから競争の地域差の要因を探ることができる。

表4―2は、競争モードの推定値と需要弾力性の推定値の都道府県ごとの平均（期間は2003年3月期から2018年3月期）を示したものである。競争モード(a)を見ると、東京、神奈川、大阪など都市部でゼロに近く、競争が熾烈であることがわかる。その一方で、地方でもこの値がかなり低い地域があることがわかる。秋田、高知、長崎といった地域である。こうした地域は金融機関の数がさほど多くないにもかかわらず、競争が厳しいことを示している。他方で、この値が高めに推移している地域もある。滋賀や沖縄がその例である。

表4―2の(a)と(b)を見比べると、競争が厳しい地域で、需要の弾力性が低い傾向があることがわ

表4―2　各都道府県の推定値の2003年から2018年の平均

（a）競争モードθ

北海道	0.061	石川	0.075	岡山	0.077
青森	0.035	福井	0.073	広島	0.071
岩手	0.046	山梨	0.045	山口	0.028
宮城	0.093	長野	0.064	徳島	0.042
秋田	0.024	岐阜	0.056	香川	0.050
山形	0.058	静岡	0.065	愛媛	0.048
福島	0.029	愛知	0.065	高知	0.026
茨城	0.051	三重	0.081	福岡	0.049
栃木	0.023	滋賀	0.172	佐賀	0.036
群馬	0.054	京都	0.053	長崎	0.021
埼玉	0.025	大阪	0.002	熊本	0.066
千葉	0.037	兵庫	0.062	大分	0.042
東京	0.003	奈良	0.033	宮崎	0.044
神奈川	0.008	和歌山	0.029	鹿児島	0.053
新潟	0.054	鳥取	0.059	沖縄	0.147
富山	0.057	島根	0.049		

（b）融資需要の弾力性β_1

北海道	0.094	石川	0.115	岡山	0.142
青森	0.052	福井	0.107	広島	0.126
岩手	0.075	山梨	0.091	山口	0.063
宮城	0.147	長野	0.099	徳島	0.066
秋田	0.039	岐阜	0.093	香川	0.075
山形	0.073	静岡	0.095	愛媛	0.070
福島	0.086	愛知	0.116	高知	0.052
茨城	0.101	三重	0.126	福岡	0.095
栃木	0.132	滋賀	0.255	佐賀	0.108
群馬	0.116	京都	0.095	長崎	0.057
埼玉	0.052	大阪	0.005	熊本	0.110
千葉	0.088	兵庫	0.099	大分	0.094
東京	0.008	奈良	0.058	宮崎	0.083
神奈川	0.020	和歌山	0.053	鹿児島	0.089
新潟	0.088	鳥取	0.096	沖縄	0.286
富山	0.082	島根	0.074		

（出所）Ogura（2020）Table 6（a）（b）から出版社（Elsevier）の許諾を得て転載。

図4—5　競争モードθと融資需要の弾力性β_1の散布図

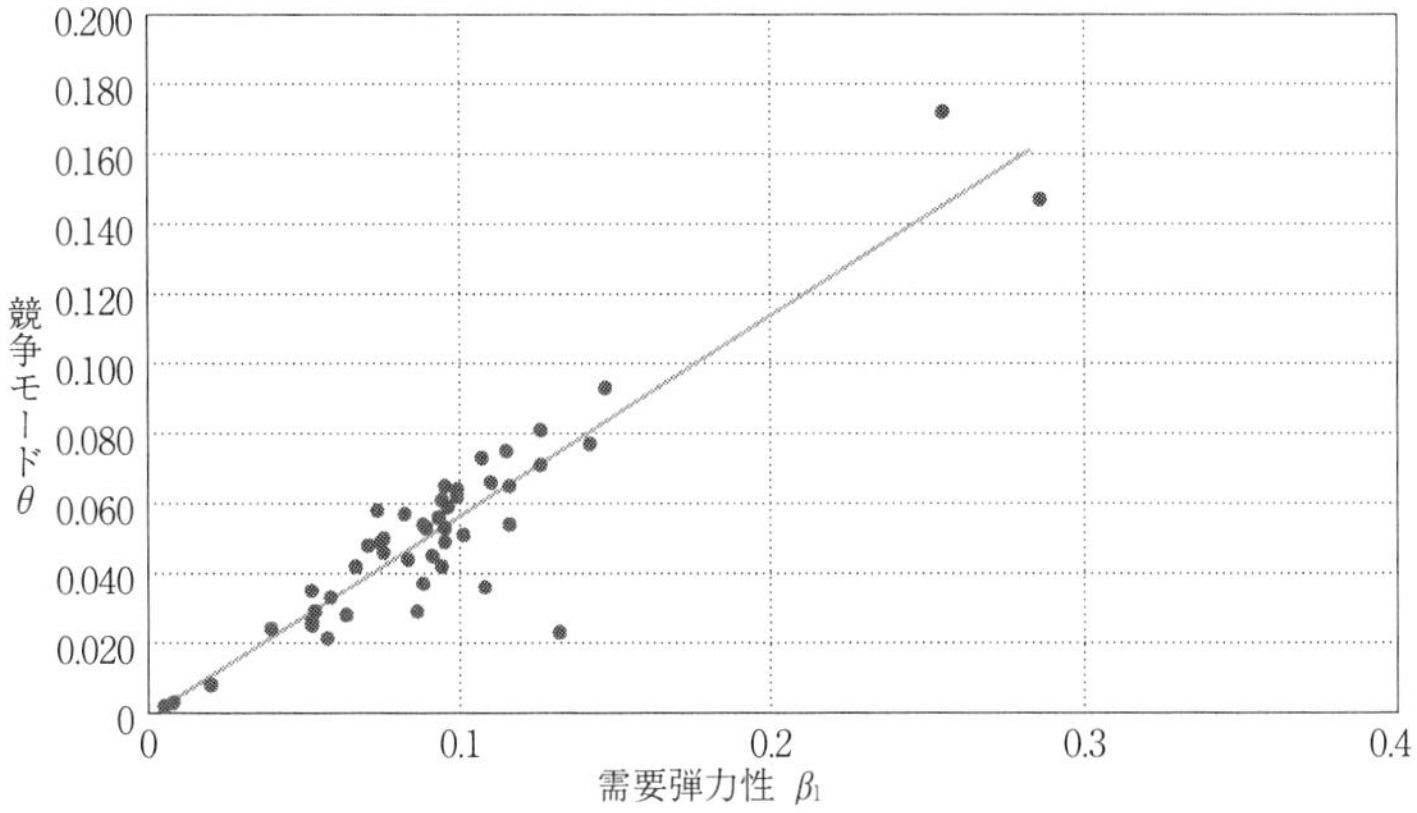

（出所）Ogura（2020）Table 6（a）（b）から筆者作図。

かる。弾力性は、金利が1%下がったときに需要が何%増えるかを示すものであり、需要の金利に対する感応度である。

競争の厳しさと需要弾力性の間の相関をより明確にするために、表4—2に示された値を使って散布図に直したものが図4—5である。それぞれの点が都道府県を示している。この図から、弾力性が低いほど、競争が厳しい傾向があることがよくわかる。

推定に使ったデータ期間は金融緩和局面がほとんどであることから、弾力性が低いことは、金利が下がってもあまり融資需要が増えなかったことを意味している。この結果は、基調的に需要が伸びにくい地域で、金融緩和による銀行の融資余力の拡大が、競争を一層厳しいものにしたことを示唆している。

(3) 生産年齢人口の減少が著しい地域では金利が下がっても資金需要は伸びない

金融緩和の局面において、需要弾力性が低い理由の有力候補としてOgura（2020）で検討されたのが、生産年齢人口の減少である。

たとえば、地方圏において需要弾力性が低い秋田、高知、長崎に共通するのは、生産年齢人口の減少幅が大きいことである（表4―3）。これらの地域の2003年から2018年にかけての生産年齢人口の減少率は、それぞれ26％、23％、20％となっていて、近隣の地域と比べて減少度合いが大きい。これに対して、滋賀では6％減、沖縄では1・6％増となっていて、他地域よりも減少幅は小さい。滋賀県では2000年代に関西圏のベッドタウンとして住宅開発が進んだこと、沖縄県では出生率が相対的に高く維持されているほか、社会的移動による流入超過が続いていたことがその背景にある。

これらのことから、地方の中でも、特に生産年齢人口の減少が著しい地域で需要弾力性が下がっていると推測される。この点を明確にするために、分析対象期間中の各都道府県の平均生産年齢人口変化率と需要弾力性について散布図を描くと、図4―6のようになる。図から、これらの間に正の相関があることがわかる。つまり、生産年齢人口減少が著しい地域では、金融緩和による金利低下があっても資金需要が増えにくく、競争が熾烈化したということである。

表4—3　2003年から2018年までの生産年齢人口変化率

北海道	−18.4	石川	−13.5	岡山	−12.5
青森	−23.1	福井	−14.9	広島	−13.0
岩手	−19.5	山梨	−16.4	山口	−20.7
宮城	−11.4	長野	−16.2	徳島	−19.5
秋田	−25.7	岐阜	−16.4	香川	−16.4
山形	−18.9	静岡	−15.1	愛媛	−19.2
福島	−18.5	愛知	−5.3	高知	−22.7
茨城	−15.0	三重	−13.5	福岡	−10.1
栃木	−12.8	滋賀	−6.2	佐賀	−14.2
群馬	−14.4	京都	−13.5	長崎	−20.2
埼玉	−9.7	大阪	−12.5	熊本	−14.3
千葉	−10.2	兵庫	−13.4	大分	−16.3
東京	4.0	奈良	−20.2	宮崎	−17.5
神奈川	−5.9	和歌山	−21.4	鹿児島	−16.9
新潟	−17.3	鳥取	−16.5	沖縄	1.6
富山	−16.9	島根	−18.7		

（出所）　総務省統計局『人口推計』

図4—6　生産年齢人口増加率と融資需要の弾力性（散布図）

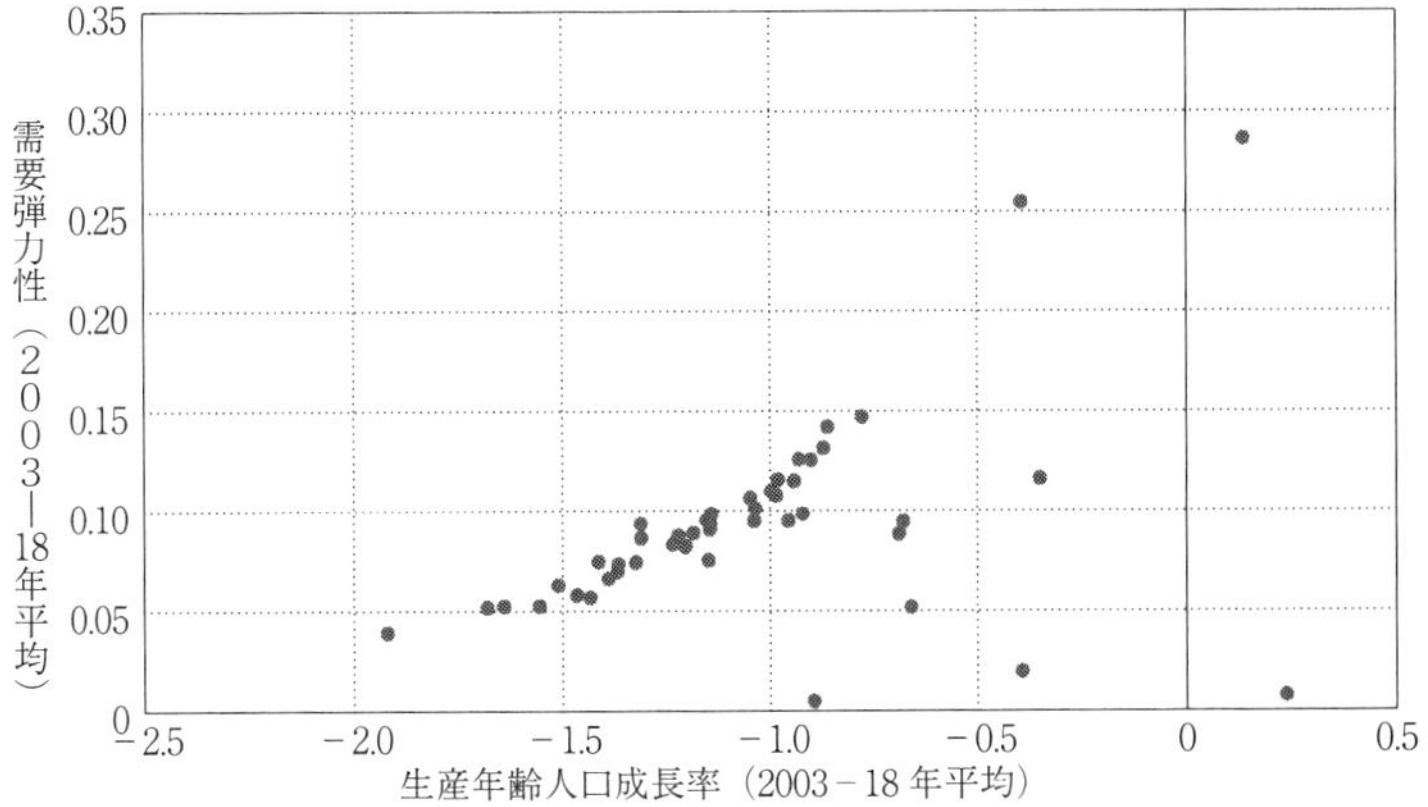

（出所）表4—2と表4—3の値から筆者作図。

(4)「規模の経済」と「オーバーバンキング」論

表4―1の(1)(2)式の同時推定から得られるもう一つの興味深い結果は、融資市場における「規模の経済」である。つまり、規模が大きい銀行ほど、限界費用が小さくなるという傾向である。(2)式のMC（限界費用）の部分は、Ogura（2020）では、金融機関の規模と銀行員の賃金の二次関数として推定されている。金融機関の規模の指標として、各都道府県内に支店を持つ金融機関の総貸出残高を、支店シェアを加重とする加重平均として集計した「平均資産規模」を用いている。(7)

各都道府県の金融機関の平均資産規模と推定された限界費用を散布図として示したのが、図4―7である。図中の限界費用は全国平均からの差である。金融機関の平均規模が大きくなるほど限界費用が下がる傾向があることがわかる。国内外の数多くの既存研究で確認されてきた銀行業における規模の経済性がここでも認められる。2018年時点での具体的な推定値は、大都市圏を除くほとんどの県で、銀行の平均規模が5000億円大きくなると0・06％程度、限界費用が低下することを示している。つまり、融資1億円あたり年間60万円程度安くなる。2017年の貸出利鞘から信用コストを引いた残りの利鞘の中央値が0・28％であることを考えると、無視できないインパクトである。ただし、すでに大銀行がひしめき合っている大都市圏ではこの効果が0・04％程度まで下がる。

前章でも資産規模が大きければリスク分散を利かせやすくリスクを抑制できる分、資金調達コストが低くなる、という意味で規模の経済性が働くとの理論的指摘を紹介したが、ここで問題として

図４―７　銀行の平均規模と限界費用

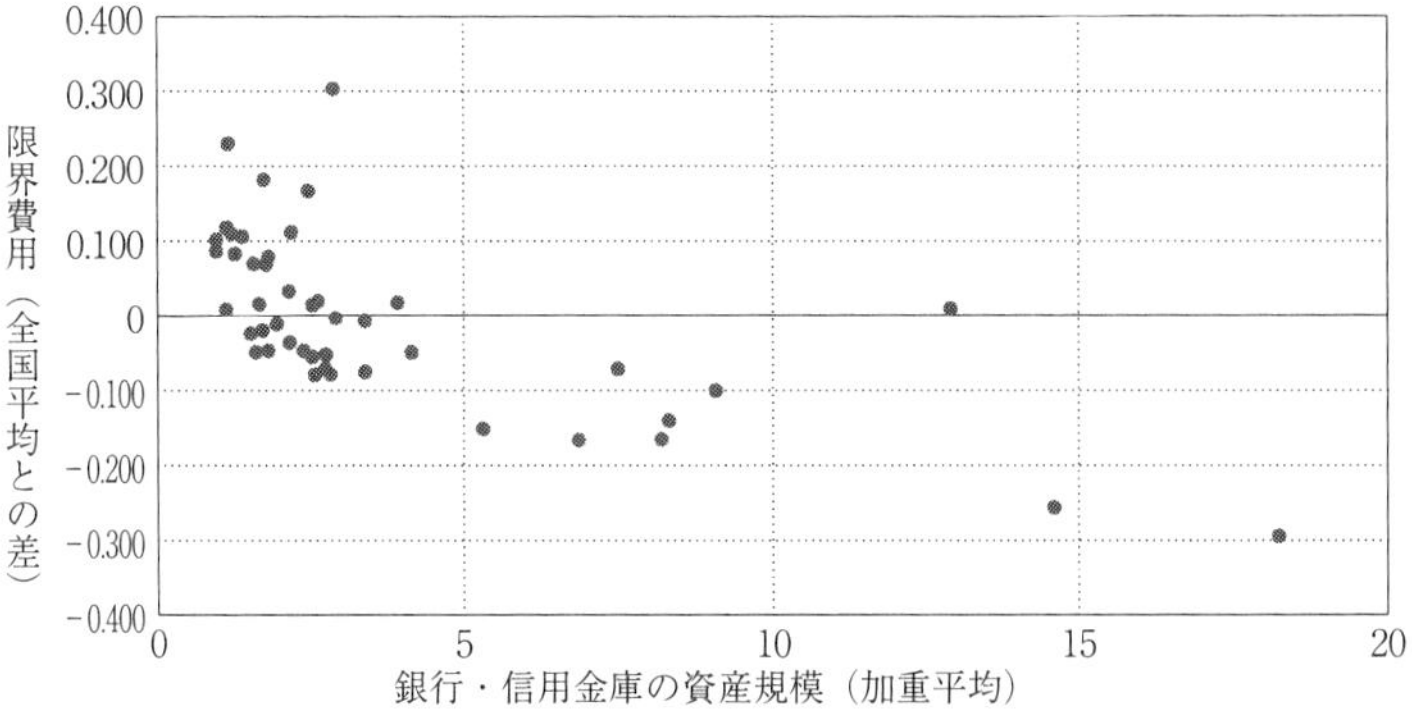

（出所）銀行の平均規模は、銀行の総資産（単体決算、兆円）の都道府県別支店シェア加重平均。Nikkei NEEDS FinancialQuestから収集。限界費用は、Ogura（2020）Table 5のsupply functionの推定係数から計算。

いるのは、人件費や支店維持費など営業経費における規模の経済性である。管理する資金の額が大きくても小さくても、必要な店舗床面積はさほど変わらない。したがって、一店舗あたりの融資額が大きい大銀行のほうが、融資単位あたりの支店維持コストはおのずと小さくなるであろう。情報システムを導入するコストも、資金量との連動の度合いが小さい。したがって、金融庁の調査[8]でも指摘されているとおり、大規模機関ほど運用資金1単位あたりで見たシステム導入コストは少なく済むため、システムを導入しやすい。大規模機関では、店舗やバックオフィスの効率化が進む一方で、小規模機関は取り残されることになる。

　同等に効率のよい金融機関が対等に競争している市場では、これらの金融機関が全力で競争するので、効率化が進むにつれて融資金利も下がり、効率化投資の便益が利用者に行きわたる。しかし、市場の中に圧倒的に効率のよい金融機関がひとつだけあって、それ以外はあまり効率の良くない小規模銀行である場合、一強の銀行は本気で競争しなくても、つまり、さほど融資金利を下げなくても、後者の弱い銀行に勝ててしまうので、一強銀行の効率性は融資金利の低下にあまり寄与しない。言い換えれば、一強金融機関の効率化投資の便益はこの金融機関自身の独占的な利益となるだけで、利用者には還元されない。この観点から、小さくて効率の悪い金融機関の効率性の向上を促す政策には意味があると考えられる。

１９９０年代以降、日本はオーバーバンキング（銀行過剰）の状態であるとしばしば論じられてきた。90年代末のバブル経済崩壊後の銀行危機時には大手銀行の数の多さが問題視された。最近では、これまであまり経営統合が見られなかった地方銀行について、この問題が議論されることが多くなった。90年代末は大手銀行の主要顧客であった大企業の直接金融へのシフト、最近では地方における生産年齢人口の縮小がそうした議論の背景にある。

この議論の前提となるのが、規模の経済の存在である。規模の経済が作用していない世界であれば、銀行の数が多いこと自体は、融資市場の経済的効率性に対して、なんら害を与えることはない。規模の経済が作用していなければ、大銀行も小銀行も同じコストで融資サービスを提供することができる。したがって、銀行統合を進めて銀行の数を減らして、個々の銀行の資産規模を大きくしても、コストに変化はなく、経済にとってメリットはない。むしろ、競争が緩くなってユーザーは不利益を被るかもしれない。

しかし、規模の経済が作用している場合は、銀行の数が問題となる。数が多いということは、個々の銀行の規模が小さいことを意味する。小さければ規模の経済を活かせないので、融資1円あたりの経費や資金調達コストが高くなってしまい、非効率な状態にとどまってしまう。すべての金融機関が一つにまとまれば、規模の経済性は最大限発揮されるが、それでは独占となってしまうので、規模の経済の便益はユーザーに還元されないどころか、融資金利が独占的な水準に跳ね上がったり、サービスの質が劣化したりして、ユーザーは不利益を被る。

統合コストや大規模組織にありがちな組織内の利害対立や情報伝達に伴うコストなどが無視できるのであれば、究極的には、対等な二大銀行が各地で本気の競争を繰り広げるのがユーザーにとってはベストであろう。同等に効率的な銀行が実力をフルに発揮して競い合って、融資金利の抑制、サービスの質の向上を目指すからである。

もっとも実際には、大規模組織の統合・運営コストは無視できないし、こうした組織内部の問題が支店レベルの情報収集など顧客リレーション構築の誘因に与える影響、さらにその先にいるユーザーへの影響も無視できないので、ここまで単純な議論は現実的ではない。規模拡大に伴う組織の複雑化の問題を考えると、規模が大きければよいとばかりは言えない。この点については、第6章で改めて検討する。

(5)　需要曲線と供給曲線のシフト

もうひとつ注目するべき点は、融資需要曲線（表4−1の(1)式）をシフトさせる需要シフターである。Ogura（2020）では、需要シフターとして、各都道府県の生産年齢人口、課税所得、商業地価（公示地価最高値）、建築着工額、そして全国共通の資金需要要因を捉える年ダミーを考慮して推

表4―4(a)　融資需給のシフト

各都道府県の生産年齢人口変化に伴う融資需要の変化（2002―17年度）

（%）

北海道	−6.7	石川	−4.9	岡山	−4.5
青森	−8.4	福井	−5.4	広島	−4.7
岩手	−7.1	山梨	−6.0	山口	−7.5
宮城	−4.2	長野	−5.9	徳島	−7.1
秋田	−9.3	岐阜	−5.9	香川	−6.0
山形	−6.9	静岡	−5.5	愛媛	−7.0
福島	−6.7	愛知	−1.9	高知	−8.2
茨城	−5.5	三重	−4.9	福岡	−3.7
栃木	−4.7	滋賀	−2.3	佐賀	−5.2
群馬	−5.2	京都	−4.9	長崎	−7.4
埼玉	−3.5	大阪	−4.6	熊本	−5.2
千葉	−3.7	兵庫	−4.9	大分	−5.9
東京	1.5	奈良	−7.4	宮崎	−6.4
神奈川	−2.2	和歌山	−7.8	鹿児島	−6.2
新潟	−6.3	鳥取	−6.0	沖縄	0.6
富山	−6.2	島根	−6.8		

（出所）金利や他のシフト要因を一定として、生産年齢人口の変化による直接・間接の融資需要変化を計測。間接的な影響の計算には、課税所得、商業地価、建築着工額（いずれも対数）を生産年齢人口（対数）に線形回帰（県固定効果を含む）して得られる推定係数を用いた。生産年齢人口等の変数の需要関数における推定係数はOgura（2020）Table 5のdemand functionの推定より。生産年齢人口の変化率は、総務省統計局『人口推計』より収集。

定している。このうち、本章の文脈で特に気になるのが生産年齢人口要因である。

表4―1の二つの式の同時推定から得られた、需要関数(1)式における生産年齢人口（自然対数）の係数は、0・286であった。被説明変数も自然対数なので、この係数は人口が1％減少したときに、融資需要が0・286％減少することを意味する。2003年から2018年の15年間の生産年齢人口変化率にこの係数をかければ、この15年間に、人口要因が資金需要に与えた直接的な効果を推定することができる。さらに、課税所得、商業地価、建築着工額を介して間接的に需要に影響する部分もこれに足し合わせることで、人口要因が資金需要に与える影響を推定することができる。[9]

実際に推定した結果が、表4―4(a)である。生産年齢人口が増えていた東京や沖縄

表４―４（b）　融資需給のシフト

実際の融資残高の変化（2002―17年度）

（%）

北海道	14.7	石川	4.7	岡山	27.4
青森	−2.8	福井	2.8	広島	32.3
岩手	20.7	山梨	−16.0	山口	34.3
宮城	44.3	長野	−3.1	徳島	0.3
秋田	6.9	岐阜	12.0	香川	11.8
山形	20.4	静岡	33.6	愛媛	45.8
福島	15.7	愛知	14.7	高知	−10.9
茨城	22.2	三重	5.1	福岡	33.9
栃木	8.9	滋賀	38.0	佐賀	16.5
群馬	13.7	京都	7.2	長崎	−5.9
埼玉	37.5	大阪	−12.9	熊本	36.8
千葉	25.9	兵庫	1.5	大分	11.0
東京	24.2	奈良	12.8	宮崎	65.8
神奈川	6.9	和歌山	−0.7	鹿児島	42.4
新潟	17.0	鳥取	10.5	沖縄	55.4
富山	13.9	島根	25.6		

（出所）日本銀行。全国銀行と信用金庫の３月末残高の合計。

を除けば、軒並みマイナスである。特に減少率が大きいのが青森、岩手、秋田、奈良、和歌山、山口、徳島、高知、長崎といった地域である。これらの地域の減少率は７―９％程度である。これは、金利などその他の条件を一定として、生産年齢人口要因のみで説明できる需要減少率である。つまり、図４―８の①の需要曲線の左へのシフトを意味している。

実際に観察される融資残高は需要要因だけではなく、供給要因の影響も受けて決まる。表４―４(b)が、同期間の実際の融資残高の変化率である。多くの地域で大幅な増加を見ているものの、上述の人口減少率の大きい地域の多くで、他地域と比べて増加率が小さい、あるいは減少している傾向があり、生産年齢人口の減少の影響は無視できない。また、こうした地域差の存在も無

図４―８　融資市場均衡の概念図

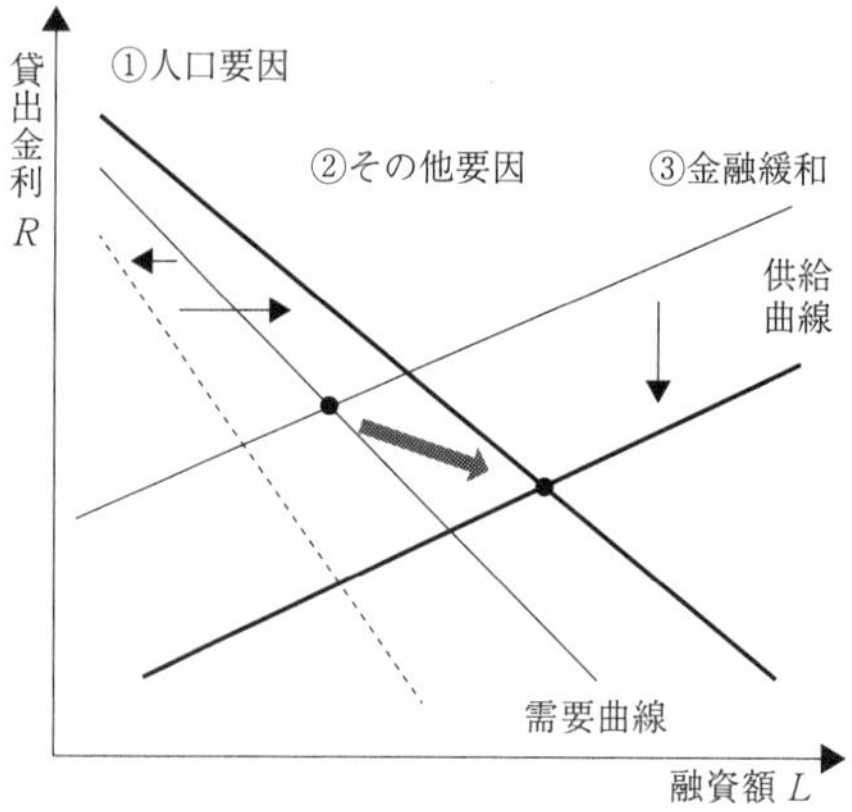

視できない。

人口要因による需要シフトと実際の融資残高の変化に乖離が生じる原因は二つ考えられる。

一つは、人口要因以外の需要シフターが人口要因よりも強く作用して、需要曲線を右にシフトさせたことである（図４―８の②）。Ogura（2020）の推定では、先に列挙したシフターのうち、年ダミーが極めて強く作用していることが明らかにされている。つまり、全国共通の要因が需要曲線を右に大きくシフトさせている。２０１８年ダミーの係数は、０・１４７である。つまり、２００３年から２０１８年の間に、全国共通の何らかの要因が各地の需要を14・7％増やす方向に作用していたとの結果になっている。

このような結果が出た要因としては、分析データの起点である２００３年では、りそな銀行、ＵＦＪ銀行、足利銀行の不良債権処理問題が残るなど、銀行危機に伴う不況の最中で、投資水準が極端に低い時期であったことが挙げられる。その後の融資需要の増加要因として思い当たるのは、2008年の世界金融危機に至るまでの輸出主導の好景気、2013年以降の大幅な円安などによる海外からの旅行者の急増（いわゆるインバウンド需要の盛り上がり）や、民泊などの規制緩和、あるいは相続税対策としての賃貸住宅建設の増加などの要因である。しかしこの研究では、この要因の内容にまでは踏み込んでいないため、全国共通要因の具体的な内容については、はっきりとしたことはわからない。

もう一つの重要な要因は、大規模金融緩和による供給の増加、いわゆる金融政策のクレジットチャネル（信用経路）である。量的金融緩和によりふんだんに準備金が供給されることで、銀行の融資余力が増す。この結果、融資供給関数が右にシフトする（図4−8の③）。

これらの二つの要因が、生産年齢人口要因を凌駕した結果、多くの地域で生産年齢人口要因が融資量に与える影響はかき消されている。ただし、先に列挙した生産年齢人口減少が著しい地域では、これらの要因をもってしても人口要因を打ち消すことはできず、実際の融資残高は減少している。

5　2035年の資金需要

ここでの推定を用いて、いささかラフではあるが、将来の資金需要の予想をしてみよう。将来予想に関して、金融庁が2014年に公表した試算[10]では、2025年までの間に、過半数の県で融資総額が2012年比10%以上減、県によっては20%以上減少すると予測され、衝撃をもって受け止

表4－5　2018年から2035年にかけての人口要因による融資需要の予想変化率

（%）

北海道	－8.3	石川	－5.2	岡山	－4.2
青森	－11.8	福井	－6.6	広島	－4.1
岩手	－9.3	山梨	－9.7	山口	－6.8
宮城	－7.5	長野	－7.2	徳島	－8.4
秋田	－12.8	岐阜	－6.8	香川	－5.5
山形	－9.4	静岡	－6.6	愛媛	－7.8
福島	－10.4	愛知	－3.0	高知	－8.7
茨城	－7.4	三重	－6.5	福岡	－3.8
栃木	－6.4	滋賀	－3.8	佐賀	－6.5
群馬	－6.6	京都	－5.3	長崎	－8.9
埼玉	－4.1	大阪	－5.1	熊本	－6.2
千葉	－4.4	兵庫	－5.9	大分	－6.7
東京	－1.2	奈良	－8.3	宮崎	－8.0
神奈川	－4.0	和歌山	－8.0	鹿児島	－9.0
新潟	－7.8	鳥取	－6.5	沖縄	－2.5
富山	－6.4	島根	－6.5		

（出所）金利や他のシフト要因を一定として、予想される生産年齢人口の変化による融資需要変化を計測。課税所得、商業地価、建築着工額を介した生産年齢人口の間接的な影響も加算。需要関数の推定係数はOgura（2020）Table 5のdemand functionの推定より。生産年齢人口の予想変化率は、総務省統計局『人口推計』と国立社会保障・人口問題研究所『日本の地域別将来推計人口（平成30［2018］年推計）』より収集、計算。

められた。この点を再検証してみたい。

これまで融資需要を増加させてきた要因をさらに引き立てるような事象が、今後生じる保証はない。また、金融緩和についてもさらに踏み込んだ緩和の可能性は考えにくい状況である。15年先まで高い精度で予想できる数少ない変数の一つが、生産年齢人口の動向である。そこで、人口以外の需要要因が2018年時点のまま変わりないとして、2035年までの間に融資需要がどの程度減少するかを、先述の推定係数に基づいて試算した結果が表4－5である。

どの地域においても、人口要因による需要減少が、過去15年間よりもスピードを増すと予測される。20%を超えるような大幅な減少はないものの、10%前後の減少が予想される地域は多数ある。また、これまで人口要因がプラスに作用していた東京や沖縄でもマイナスに転じる。先の金融庁による試算ほど劇的ではないが、人口要因が、資金需要下押し要因としてこれまで以上に強く作用し続ける。

新たな成長産業の登場など、ポジティブな資金需要要因が現れない限り、人口減少要因が前面に出てきて、資金需要を縮小させてしまうことになる。需要の減少は融資金利のさらなる低下にもつながるので、すでに利鞘がつぶれてしまっていて、収益力が弱っている金融機関にとっては、これまでよりも一層厳しい状況に追い込まれることが想定される。

しかし、新たな成長産業を見出すことができれば、これまでのように多くの地域で人口減少要因はかき消されることになるであろう。何が新産業につながるのかは事前には予想しがたいが、その芽は、実は身近なところに隠れているのかもしれない。

本章の分析からは、２０００年代以降、多くの都道府県で人口減少要因をかき消すだけの資金需要の拡大と金融緩和による供給拡大が見られたものの、生産年齢人口減少が著しい地域では、これを原因とする融資の縮小が顕現化していたことがわかった。また、こうした地域では金利が低下してもあまり資金需要が増えないため、融資競争が熾烈化して貸出利鞘がつぶれてしまう傾向があることもわかった。

このような貸出利鞘の縮小が金融機関の過剰なリスクテイクの誘因となることを、世界金融危機直前の低金利下の欧米のデータを用いて明らかにした実証研究が最近多数公刊された。「利回り追求（Search-for-yield）」あるいは「リスクシフティング」と呼ばれる現象である。このような現象は日本でも起きている可能性が高い。次章ではこの問題について検討する。

【第4章　注】

（1）金利設定における金融機関組織内の決定権限については、Nemoto *et al.*（2010）が参考になる情報をまとめている。

（2）Nemoto *et al.*（2016）.

（3）以下の解説は、Ogura（2020）に基づいている。この論文で用いられた手法は、産業組織論で用いられている構造推定の最も古典的な手法に類するもの（Iwata［1974］, Bresnahan［1981］, Porter［1983］）である。金融への応用は、筒井編（2000）第3章などで紹介されている。また、これらの手法を日本のデータに最初に応用した研究がTsutsui and Uchida（2005）である。この研究では、1990年代後半において、都銀はクールノー競争、地銀はクールノー競争よりも独占に近い状況にあったとの推定結果が示されている。

（4）このような最適解が存在するためには、多くの分析が仮定するように、供給量が増えるにつれて、追加収入が追加費用と比べてより大きく減少していくとの仮定が要る。

（5）このモデルのように、推定の対象となる係数が非線形な関数となっている場合の推定手法には、非線形最小二乗法、一般化モーメント法、最尤法などがある。本節の元となっているOgura（2020）では最尤法を採用している。

（6）なお、Ogura（2020）では、金融円滑化法などに伴う2009年以降の中小企業向け融資における引当金軽減措置の影響を取り除くために、(2)式に年ダミーと各都道府県の零細企業比率の交差項を含めて推計している。

（7）国内の推計例は、野間・筒井（1987）、播磨谷（2003）など多数ある。海外では、Hugh and Mester（1998）がある。比較的最近の国内の例としては、大庫（2016）第Ⅱ部第3章2節にある推計が挙げられる。

（8）金融庁「金融機関のITガバナンス等に関する調査結果レポート」（2020年6月）15ページ、図表5。

（9）生産年齢人口が地域の地価に与える影響に関しては、堀江（2015）が詳しい分析を行っている。

（10）金融庁「金融モニタリングレポート」（2014年7月）31ページ図表Ⅱ―2―4。

第5章　利鞘縮小が迫るリスクテイク

――「利回り追求」と「リスクシフティング」

前章の前半で、貸出金利は、資金調達コスト、信用コスト、競争要因に分解できると述べた。分解できるとはいっても、これらの部品がそれぞれ独立に決まるわけではなく、相互に影響し合って決まる。特に長年注目されてきたのが「資金調達コストや競争要因が、金融機関のリスクテイクを介して信用コストに与える影響」である。

２００８年の世界金融危機に至るまでの数年間は、ユーロ圏や米国で、当時の景気の状況に比して、金利が通例よりも低めに推移していたことが、政策当局により認識されていた。たとえば、２００５年まで米国ＦＲＢの議長を務めていたグリーンスパンはその回顧録[1]で、２００４年６月にフェデラルファンドレートを高めに誘導したにもかかわらず、長期金利がその目論見に反して低下した経験を「謎」として語っている。その次に議長となったバーナンキも議長就任前の２００５年３月の講演[2]で、世界的な過剰貯蓄（global savings gluts）が世界中の長期金利を押し下げているとの認識を公にしていた。金融危機後の回復期も、ドイツ、スイス、日本などでマイナス金利が維持されていることに代表されるように、先進諸国では金利が極めて低位に推移してきた（本書第１章図１―10を参照）。このように、長期にわたる低金利が、金融機関のリスクテイクを（おそらく過大に）促進する傾向を持つことが、欧米のデータを用いた最近の実証研究から明らかにされつつある。

国内に目を転じれば、２０１８―19年に、複数の地域金融機関で不動産投資を目的とする個人向け融資における不正あるいは無理な営業が相次いで明るみに出た[3]。この件で金融庁の行政指導を受けることとなったこれらの機関は、個人向けサービスに軸足を置く独自路線で高い収益力を誇っていた銀行や、地域密着型金融の模範と目された信用金庫であったことが、関係者には衝撃をもって受け止められた。

無理な融資の背景には、金融庁や第三者委員会による調査で明らかになったように組織内のガバナンス上の問題があったことは間違いない。しかし、それだけではなく、極端な利鞘縮小に追い詰められた地域金融機関がやむなくリスクテイクに走ったという側面もあると思われる。その意味で、上述の欧米での現象と共通のメカニズムが背後で作用していると推測される。

本章では、まず、海外でこれまで提示されてきた金利低下とリスクテイクに関する実証結果を紹介した上で、この実証結果を説明するためにこれまで提案されてきた仮説を概観する。そのあと、これらの仮説をベースにした国内の地域金融機関に関する二つの実証結果を紹介する。一つは、前章の都道府県データによる結果の追加分析から得られる、競争の厳しさと信用コストの関係に関する実証結果、もう一つは、地域銀行のパネルデータから得られる、自己資本比率と海外運用比率の関係に関する実証結果である。

1　海外での実証結果

世界金融危機の時期を含む２０００年代の欧米の企業向け融資データを用いた多くの実証研究が、金利低下のリスクテイク促進効果を明らかにしている。代表例は、Jiménezほか（２０１４）の実証研究である。[4]スペインでの銀行監督を担うスペイン銀行が保有するクレジットレジスターデータを用いて、欧州中央銀行による金融緩和が、スペインの商業銀行のリスクテイクを促した証拠を提示している。クレジットレジスターデータとは、全国で実行された融資契約のデータベースであり、借り手企業の属性、融資銀行、金利や担保といった融資条件など詳細な契約情報が融資案件ごとに収録されている。スペインの場合は元本が６０００ユーロ（１ユーロ＝１３０円換算で約80万円）以上の融資が登録の対象となっているので、中小企業向け融資契約の悉皆データと言ってよいであろう。スペインのほかに、イタリア、ドイツ、フランス、ポルトガルなど、欧州の多くの国が同様のデータベースを数十年にわたって蓄積しており、融資市場の実証研究に広く活用されている。

金融政策効果の実証研究で必ず問題となるのが、金利低下がリスクテイクをもたらしたのか、それとも景気が悪化してリスクが大きくなってきたから金融緩和が発動されたのか、という因果関係の識別である。前者の因果関係の証拠を得たいのに、実際に得られたものが後者に由来するものであっては、仮説検証としては不十分である。これに関して、この論文の著者たちは、ドイツ・フランクフルトに所在する欧州中央銀行の発動する金融政策は、スペイン経済にとっては外生的である、つまり、スペイン経済の動向が欧州中央銀行の金融政策に影響する度合いは小さいので、金融緩和からリスクテイクへの因果関係をうまく抽出できる可能性が高いと主張している。共著者にはスペイン銀行に在籍する研究者も含まれているので、おそらくこれが実感なのであろう。ユーロに潜む問題を示唆するものであり非常に興味深い。

金融政策の変化の指標として、２０００年代の欧州中央銀行の操作目標となっていた、ユーロ翌日物指標平均金利（ＥＯＮＩＡ）の前年同月差を用いている。同金利の低下が、金融緩和として捉えられる。銀行によるリスクテイクの指標として、この研究では、過去4年間に要注意先となったことがある企業[5]への融資提供の確率が用いられている。大変充実したデータセットであることを存分に活かして、企業側の資金需要要因をうまく取り除いた推定手法を採用し、低金利が銀行のリスクテイクに与える影響の検証を行った。分析からは、金融緩和による金利低下が銀行のリスクテイクを促していたこと、また、自己資本比率が低い銀行でこの傾向が特に顕著であったことが明らかにされている。

類似の実証研究は、１９９０年代から２０００年代の米国のデータでも行われている。代表的なものが、Dell'Ariccia ほか（２０１７）[6]である。こちらも中央銀行である連邦準備銀行が四半期ごとに収集している「企業融資条件調査」（Survey of Terms of Business Lending）という商業銀行を対象とした調査の融資案件ごとの個票データを用いている。調査対象先の総資産は、銀行業全体の6割を占めており、代表性が確保された調査となっている。各四半期の中心月の第1週に実行された事業性融資の融資条件、融資先の特徴、融資実行銀行による信用格付が、融資実行銀行を特定できるかたちで収集されたデータである。銀行の財務情報は、コールレポート（Call Report）と呼ばれる連邦預金保険公社（ＦＤＩＣ）が収集・公表しているデータを用いている。

このデータからも、当時の金融政策の操作目標であったフェデラルファンドレートの低下が、信用格付の低いリスキーな先への融資を増加させていたことが明らかにされている。ただし、スペインの場合と異なり、自己資本比率が低い銀行ではなく、高い銀行でリスクテイクの傾向が顕著であったことがわかっている。

2　金利低下が銀行にリスクテイクを促すメカニズム

このように金利低下が銀行のリスクテイクを促す傾向が、欧米では顕著であったことがわかっている。なぜそのような傾向が生じるのだろうか。中央銀行による金融緩和は、少なくともその初期は銀行の資金調達コストを主に低下させ、融資などの運用利回りの低下はそれから少し遅れて現れる。つまり、無理にリスクを取らなくても稼げる環境が生じるのでリスクを取らなくなっても不思議ではない。金利低下がリスクテイクを促すとの傾向は、意外と自明ではない。

このような現象のメカニズムを説明し得る仮説は、これまで複数提示されてきた。先進国で長期化している金融緩和は、利鞘の縮小をもたらし、これらの国々で銀行収益を圧迫している。そうした状況下で最近注目されているのが、「利回り追求」（Search-for-yield）仮説である。これとは別に、この関係を説明し得る理論として１９７０年代からすでに知られていたのが「リスクシフティング」

仮説である。

(1)「利回り追求」(Search-for-yield)

「利回り追求」仮説は、長引く金融緩和が利鞘を圧縮し、これが銀行の脆弱性を補完する各種制度と相まって、銀行に過剰なリスクテイクを促すと考える説である。

金融緩和が利鞘に与える影響は時間とともに変化する。銀行は短期金融市場から調達した資金や要求払い預金を、住宅ローンや企業向け融資などの長期資産に運用している。したがって、銀行の負債サイドは契約更改のタイミングが早く、金融緩和後、調達コストは速やかに低下する。しかし、銀行の資産サイドの契約更改のタイミングは遅いので、運用利回りは調達コストほど急には低下しない。緩和前の長期融資が借り換えられるにつれて、銀行の資金調達金利低下と融資競争を反映して、既存のものも含む融資残高ベースで見た融資金利が徐々に低下していく。つまり、金融緩和当初は利鞘が拡大し、緩和が長期化すると利鞘が縮小していくのだ。現在の日本は後者のフェイズにある。

約定金利で見た利鞘が小さいと、しっかりと与信管理を行って無事返済されたとしても、その見返りは少ない。このため、返済を確保するためのモニタリングにあまりコストをかけることができなくなる。モニタリングが甘くなれば、債務不履行の可能性が高まり、信用コストが高くなるはずだが、預金保険などで銀行が守られている場合、あるいは、日本のように公的な信用保証制度で返済のかなりの部分が政府により保証される場合、信用コストのうち、実際に銀行(の株主)が負担しなければならないのはその一部分である。したがって、貸出金利への信用コスト上乗せ分は限られたものとなる。こうして、融資競争が厳しくなるほど、金利競争においてコスト優位に立つためにモニタリングコストを節約する誘因が強くなる。結果として、トータルで見た銀行のリスクテイクが拡大する。(7)

モニタリングの頻度は、リレーションシップ・バンキングの度合いと解釈することもできる。この場合は、見込まれる利鞘が縮小するにつれて、リレーションシップの構築と維持にコストをかけることができなくなり、結果的に信用リスクが高まると解釈できる。

上述の欧米の実証研究は、いずれも短期金利がリスクテイクに与える影響を見るにとどまっており、利鞘の変化を介した検証を行っていない。金利低下に伴う約定ベースの利鞘の縮小が、「利回り追求」仮説の要《かなめ》なので、この点の検証が済むまでは、この理論が実際の動きを言い当てているかはわからない。

２０１３年4月から始まった日本の量的緩和では、日銀は国債を大量に買い切ることで、長期金利を直接的に低めにコントロールするようになった。短期金利の低下余地がない中で、まだ余地のある長期金利の低下を促すことで、低下する自然利子率に合わせて、緩和を深化させてきた。これが金融機関の利鞘をさらに圧縮している。この点で、利回り追求が生じやすい環境にある。

(2)　「リスクシフティング」（資産代替）

銀行に限らず、負債を抱える企業一般について、損失を出し続けるなどして企業価値が毀損し、債務不履行が視野に入ってくると、株主は起死回生を狙ってリスクの高い事業を実行するよう経営陣に求める傾向があることが理論的に予測される[8]。これがリスクシフティングあるいは資産代替と呼ばれる仮説である。第3章で紹介した、有限責任のみを負う場合の株式価値の概念図を用いて、この点を説明することができる。

図5―1は、第3章で用いた図3―2(b)を再掲したものである。横軸が企業価値であり、Dが負債の額面総額である。企業価値は、将来予想される現金収入の合計額を現在価値で表したものである。企業価値がDを超えるときは、約束どおりDを返済し、残った企業価値が株主のものになる。したがって、この場合の株主の取り分、つまり株式価値は右上がりの45度線となる。

企業価値がDよりも小さいときは、負債を全額は返せない。通常、株主は有限責任しか負わない。言い換えれば、企業価値から返済できる限りで責任を負うだけで、株主の個人資産で負債を返済することまでは求められていない。他方、債権者は絶対優先原則に従って優先的に弁済を受ける権利を持つ。したがって、債務不履行が発生する状況では株主の得るものはない。つまり、企業価値がDよりも小さいときは、株式価値はゼロとなる。

ここに、以下のような状況を加える。

- ある企業が、安全なプロジェクトと、危険なプロジェクトのいずれかを実行することを検討している。
- 安全なプロジェクトを行えば、この企業の企業価値は確実に$\overline{V}$となる。危険なプロジェクトを

図５―１　リスクシフティング（概念図）

（a）企業価値が高いとき

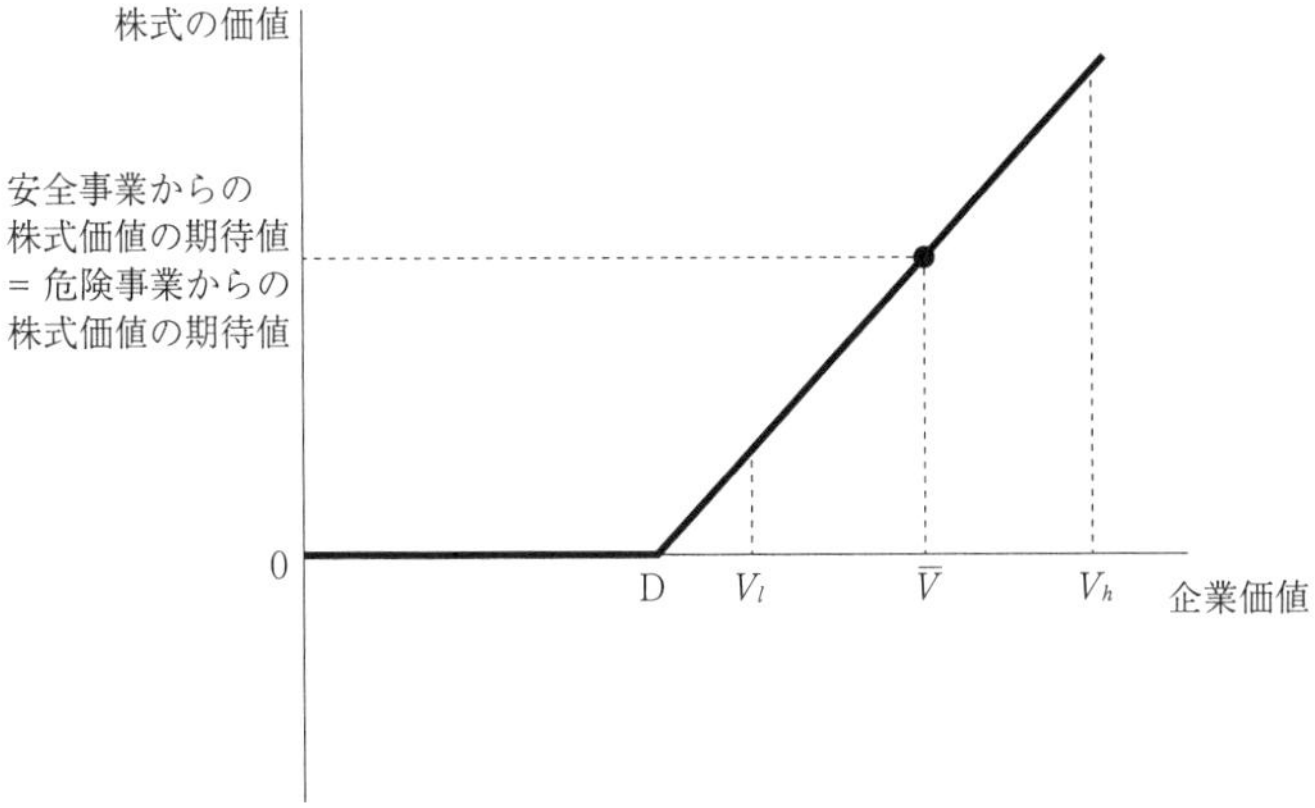

（b）企業価値が低いとき

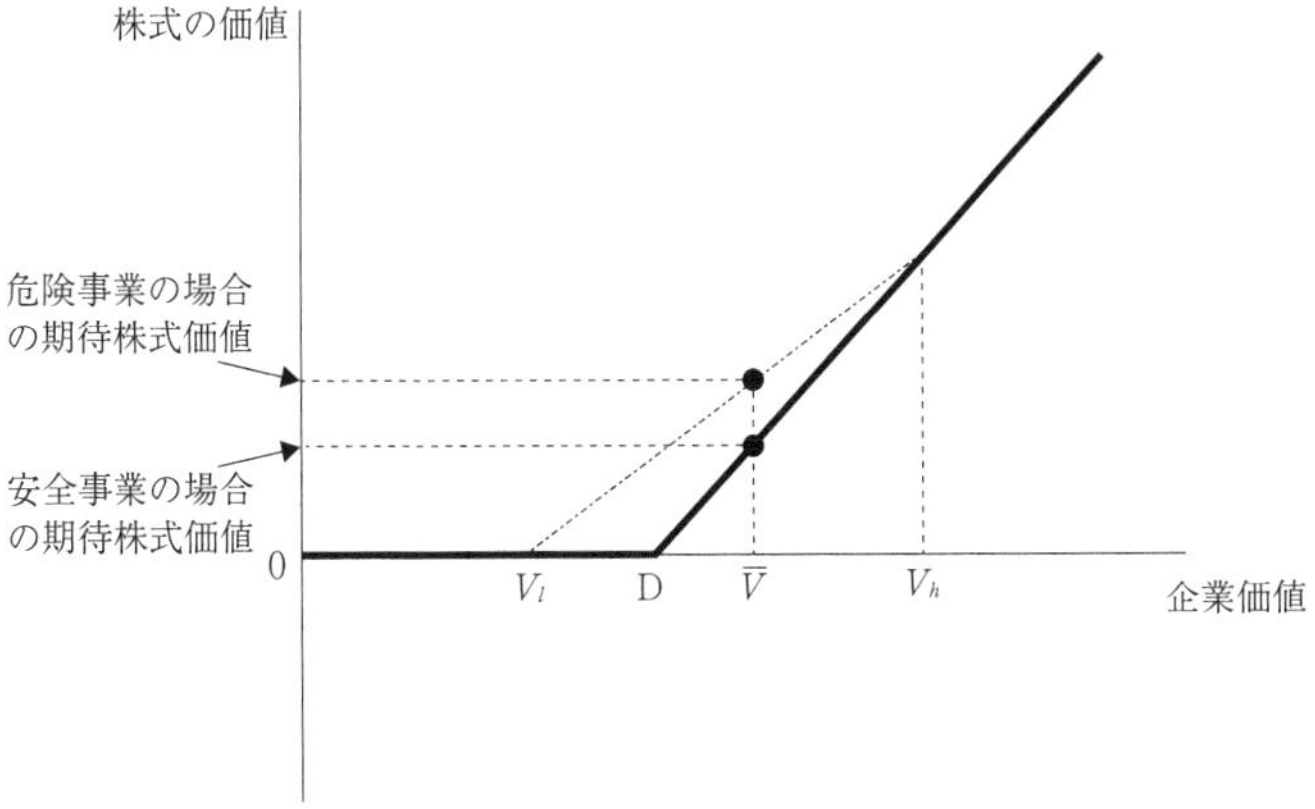

行うと、2分の1の確率でV_hに、2分の1の確率でV_lになる。いずれのプロジェクトを行ったとしても、企業価値の期待値は等しい。つまり、$\overline{V}=1/2V_h+1/2V_l$である。

●この企業は額面D（利息も含む）の負債を抱えている。

●この企業の経営陣は株主の利得の期待値を最大化するように意思決定をする。

まず、企業価値が十分に高い状況を考える（図5―1の(a)）。この場合は、債務不履行が発生する可能性はまったくない。したがって、どちらのプロジェクトを行っても、株式価値の期待値は同じである。危険なプロジェクトを採用する積極的な理由はない。

次に、企業価値が低い状況を考えてみよう（図5―1の(b)）。具体的には同図(a)より、$\overline{V}$，V_l，V_hを左に平行移動した状況を考える。この場合、危険なプロジェクトを実行して、V_lが実現してしまった場合に、債務不履行が発生する。株主は有限責任のみを負うので、実現した企業価値を超える返済をする必要はない。つまり、債務不履行が発生した場合でも、株式価値が負になることはなく、ゼロに張り付く。債務不履行による損失は、もっぱら債権者が負う。このように、リスクをあえて取って失敗してしまったあとの損失を債権者が負ってくれる分、株式価値の期待値は、安全なプロジェクトの場合よりも、危険なプロジェクトを行ったときのほうが大きくなる。このため、(b)のように、企業価値が低い、あるいは負債が大きい場合、企業はより大きなリスクを取る誘惑にかられる。

生産年齢人口の減少が著しいなどの理由で、大規模な金融緩和でも融資需要が伸びない地域では、前章で分析したとおり競争が熾烈化し、利鞘が縮小している。融資額が伸びない中で利鞘が縮小すれば、銀行の企業価値は縮小せざるを得ず、リスクシフティングの誘因が作用しやすくなる。一般企業の場合、リスクを取って失敗してしまった場合に損失を被るのは債権者であるが、銀行の場合は、預金保険で保証されている部分は預金保険機構が、保証されていない部分は預金者がこの損失を被ることになる。銀行に限らず、保険会社や年金基金など一定額の年金支払いを約束するかたちで負債を負っている金融機関が運用難に陥れば、同様のインセンティブを持つであろう[9]。先のスペインの実証で見られた、リスクテイクの増加が、自己資本比率の低い銀行ほど顕著であったとの結果は、この仮説と整合的である。他方、これとは逆の米国の結果とは整合的ではない[10]。

これは、あくまで理論的に突き詰めるとこうなり得るという帰結であり、実際には銀行の経営者はそれほど株主寄りに行動してはいないなど、前提の部分で日本の実態には完全には合致しないものが含まれているかもしれない。しかし、後述するとおり、日本のデータでも、自己資本比率の低い銀行で、リスクが大きいとみられる外国証券への投資に積極的となる傾向があるなどの状況証拠はあり、リスクシフティングの誘因がまったく作用していないとは言い切れない。

(3)　競争と安定性――集中安定仮説 vs 競争安定仮説

リスクシフティング仮説からは、競争が銀行の安定性を阻害するという帰結が導かれる。銀行間の競争激化から、融資金利が低下する、あるいは預金金利が上昇することで利鞘が縮小し、銀行の企業価値が減少する結果、リスクシフティングが作動して、銀行が過大にリスクを取るようになるという理論的予測である。これは、競争の対義語である「集中」（concentration）という用語を用いて、「集中安定仮説」（Concentration stability view）と呼ばれる。預金金利規制撤廃後の80年代米国で発生したS&Lと呼ばれる比較的規模の小さい貯蓄金融機関の危機の分析から出てきた概念である。[11]

競争が預金市場よりも、融資市場において激化する場合は、融資金利が低下する。この場合、企業側から見れば、企業の所有者の利払い負担が軽減され、歓迎すべきこととなる。利払い負担が減れば、経営者の努力の成果の多くが、経営者の利得につながるし、金利負担が減る分、投資もしやすくなって、企業の生産性が向上する。もしこのようなポジティブな効果が強く出るのであれば、融資金利の低下は借り手企業の財務状態を改善し、結果的に、そこに融資を提供する銀行の経営安定性にも寄与する。この場合は、競争はむしろ銀行部門の安定性に寄与する。このような考え方は「競争安定仮説」（Competition stability view）と呼ばれている。[12]

それぞれの見方を支持する実証結果がこれまでのところ提示されている。競争と安定性の関係は単調ではなく、非線形な関係であるとする結果も多い。だが、どのような条件でこれらの関係が変化するのかはまだ十分には整理されておらず、明確な結論は出ていない。

(4) 「リバーサルレート」(Reversal rate)

「利回り追求」仮説の紹介で言及したとおり、金融緩和の初期は利鞘が拡大し、やがて金利低下が長期の融資金利に波及して利鞘が縮小していく。つまり、金融緩和は、最初は銀行収益を増やす方向に作用し、やがて、逆方向に作用する。特に、量的緩和の局面では、日銀が大量に国債を買い切って、国債価格を引き上げることで、長期金利を低めに誘導する。銀行の資産には国債が無視できない規模で含まれているので、このような買い切りオペによる国債の値上がり益も銀行の収益に寄与する。しかし、国債を日銀に売却することで益出ししたり、保有していた国債が償還期を迎えたりするうちに、やがて、キャピタルゲインは出尽くしてしまう。

短期的には、キャピタルゲインも含む銀行収益が拡大し、銀行の自己資本が充実し、その分、積極的にリスクを取って融資を増やすことができる。しかし、中長期的には、収益が縮小し、その効果は消えてしまう。どんなに金融緩和をしても、利鞘が縮小するばかりで、銀行の融資スタンスがかえって慎重化してしまう可能性もある。このように金融緩和が望ましい効果を持ち得る金利低下の「深さ」と緩和期間の「長さ」には限界があるというのが「リバーサルレート」の理論である。[13]

この理論では、金融緩和の初期に、より自己資本が充実した銀行で積極的なリスクテイクが生じることが予想される。先に紹介した米国の商業銀行によるリスクテイクに関する実証結果は、実はこの理論とも整合的である。前章で見たとおり、各地の融資競争度には相当なばらつきがあるため、金融緩和が効果を失う「深さ」や「長さ」にも地域的なばらつきがあると推測される。

3　日本での「利回り追求」と「リスクシフティング」

日本では、借り手と貸し手の紐《ひも》づけが可能な融資契約データベースが利用できないため、欧米ほど直接的な実証研究は行われていない。企業・銀行レベルのデータを用いた研究としては、大規模緩和初期の2015年までの上場企業のデータを用いたNakashima *et al.*（2017）や、2014年までの中小企業を含む大規模データを用いたOno *et al.*（2016）がある。前者は、金利低下による銀行のリスクテイク積極化を弱いながらも支持する結果を提示している。後者は、大規模緩和に伴う国債からのキャピタルゲインが、よりリスキーな中小企業向け融資の増加につながったことを明らかにしている。後者は、リバーサルレートに至る前のキャピタルゲイン効果の証拠を提供していると言える。

銀行のリスクテイクは、こうした企業向け融資のみに現れるとは限らない。2018―19年の不正融資問題は、不動産投資を目的とする個人向け融資が主な舞台であった。そこで、本節では少し別の視点から、日本でのリスクテイクに関する状況証拠を紹介する。

(1) 「利回り追求」の症例——競争の厳しい地域の銀行はより多くの信用リスクを抱える

前章で、2003年から2018年の都道府県別パネルデータを用いた各地の融資競争に関する実証分析を紹介した。そこでは、生産年齢人口の減少が顕著で、経済の収縮圧力が強く、金融緩和下でも融資がさほど伸びない地域において、融資競争が厳しくなっている様子が見られた。こうした、銀行の企業価値が縮小傾向にある地域では、「利回り追求」あるいは「リスクシフティング」の影響が強く表れて、より大きなリスクを金融機関が抱えるようになるはずである。

この点を確認するために、前章で推定された都道府県・年別の競争モードと信用コストを散布図に表したのが図５―２である。それぞれの値は、年ごとの景気動向、金融政策の変化、引当金の要求水準に関する制度変更などの影響をできるだけ取り除くために、毎年の平均を引いた数字となっている。さらに、各都道府県経済の時間を通じて変わらない長期的な特徴の影響も取り除くために、各都道府県のサンプル期間中の平均も引いている。したがって、散布図は、全国に共通する年ごとの変動要因と、各都道府県固有の固定的な要因を取り除いた上での、競争度と信用コストの関係を示している。

図からは、これらの間に負の相関があることがわかる。実際に筆者が行った回帰分析では、この負の相関は統計的に有意なものとして検出されている。競争モードθが低いほど、競争が厳しいことを表しているので、この相関は、競争が厳しいほど金融機関は信用リスクを取っていることを意味している。「利回り追求」と整合的な結果である。

前章では、金融緩和による金利低下があっても資金需要が増加しない地域で、特に競争が激化していたとの実証結果を紹介した。資金需要が増加しない地域は、生産年齢人口の減少で特徴づけられる。以上の結果をつなげると、生産年齢人口減少地域で、金融機関の抱える信用リスクが高めに推移していることになる。この点を明確にするために、生産年齢人口増加率と信用コストの関係を散布図として示したのが図５―３である。ここでは地域差に注目して、それぞれの変数の２００３年から18年までの都道府県別平均を用いた。各点が都道府県を示している。予想どおり、生産年齢人口の減少が著しい地域で、信用コストが高めとなっている。

以上の結果を総合すれば、生産年齢人口が減少していて、融資量が伸びにくい地域で、なんとか

図5―2　競争モードθと信用コストの散布図

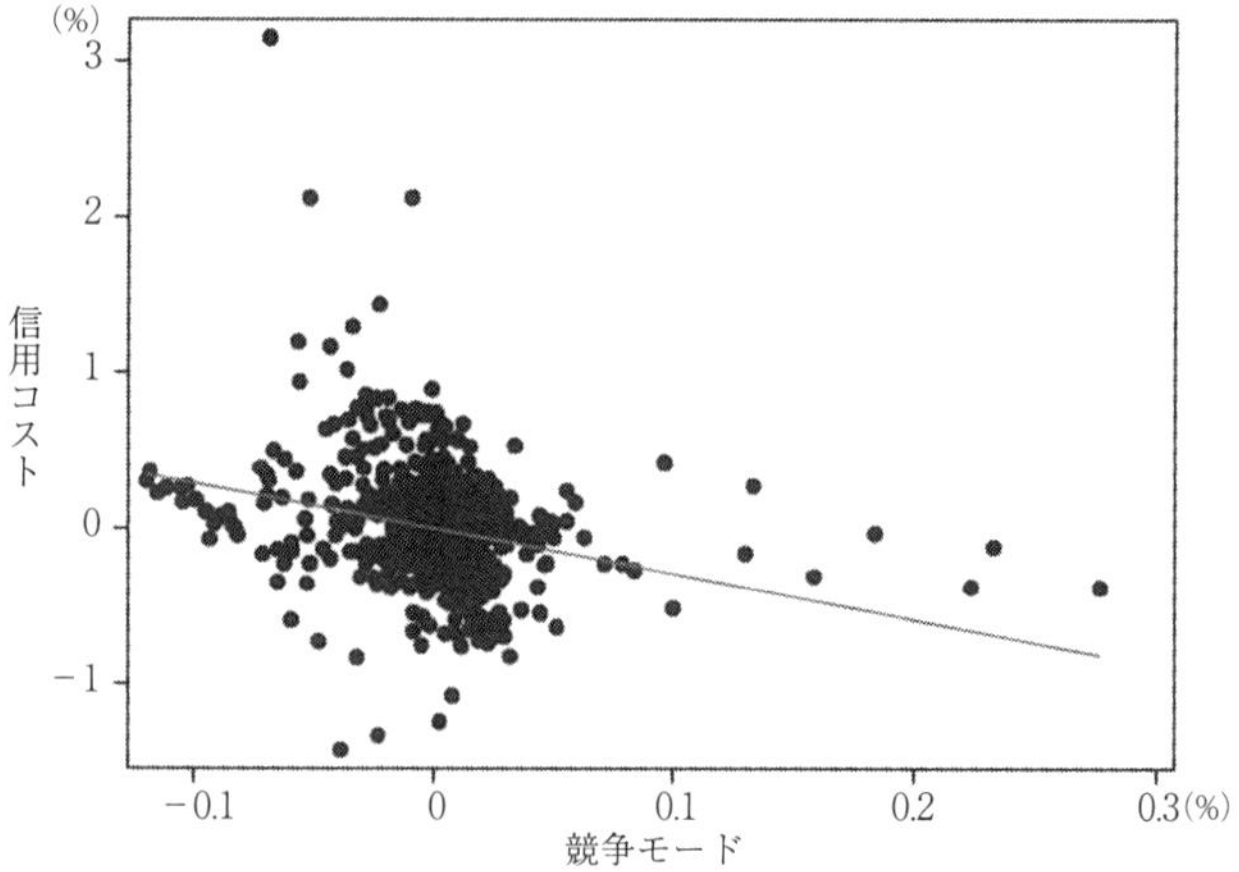

（出所）Ogura（2020）Figure 8から出版社（Elsevier）の許諾を得て転載。信用コストの定義は図4―1と同じ。

図5―3　生産年齢人口成長率と信用コストの散布図

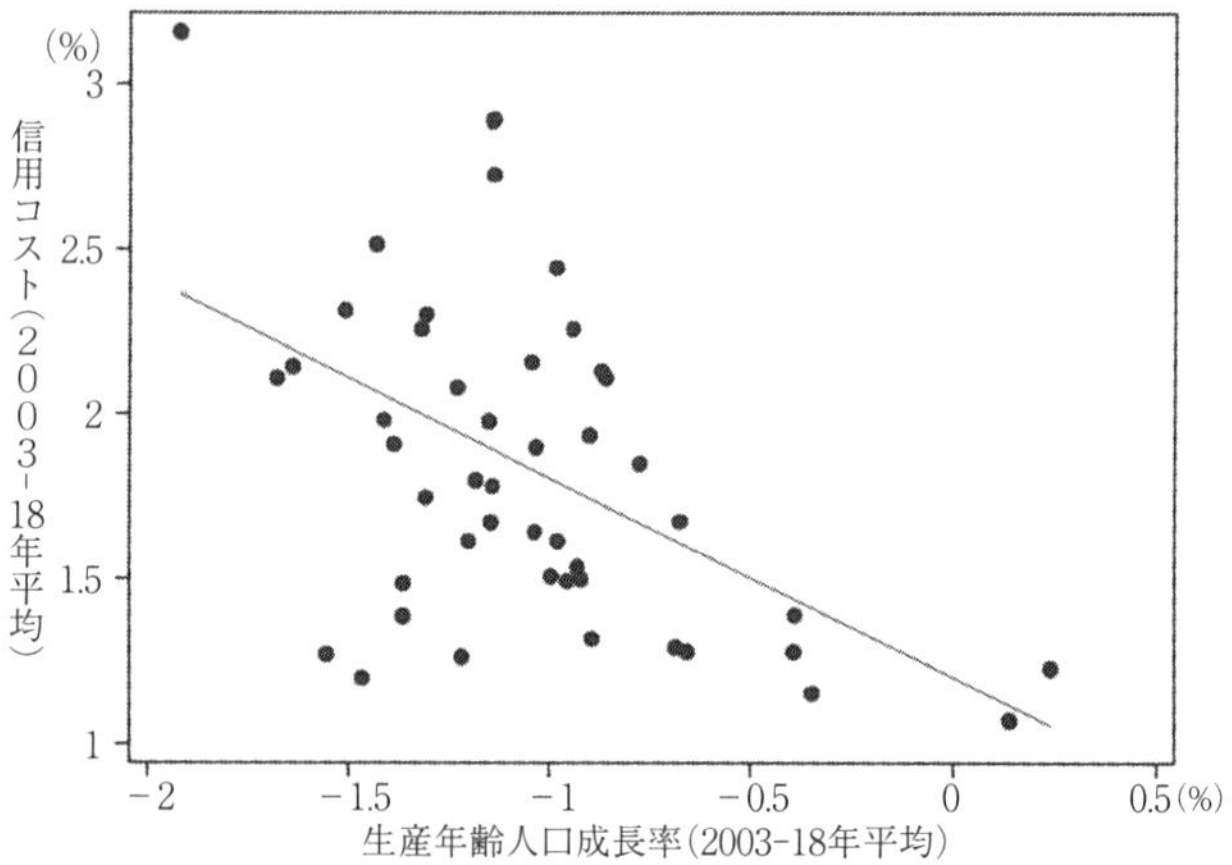

（出所）生産年齢人口は総務省統計局『人口推計』。信用コストは図4―1と同じ。

収益を確保するために信用リスクを多めに取る動きがあると見られる。営業エリアが近隣都道府県の範囲に限られがちな地域金融機関にあっては、やむを得ないところであろう。

(2)「リスクシフティング」の症例――自己資本比率が低い銀行ほど海外運用を拡大[14]

国内の利鞘低下に背中を押されるかたちで、海外運用へのシフトが近年進んでいる（図５―４）。大手銀行は、海外でのシンジケートローンの組成拡大や、会計上連結対象先となるような外国銀行を買収することで[15]、海外シフトを進めてきた。この結果、連結で見た融資の海外比率が35％まで上昇している。他方、地域銀行は、だぶつく円資金をドルに転換して、ドル建ての有価証券を購入するかたちで海外運用にシフトしてきたため、主に有価証券での海外運用比率が高まっている。

この現象を、主要な運用先である米国の社債市場から見ると、日本特有のものではなく、マイナス金利に沈む国（ドイツなど）の銀行に共通の動きであることがわかる。このことは、国際決済銀行（ＢＩＳ）の研究チームによる米国社債市場データを用いた実証研究で明らかにされている[16]。

米国財務省が毎年６月末に実施している国際資本調査（the Annual U.S. Treasury International Capital Survey）では、米国内に所在する企業等法人が発行した債券の保有者情報と、各債券の発行条件や格付などの属性が収集されている。この研究は、この調査から得られた１万５０００種の債券の保有残高を保有者の所在国ごとに集計したデータを用いて、国債利回り（１年物）が低い国に所在する機関投資家ほど、高利回りを狙って、信用格付の低い米国社債を購入していることを明らかにしている。

図5－4　各業態の海外運用比率

（a）大手銀行（3メガ）

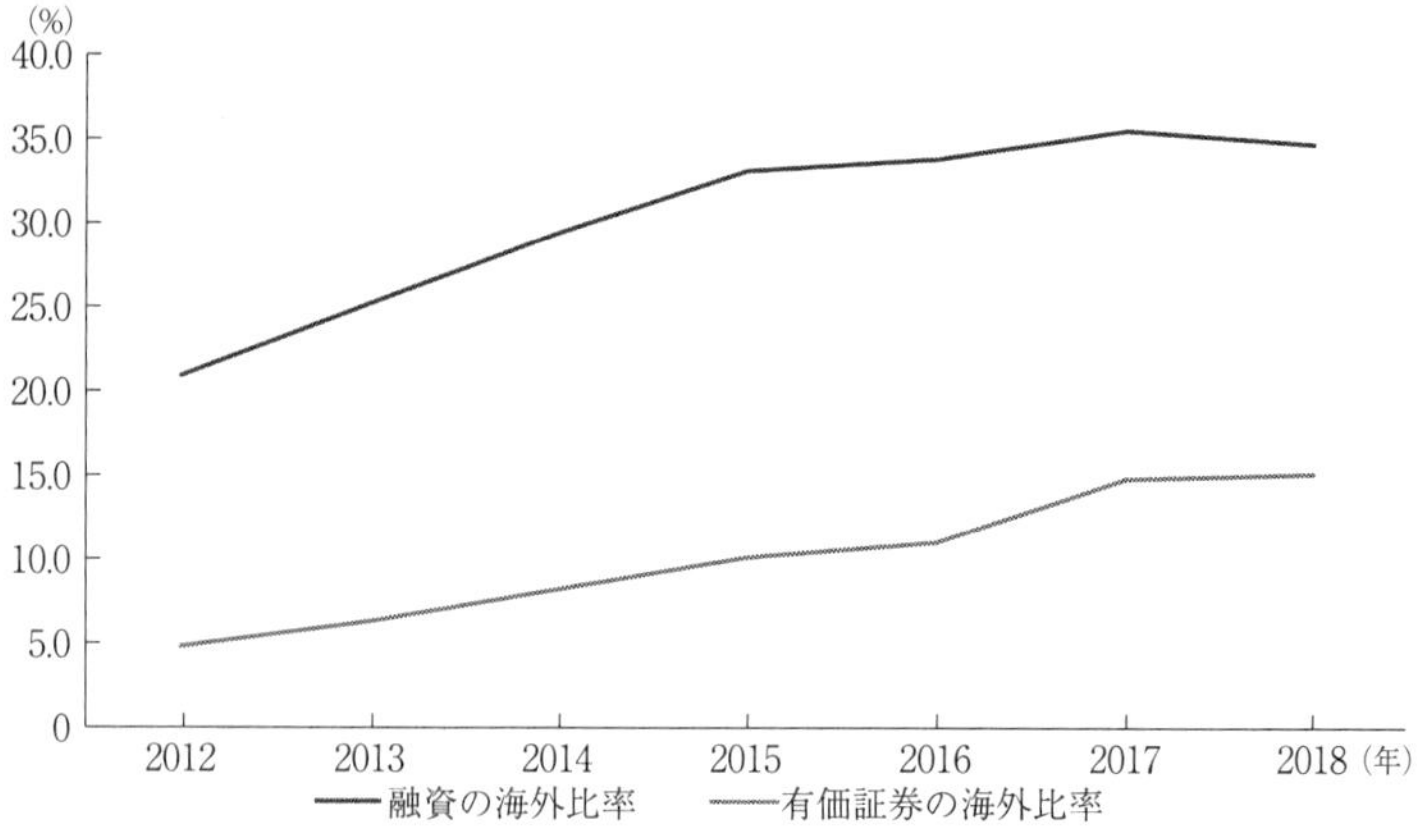

（b）地域銀行

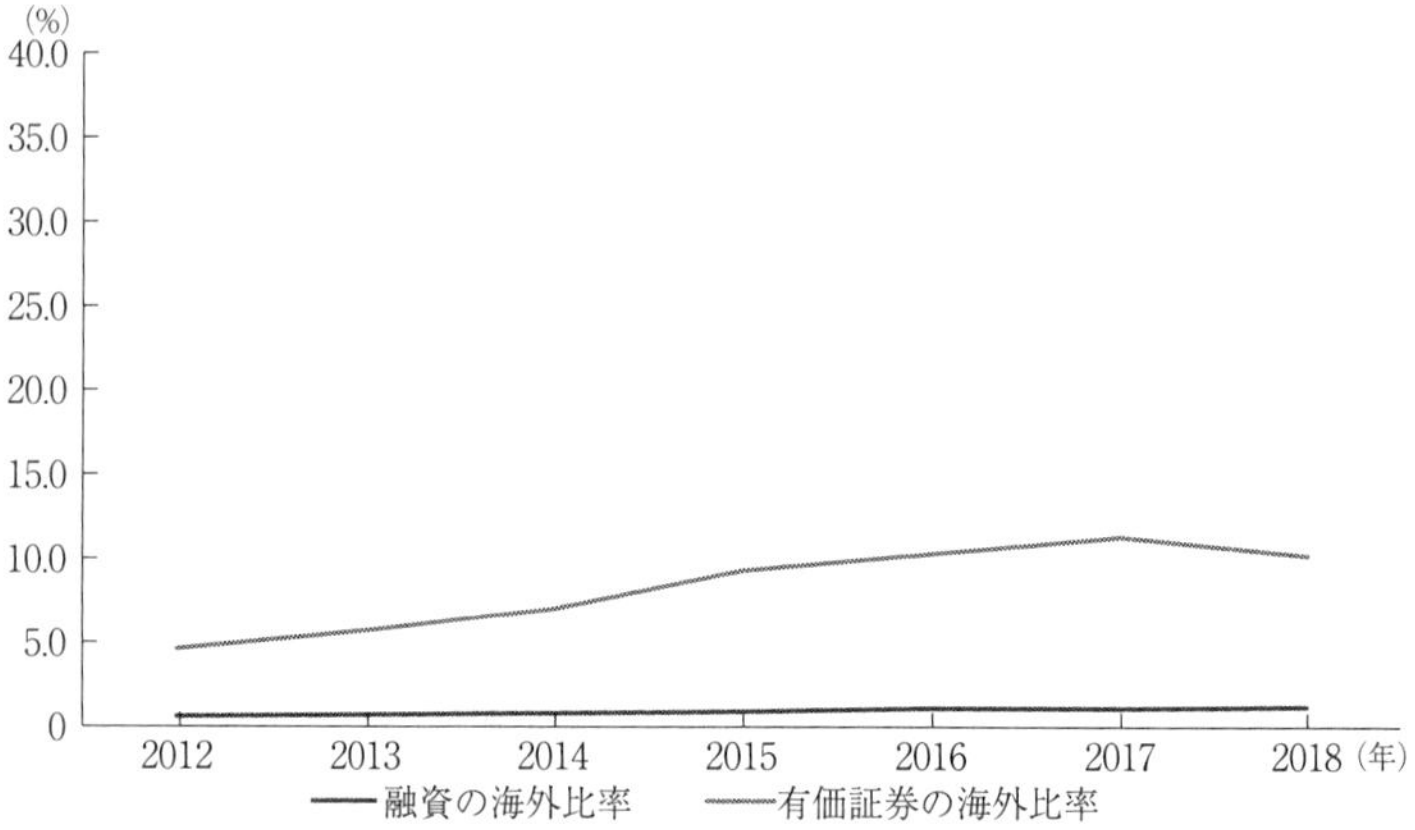

（出所）小倉（2020）の図表5（50ページ）と図表6（51ページ）を転載。各銀行の有価証券報告書の連結の資金運用勘定から収集した数字を業態ごとに集計。地域銀行には、りそな銀行、埼玉りそな銀行、地方銀行、第二地方銀行が含まれる。

地域銀行の海外運用利回りを国内運用利回りと比較すると、中央値（線分の中心あたりの点）でみた水準にはさほど差がないことがわかる（図５―５）。これは理論的にはそれほど不思議ではない現象である。為替レートの決定理論として有名な金利平価説は、円からドルに換えてドルで運用したのち再び円に戻すという運用方法と、円のまま運用する運用方法との間で裁定が働く結果、これらの二通りの運用手段から得られる利回りが等しくなるように為替レートが決まると考える。この考え方に従えば、ドル建て債券のほうが表面上は高利回りに見えても、円からドルに換金する際の為替レートがこれを打ち消すように変動して、円建て債券で運用したのと変わらない利回りしか結局は得られなくなる。

近年では、円からドルに換金する需要の強さを反映して、金利平価式に基づいて計算されるレートよりも割高なコストでドル資金の調達がなされており[17]、円建て資金を出発点とする海外運用では利回りを得にくくなっていると推測される。結局、海外運用で国内運用を上回る利回りを稼ぐためには、国内よりもリスクの高い証券で運用するしかない。

最近、海外の債券や投資信託での運用に注力する地域金融機関が増えている。表面的な利回りの高さにつられての動きであるとすれば、問題である。高い利回りの背後には必ず高いリスクが隠れていることに注意が必要である。逆の言い方をすれば、高い利回りを得るためには、リスクを取らざるを得ない。成長著しいアジアなどを中心にハイリスク・ハイリターンを狙える機会は海外にふんだんにあることは確かであり、その機会を逃す手はない。十分なリスク管理体制と損失耐性を整えて、「計算されたリスク」を計画的に取ることは有効な戦略であろう。

図5―5　地域銀行の資金運用利回り

（a）国内

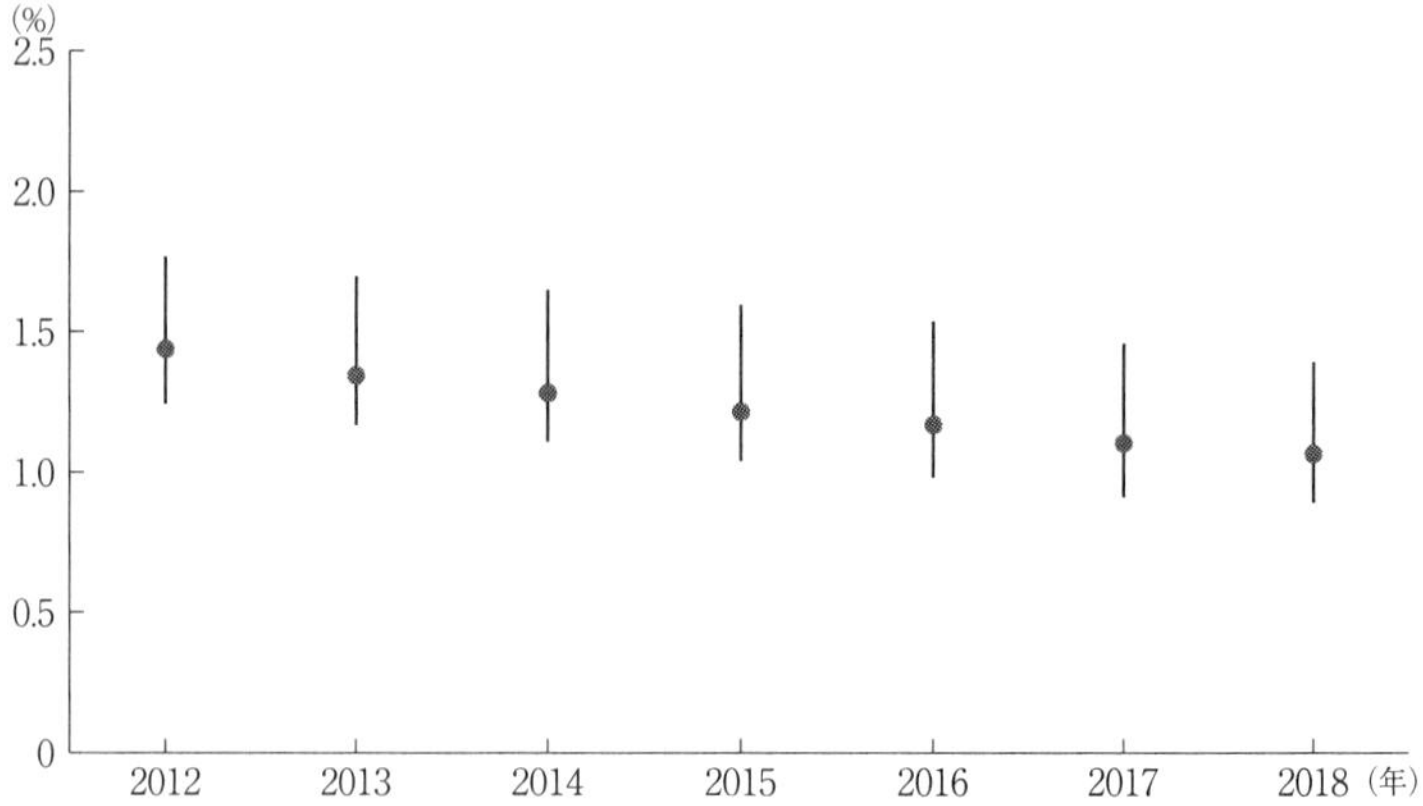

（b）海外

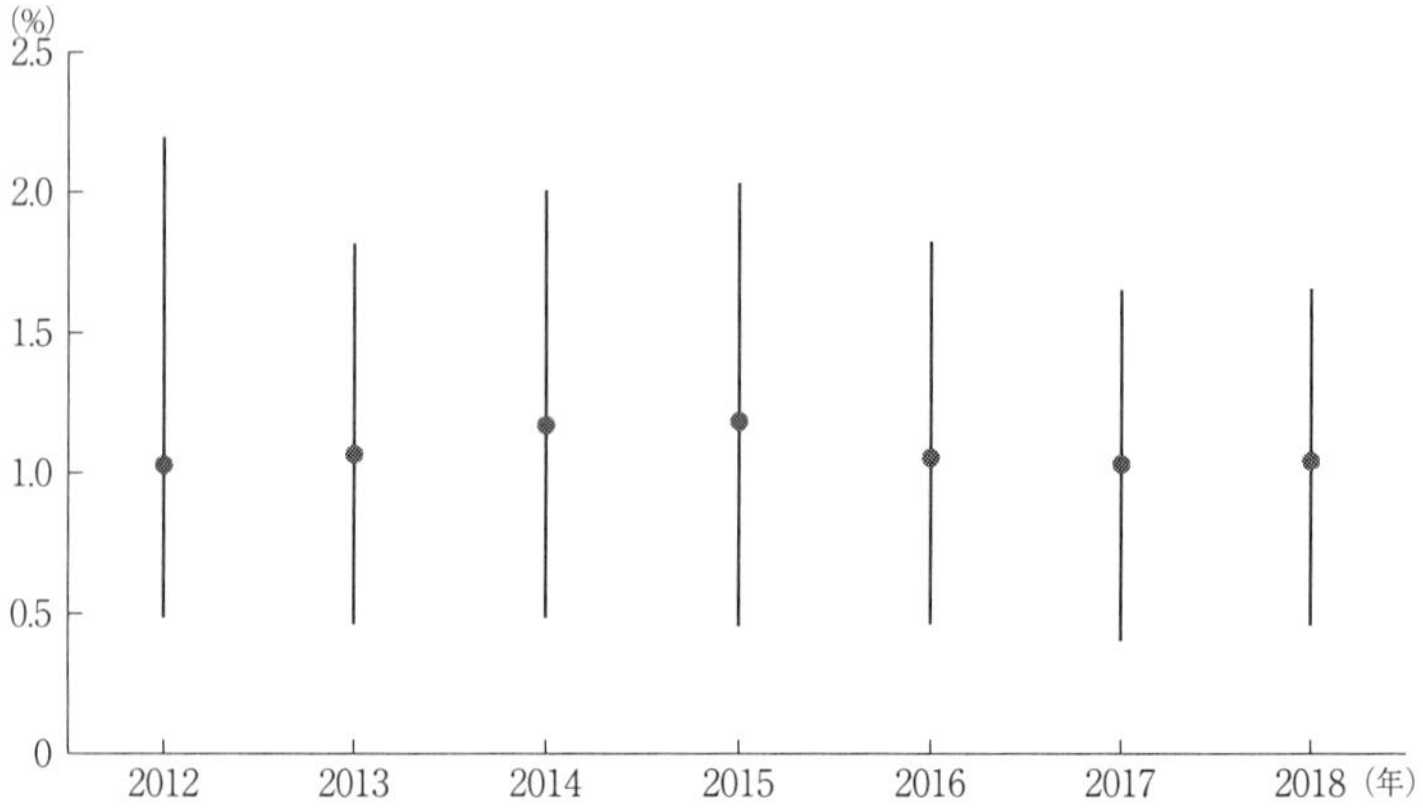

（出所）小倉（2020）図表8、52ページを転載。各銀行の有価証券報告書の連結の資金運用勘定から収集した数字から算出。国内、海外それぞれの、（資金運用収支）÷（資金運用勘定）×100。地域銀行には、りそな銀行、埼玉りそな銀行、地方銀行、第二地方銀行が含まれる。線分上端は90%分位点、下端は10%分位点、点は中央値。

図5―5で特に注目されるのが、海外運用利回りのばらつきの大きさである。図の線分の上端は上位10％の運用利回り、下端は下位10％の利回りである。国内利回りに比べて、この幅が非常に大きい。つまり、銀行により、海外運用の方針や巧拙にかなりのばらつきがあること、また、運用リスクが相対的に大きいことを示唆している。

なお、図示はしていないが、大手銀行の集計値から計算した海外資金運用利回りを地域銀行の中央値と比較すると、大手銀行のほうがやや高く、その差は０・１％から０・３％程度である。大手銀行のほうがやや高いのは、銀行レベルの連結で見ているので、米国などに所在する傘下銀行が預金で調達したドル資金を現地の企業向け融資などに運用して稼いでいる部分も含まれていることが影響していると見られる。

ここで、「利回り追求」や「リスクシフティング」が生じている可能性を調べるために、２０１１年３月期から２０１８年３月期までの地域銀行の財務パネルデータを用いて散布図を描いたのが、図５―６である。

(a)は、各銀行の貸出利鞘と海外運用比率の関係を示す散布図である。貸出利鞘は、貸出金利回りと資金調達費用の差である。海外運用比率は、各銀行が有価証券報告書に記載している資金運用勘定に占める海外運用の割合である。それぞれの点が、各年の各銀行を表している。この図を見ると、利鞘が低い銀行ほど海外運用にシフトしている傾向があるように見える。つまり、「利回り追求」と整合的な姿が見える。

(b)は、各銀行の粗自己資本比率と海外運用比率の関係を示す散布図である。ここでは自己資本比

図5—6　地域銀行の「利回り追求」と「リスクシフティング」

（a）貸出利鞘と海外運用比率の散布図

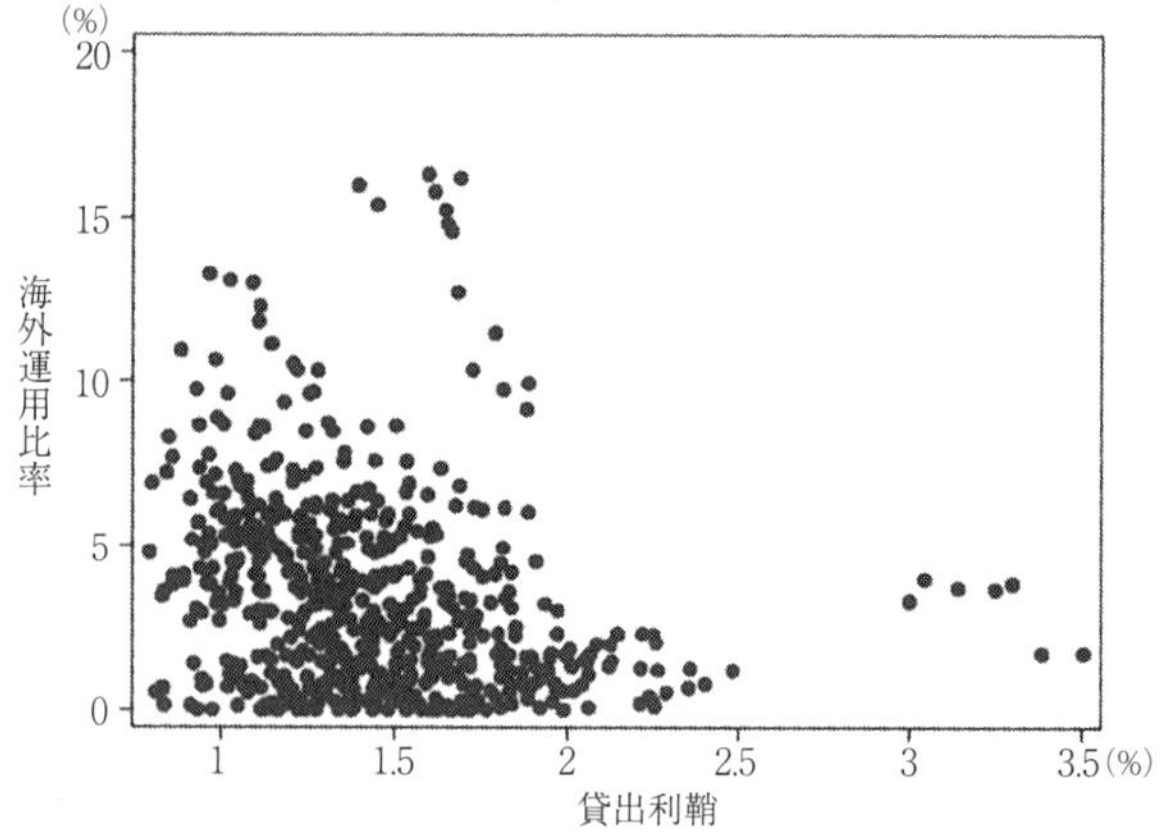

（b）粗自己資本比率と海外運用比率の散布図

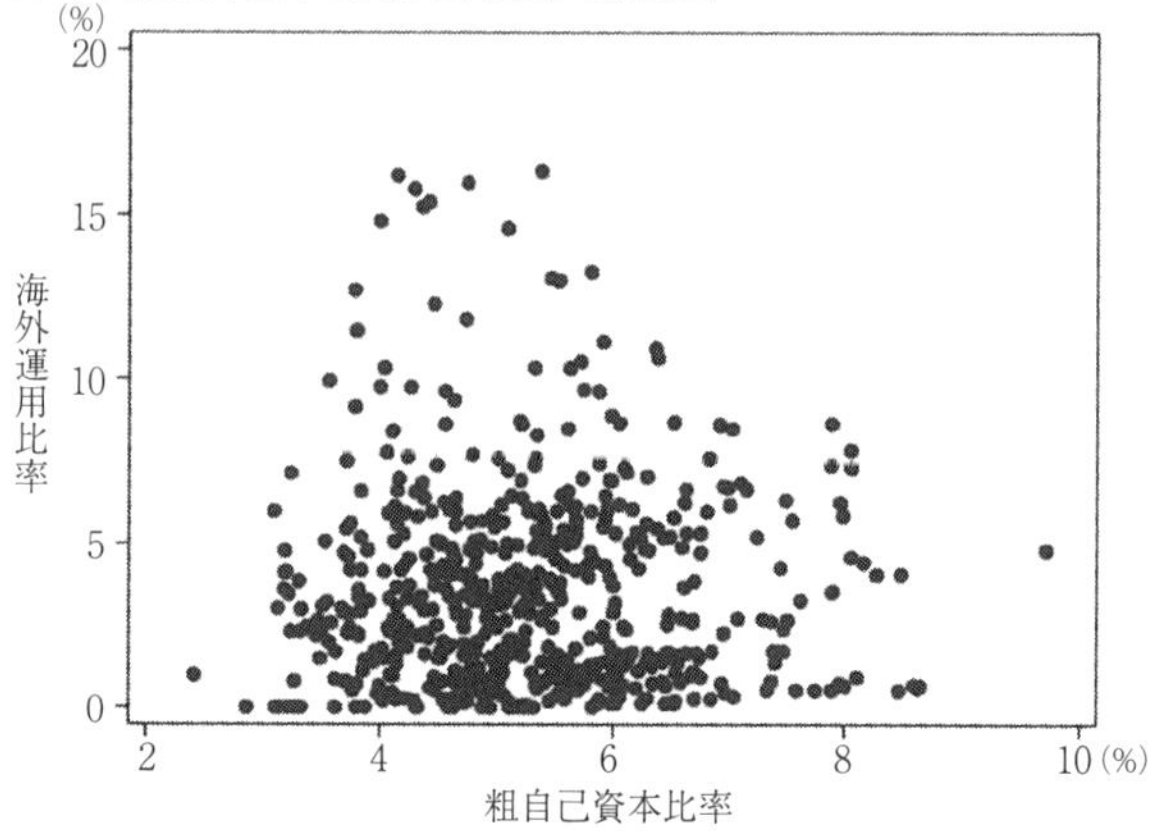

（出所）小倉（2020）、図表13、59ページより転載。海外運用比率は各銀行の有価証券報告書の連結の国内・海外の資金運用勘定より計算。貸出利鞘は図4—1と同様（ただし、都道府県別集計前の銀行ごとのデータ）。粗自己資本比率は、連結貸借対照表上の（純資産）÷（総資産）。地域銀行には、りそな銀行、埼玉りそな銀行、地方銀行、第二地方銀行が含まれる。

率規制でおなじみのリスク調整済み自己資本比率ではなく、先の理論の考え方に近い、貸借対照表上の純資産を総資産で割った粗自己資本比率を用いている。この図からは、自己資本比率が低くなるほど、海外運用にシフトする傾向が見える。これは、「リスクシフティング」と整合的である。

さらに、「利回り追求」と「リスクシフティング」を同時に検定するために、このデータを用いて、海外運用比率が貸出利鞘、粗自己資本比率、その他の要因の一次関数であるとの仮定の下、これらの二つの説明変数の係数を回帰分析により推定した。各年に固有の要因（年固定効果）と、各銀行に固有の要因（銀行固定効果）の影響を取り除いて、この係数を推定したところ、貸出利鞘、粗自己資本比率ともに負の係数を持つが、後者のみが統計的に有意であるとの結果を得た(18)。つまり、地域銀行による海外運用シフトには、どちらかといえば、リスクシフティングが強く作用していたことを、この結果は示唆している。

この結果は、自己資本比率が低く、予期せぬ損失への耐久力が劣る銀行で、リスクの高い海外運用に積極的であることを意味している。リスク管理体制が整わないままま、低収益に追い詰められて海外運用に動いている姿がにじんでおり、懸念される。

本章で紹介した実証結果は、いずれも貸出利鞘の縮小と地域銀行の収益力の低下が、地域銀行によるリスクテイクを促していたことを示している。しかし、肝心なことがまだわかっていない。このように拡大しつつあるリスクテイクが社会的に望ましい水準よりも過大で抑制するべきものなのか、それとも過去のリスクテイクがむしろ過小であって、現下のリスクテイク拡大はこれを是正する社会的に望ましい動きなのかという点である。

何をもって過大とするかの基準の設定が、そもそも容易ではない。これは破裂する前にバブル発生を検知するのと似た難しさがある。将来的に銀行が危機に陥るようなことがあれば、「あの時のリスクテイクは過大だった」と事後的に語られることになるが、その事後的な論評ですら「社会的に望ましい水準」と比べた厳密な議論は難しい。

国内外の企業や経済の成長のために必要なリスクマネーを積極的に提供するという産業金融の役割と、預けられた資産を守るという資産管理の役割の間には、トレードオフの関係がある。前者を重視しすぎれば、後者が不十分となり、後者を重視しすぎて安全に傾きすぎれば、前者が損なわれる。ほどよいバランスの目安となるような指標は、いまのところはわかっていない。しかし、リスクマネーの供給先が、長い目で見て人々の豊かさに貢献する先であるかなどの観点で、それぞれのリスクテイクについて個別具体的に点検することは可能であろう。

【第5章　注】

（1）グリーンスパン（2007）第20章「謎」を参照。
（2）Bernanke（2005）を参照。
（3）2018年4月にスルガ銀行が、不動産販売業者の斡旋する不動産投資用の個人向け融資での審査不正について金融庁の緊急検査を受けた。2019年5月には西武信用金庫が、同様に不動産投資を目的とする個人向け融資における審査書類の偽装などに関して、金融庁から業務改善命令を受けた。前者は安定した高収益性、後者は地域密着型金融への積極的な取り組みの観点から、地域金融の模範として注目されてきた金融機関であった。

（４）　Jiménez, G., S. Ongena, J. Peydró, and J. Saurina（2014）“Hazardous times for monetary policy: What do twenty-three million bank loans say about the effects of monetary policy on credit risk-taking?” *Econometrica* 82(2): PP.463-505.

（５）　原著では、過去１年以内から５年以内までの５種類の期間について、高リスク融資が定義されている。このうち、２―５年以内の場合に同様の結果が得られている（Jiménez *et al.*［2014］Table ４）。

（６）　Dell'Ariccia, G., L. Laeven, and G. A. Suarez（2017）“Bank Leverage and Monetary Policy's Risk-Taking Channel: Evidence from the United States,” *Journal of Finance* 72: PP.613-654.

（７）　Dell'Ariccia *et al.*（同前）の付録（Appendix）参照。

（８）　筆者の知る限り、Jensen and Meckling（1976）のSection 4.1がこの理論を提示した最初期の文献である。

（９）　Rajan（2006）p. 517: “Low interest rates and incentives”を参照。

（10）　この点に関連して、Dell'Ariccia *et al.*（2014）は、先述の「利回り追求」の理論モデルより、増資などで自己資本のレベルを自由に調節できる場合はスペインのような傾向となり、自己資本を戦略的に調節できない場合は米国のような傾向になるとの整理が提案されている。この点に関するデータ検証はまだ行われていない。

（11）　リスクシフティング仮説を銀行財務に最初に応用した理論分析がMerton（1977）。これを銀行競争の概念と接続して、１９８０年代米国のＳ＆Ｌ危機のデータを用いて実証したのがKeeley（1990）やGan（2004）である。

（12）　こうした主張をする理論は、Boyd and De Nicolo（2006）や、Koskera and Stembacka（2000）によって提示されている。

（13）　Brunnermeire and Koby（2018）.

（14）　この節は、小倉（２０２０）に依拠している。

（15）　大手銀行の連結対象となっている外国銀行には、アユタヤ銀行（三菱ＵＦＪ、タイ）、ＭＵＦＧユニオンバンクを傘下に置くMUFG Americas Holding Corporation（三菱ＵＦＪ、米国）、PT Bank BTPN（三井住友、インドネシア）などがある。

（16）　Ammer *et al.*（2018）.

（17）　この点に関しては、たとえば服部（２０１７）を参照。

（18）　結果の詳細は小倉（２０２０）を参照。

第6章　地域金融機関の経営統合

生産年齢人口減少など実体経済の収縮要因により資金需要が弱い地域で、利鞘が押しつぶされていることを第4章で確認した。続いて、第5章で利鞘縮小とそれに伴う自己資本比率の低下が、地域金融機関によるリスクテイク拡大につながっていたことを確認した。利鞘の収縮に対応して、人件費などの経費を節約せざるを得なければ、リレーションシップ・バンキングを維持するための顧客とのコミュニケーションは低調となり、結果として信用リスクが拡大してしまう。

リレーションシップ・バンキングは、第3章で紹介したとおり、理論的にはサービス差別化戦略であり、熾烈な金利競争から一線を画すための戦略として捉えられてきた。しかし、近年では、流動性保険、コンサルティング、ビジネスマッチング、事業承継支援は、多くの地域金融機関が同様に提供している。これらは今や、取引先にとって、なくてはならないサービスとなってはいるが、金融機関の間の差別化にはつながっていないようで、昨今の地域金融機関の本業収益の低下に歯止めがかからない。

資金需要が伸びず、利鞘収縮が深刻な地域を地盤とする金融機関が、こうしたサービスを維持するためには、業務の効率化が避けられない。第4章で示したとおり、預貸業務には「規模の経済」

が作用する。したがって、こうした地域で、金融機関の経営統合による規模の経済の発揮が次なる方策として浮上してくるのは自然な流れである。その一方で、経営統合には、競争制限的効果や、統合後の組織融和・情報共有の問題など、多くのコストと弊害を伴うことが、これまで指摘されてきた。

経営統合の必要性、必要であるとしてその場合に狙う目標は、各金融機関の置かれた環境により千差万別であろう。環境に応じて、営業エリアが重複する機関同士での統合（域内統合）を目指す場合もあれば、営業エリアがあまり重複しない隣接地域との統合（広域統合）を目指す場合もあるであろう。また、統合ではなく、より緩やかな提携を志向する金融機関も多い。

地域金融機関同士の統合ではあまり話題にならないが、他の業界の経営統合では、コスト効率性の向上だけではなく、各社の得意分野を組み合わせることで新事業の開拓を目指す、より前向きな相乗（シナジー）効果が期待されることが多い。こちらを重視するのであれば、銀行業あるいは金融業以外との提携・統合も視野に入ってくる。

金融機関の経営統合の効果については、その社会的な影響力の大きさゆえに、国内外で数多くの研究が蓄積されている。本章では、こうした国内外の実証研究やデータを紹介しつつ、経営統合の費用と便益に関するこれまでの議論を整理し、現在の地域金融の文脈で注目するべき費用と便益をあぶり出す。

表6―1　経営統合の便益と費用

	金融機関	顧客
便益	①経費節減 ②リスク分散と資金調達コスト低減 ③大域的な資源配分の最適化 ④競争圧力の抑制 ⑤他地域の情報入手	①メインバンクの安定性向上 ②情報共有の深化とサービス改善
費用	①組織融和・意思決定システムの調整コスト ②統合先の探索コスト	①メインバンク関係の断絶の恐れ ②交渉力の低下（金融機関の便益④の裏返し）

1　経営統合の利点

まず、経営統合の利点に関するこれまでの研究と議論を整理しておこう。経営統合する金融機関側と、その顧客とでは利害が一致するとは限らないので、それぞれの立場に分けて列挙する。表6―1がこれから列挙する事柄の一覧表である。

(1)　金融機関の視点

①　経費節減

統合の効果として、真っ先にイメージされるのは、重複店舗の集約や、本店等のバックオフィス機能の集約による経費削減効果であろう。1990年代から2000年代にかけての国内の金融機関合併を対象とした実証分析で、こうした経費削減効果は明らかにされているほか、米国でもこの効果は確認されている[1]。後述するとおり、最近の日本の地域金融機関データからもこの傾向はかなり明確に確認できる。

また、統合前は競合する金融機関それぞれが担当者を設定して、それぞれに営業・モニタリングをしていたものが、統合により一本化されれば、モニタリングの重複が解消される。そうした意味での経費節減効果も考えられる。

② リスク分散と資金調達コスト低減

第3章で紹介したように、統合により資産規模が大きくなれば、より広い範囲で分散投資を行うことができるようになる。銀行自体のリスクが抑制されることで、銀行の資金調達コストが低下する。特に地域を越えた、支店網の重複が少ない機関同士の統合の場合、地理的なリスク分散が利くため、この効果が強く出やすいと推測される。

リスク分散による資金調達コスト低減効果に関する実証結果は、日本では見られないが、米国では数多く提示されている。米国では、もともと州ごとに銀行が認可されていたため、19世紀まで一部の例外を除いて、州を越えて支店を持つ銀行は存在しなかった[2]。また、州内出店についても州独自の規制があり、支店保有が全面的に禁止されていた州もある。1927年のマクファーデン法は、州をまたいだ出店を公式に禁止（州際規制）し、この状態を固定化してしまった。これらの規制は、脆弱な小銀行の乱立につながり、預金取り付け騒ぎをたびたび引き起こしてきた。

こうした問題を解消するために、1975年以降、各州が州際規制の撤廃に動いた。これを受けて、都市部の規模の大きい銀行が、持株会社を通して各地の小規模銀行を積極的に買収した。この結果、1980年代前半には1万4000程度あった商業銀行が、現在では5000程度まで減少している（図6―1）。

こうした米国特有の事情を活用して、多くの研究が統合によるリスク分散効果を明らかにしてきた[3]。このようなリスク分散能力の向上は、資金調達コストの低下につながるかもしれないし、リス

図6―1　米国の商業銀行数

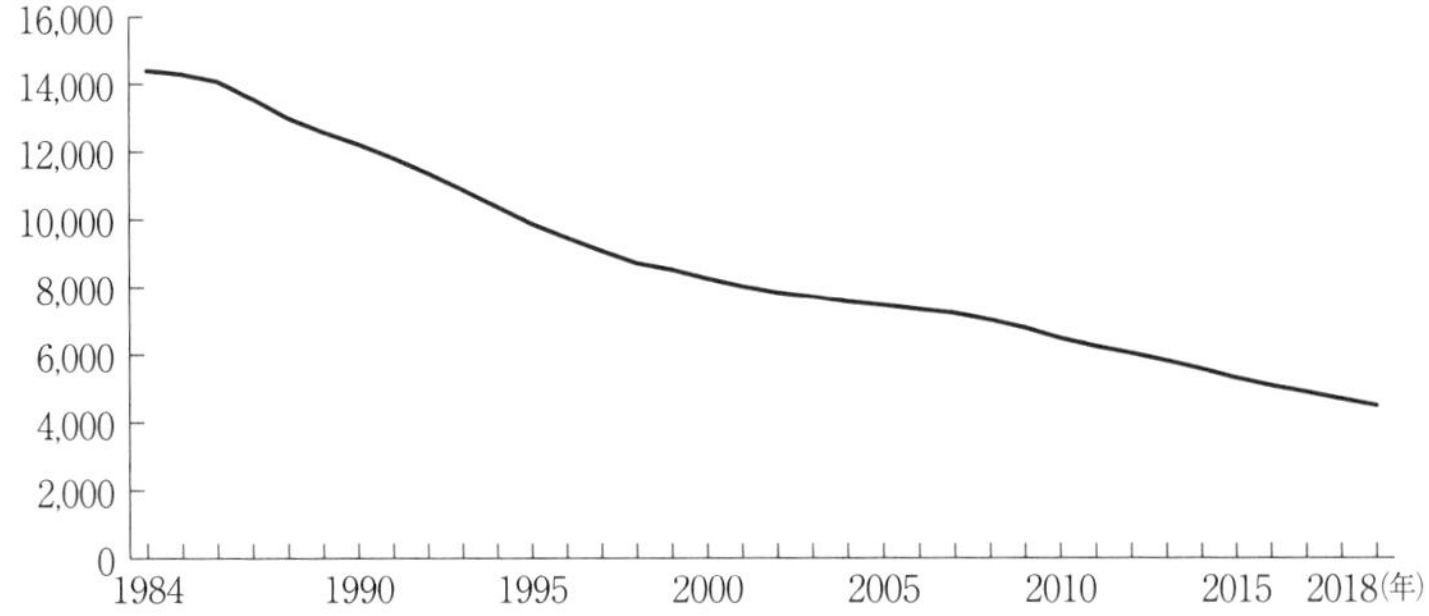

（出所）Federal Financial Institutions Examination Council (US) and Federal Reserve Bank of St. Louis, Commercial Banks in the U.S. [USNUM], retrieved from FRED, Federal Reserve Bank of St. Louis; https://fred.stlouisfed.org/series/USNUM, February 9, 2021.

ク資金供給の拡大につながるのかもしれない。米国の実証研究では、後者の効果が強かったことが示されている。[4] この結果、州際規制が緩和された州で企業の新設が増えたとの実証結果が示されている。[5] 他方で、経営統合による規模の拡大が、社債による資金調達コストを低下させたことを示した実証研究もある。この研究は、銀行が「大きすぎてつぶせない（Too big to fail）」地位を確立して、政府からの支援を確保したことを市場参加者が評価した可能性を指摘している。[6]

③　大域的な資源配分の最適化

今後の技術革新次第では大きく変化するかもしれないが、現時点では、人材などの経営資源の配置は支店網の制約を受ける。支店の新規出店には大きなコストがかかるため、支店を自由自在に開いたり閉じたりすることは難しい。資金については、短期金融市場を通して他の銀行と貸借を行えるので、支店網の制約を越えて比較的自由に地域を越えた再配分ができるはずだが、平時は、ここで運用しても企業向け融資のような高い利回りは期待できない。ある程度高い利回りを生む企業向け融資を行うために、融資先との頻繁な接触が必要であれば、結局、資金の配分先は物理的にそれが可能な支店所在地周辺に限られる。一方、他地域に多くの支店を持つ銀行と経営統合をすれば、こうした地理的制約が緩和され、企業の資金ニーズが強い地域により多くの資源を配分することが可能となる。このように最適資源配分の制約を緩和する効果を経営統合は持っていると考えられる。

地理的制約の緩和は、自然災害への対応としても有効であることが、2000年代の米国のデータを用いた実証で明らかにされている。ハリケーンなどの自然災害後、数カ月間は住宅再建のための融資需要が高まる。広域の支店網を持つ銀行は、被害が少なかった地域で預金金利を引き上げて資金を集めて、これを被害地域の融資拡大に充てていたことが明らかにされている(7)。台風や地震の被害に繰り返し見舞われる日本では、このような災害対策の視点は特に有用であろう。

④ 競争圧力の抑制

経営統合によって、ライバルがひとりでも減れば、競争が緩くなり、貸出利鞘が大きくなるかもしれない。しかし、どのような統合でもそうなるわけではないことに注意が必要である。地域の二番手、三番手の銀行が合併し、地域最大のトップ行に匹敵するような規模と費用効率性を獲得した場合、トップ行にとってはいままで以上に手ごわいライバルが出現することになる。この場合、経営統合によって競争はかえって熾烈になる。

統合は競争抑制的な影響を持ち得る一方で、先に述べたように費用効率性を高める効果もある。統合した後も、別のライバルがまだ存在しているのであれば、向上した費用効率性を武器とした熾烈な競争が維持されるため、効率性向上のベネフィットがユーザーに還元されることになる。それは、預金金利の引き上げ、融資金利の引き下げ、あるいはサービスの質の向上のかたちをとるであろう。

この点に関する実証は、詳細な融資契約データを利用できるイタリアの研究者により、複数提示されている。それらは、支店網が重複する銀行同士の合併で一時的に競争抑制的な効果が見られるものの、数年後には効率性向上効果がまさって、預金金利上昇や貸出金利低下がみられたとの結果を示している。(8)

⑤　他地域の情報入手

地域金融機関の主要業務である中小企業向け融資は、極めて情報集約的な業務である。第３章で述べたとおり、取引先に関する非公開の情報を持たない限りは競争に負けてしまい、利益を得ることができない。情報通信技術がこれだけ発達した現在であっても、融資先の先行きの業況に関する本当に重要な情報は、オンライン取引だけでは得られない。こうした機微にかかわる情報を交えた相談を顧客とできるようになるには相当な信頼関係を築かねばならず、それまでには相当な時間がかかる。つまり、「リレーション資産」とも呼ぶべきものに相当期間投資をし続ける必要がある。

既存の営業エリアを越えて、新たな支店を出しても、以上のような理由で利益を上げられるようになるまでにはかなり時間がかかる。実際に米国のある実証研究は、新たな営業エリアの新支店が、既存店並みの収益力を獲得するまでには7年程度かかるとの推定結果を示している。(9) したがって、ある地域に進出しようとする場合、新たな支店を立ち上げるよりも、すでにそこに存在して顧客基盤を確立している金融機関との統合を目指すほうが効率がよい。先述の米国での店舗規制撤廃後の経営統合ブームの背景にはそのような事情が作用していたものと推測される。

(2) 顧客の視点

① メインバンクの安定性の向上

メインバンクの経営不振は、資金供給を滞らせ、借り手企業の価値にネガティブな影響を与えることが、日本のデータを用いた研究から明らかにされている。1997年の北海道拓殖銀行の破綻は、同行をメインバンクとしていた上場企業の株価を低下させたことが知られている[10]。メインバンクが自己資本不足に陥ると、そこに資金調達を依存する中小企業の投資が停滞することも明らかにされている[11]。

第3章で議論したとおり、企業がメインバンクに期待する役割のひとつが、一時的な資金繰り逼迫時の安定的な資金供給である。メインバンクが財務的に脆弱であれば、そのような役割が最も求められる不況時に本当にその役割を果たせるかが疑われてしまう。メインバンクが財務的に頑健であることは、顧客にとっても望ましいことである。

経営統合が、先に述べたような経費削減とリスク分散の効果を発揮するのであれば、メインバンクの財務体質の強化につながり、リスク負担力の強化にも寄与する。この点を重視するのであれば、経営統合は顧客にとっても歓迎すべきものと言える。

② 情報共有の深化とサービス改善

経営統合により、それまで個々の機関に秘蔵されていた情報が共有される可能性が高まる。営業エリアの重複する金融機関同士の合併であれば、それは地域情報の深化につながるであろうし、より広域の合併であれば、より広く多様な情報の共有につながる。持てる情報が増えれば、ビジネスマッチングや事業承継など、付加的なサービスの質が向上する。ただし、独立した金融機関の間でも真摯に情報共有するインセンティブが働くような環境、あるいはそのような仕組みをきちんとつくれるのであれば、経営統合まで踏み込まず、業務提携でもこのメリットは実現できるであろう。

2　経営統合のコスト

続いてコストについて整理する。コストの中では、とりわけ、統合に伴う組織構造の変化が中小企業向けリレーションシップ・バンキングの阻害要因となり得ることが、国内外の多くの研究で指摘されている。この点も含めて、これまで学術研究等で議論されてきた経営統合のコストについて、金融機関の視点と顧客の視点、それぞれから整理しておく。

(1)　金融機関の視点

①　組織融和・意思決定システムの調整コスト

経営統合する金融機関にとっての最大のコストは、統合後の組織や意思決定の仕組みの調整費用であると言われている。融資審査など各種業務のマニュアルや慣行は金融機関ごとに異なるものであるし、そのような慣行に合わせて情報システムも設計されている。このため、こうした業務様式や情報システムの統合に、一時的ではあるが多大な費用がかかる。

統合後に出身行ごとの派閥が残ってしまい、融和がなかなか進まず、適切な意思決定を阻害するようなことがあっては、統合した意味が失われてしまいかねない。派閥の存続を容認して、出身行ごとに頭取の「たすき掛け」人事を行うなど一時しのぎのバランス調整をしてしまうと、この問題が長期にわたって残ることになる。

先の米国の実証研究の中には、リスク分散の向上による銀行の企業価値上昇の半分以上が、こうしたさまざまな組織内の調整費用に費やされていたことを指摘しているものがある。[12]

② 統合先の探索コスト

経営統合するためには、統合する相手がいなければならない。経営統合して費用効率性を高めて生き残りを図りたいと、ある銀行の経営陣が考えたとしても、理想的な相手がいるとは限らない。財務健全性の高い金融機関からすれば、相対的に健全性の低い金融機関との統合は、よほどのシナジー効果が見込まれない限り、「割に合わない」と考えて躊躇するであろう。

この点については、確かな実証結果があるわけではないが、健全性の似通った金融機関同士、たとえば地域の二番手と三番手の銀行などの間の統合のほうが、比較的問題意識を共有しやすく、話が進みやすいと推測される。ただし、その場合であっても、トップ銀行との競争があるため、統合による費用削減効果は競争の結果、すべて顧客に還元されて、統合銀行の利益には結局はつながらないかもしれない。先に述べた統合コストだけが銀行に残されると予想してしまうと、この似た者同士の統合ですら、なかなか実現しないことになる。

(2) 顧客の視点

① メインバンク関係の断絶の恐れ

統合による経費節減効果を実現するために、店舗の統廃合は避けられない。この結果、一部の顧客には従来よりも離れた支店を利用してもらわなければならず、利便性が低下する。統合に合わせて、各種業務マニュアルを統一した場合、顧客によっては融資審査の基準が変わるため、既存融資に関しては変更がないとしても、次に新たに融資を申し込む際には、新たな基準に基づく条件で融資を受けることになる可能性が高い。融資条件が悪化すれば、ユーザー側は他の銀行への切り替えを考えるであろう。極端な場合は、新たな基準では融資できないとして、統合銀行から融資を断られてしまうだろう。銀行側が断るか、あるいはユーザー側が断るか、いずれにしても、メインバンクの切り替えにつながる。

実際に、金融機関合併後にメインバンクが切り替わる可能性が高まることが、国内外の複数の研究により明らかにされている[13]。とりわけ、合併が買収によるものである場合、被買収行と取引関係があった企業でメインバンクとの関係が切れやすく、そうした企業では投資が滞り、企業価値が低下する傾向があることを、これらの実証研究は明らかにしている[14]。

米国の実証研究は、合併後、融資条件の設定において、財務データなどの定量的情報の影響が強くなる傾向を明らかにしている[15]。小規模銀行であれば、支店も本店も狭い範囲の地域に所在するため、顧客の人柄や事業の将来性などに関する定性情報を本支店で共有しやすい。したがって、本店の決裁を仰がなければならないような難しい融資案件であっても、定性情報を生かした意思決定が可能である。

しかし、合併により支店網が広域化すれば、このような本支店間の情報共有に制約が生じる。このことが融資判断に影響し、顧客に不利益を生じさせる可能性がある。実際に、国内の一部地域のアンケートデータから、地域金融機関の合併後に、自社の事業に関する理解が不十分だと感じる顧客が増加したことが確認されている[16]。

こうした事態を防ぐ工夫としては、支店への融資決定権限の委譲がある。支店内で支店長の責任において意思決定ができれば、上述のような情報共有の制約を回避することができる。実際に、被買収機関に属していた遠隔地の支店により高度な融資決裁権限を委譲して、定性情報を活用した融資決定を可能にしているケースがあることを紹介する米国の研究がある[17]。

② 交渉力の低下

これは金融機関にとっての統合の利点であった、競争の抑制の裏返しである。経営統合は、ユーザーにとっては選択肢の減少を意味する。融資を申し込むにあたって相見積もりを取るにしても、選択肢が狭まればよりよい条件に出会う可能性は低くなる。「○○銀行さんはこんなによい条件で融資を出してくれる」というような具体的な比較対象がないと、審査される立場のユーザー側からは交渉しづらいし、そもそも交渉の余地がありそうかを見積もることも難しい。統合前の過去の融資条件を持ち出して交渉しようにも、当時と現在とでは経済環境が変化してしまっているので、説得力を持たせることは難しい。銀行側は行内基準の金利どおりで顧客に受け入れてもらえるのであれば、それ以上気に病むこともない。このように、お互いにあまり明確に意識しないまま、ややもやと融資条件が顧客に不利な方向に傾いてしまうことはありそうである。

実際に、国内の大手銀行の合併後に中小企業向け融資金利の上昇がみられたことを示した実証結果がある[18]。この研究は、合併した二つの銀行の両方から融資を受けていた企業で、他の銀行から融資を受けている類似企業よりも、融資金利が高めになっていたことを明らかにしている。

3　統合の組み合わせと費用便益

以上に列挙したように経営統合にはよいこともあれば、悪いこともある。コスト・ベネフィットのバランスは、経営統合を目指す金融機関の組み合わせによって大きく異なる。

(1)　域内統合と広域統合

支店網が重複する金融機関同士の統合（以下では「域内統合」と呼ぶ）であれば、統合により支店を統廃合することで、経費節減効果を大いに発揮することができ、財務体質の強化につながる。地域の二番手や三番手の銀行による統合であれば、トップとの規模の経済の差が縮まり、競争が促進され、ユーザーに統合の利益が還元されやすくなる。他方、地域トップ銀行と他行との規模の経済の格差を拡大するような統合の場合は、競争制限的な作用が生じて、ユーザー側に不利益が生じる可能性が高くなる。同じ地域内なので、自然災害などのリスク分散はあまり効かない。

支店網の重複があまりない金融機関同士の統合（「広域統合」と呼んでおく）の場合は、こうしたリスク分散効果が強く作用するであろう。また、それぞれの地域における競合機関の数が減るわけではないので、競争制限的効果は限定的である。資金需要の弱い地域から強い地域への資金移転による大域的な最適化が、より円滑に行われるようになる。このように利点が多いものの、支店統廃合による経費節減は限定的なものにならざるを得ないであろう。また、広域統合の場合は、本支店間の情報共有の制約が比較的強く作用する可能性があるため、融資決定権限の支店への移譲を適切に行う必要がある。

大規模金融緩和にもかかわらず貸出が減少してしまうほどに、資金需要が弱い地域では、しばしば金融機関の経営統合の可能性が取り沙汰される。こうした地域では、融資需要が弱いので、競争制限の弊害よりも、費用効率性と財務体質の強化を重視して、域内統合で金融機関を集約してしまうほうがよいとの考え方には一理ある。

他方で、こうした地域でも預金は積み上がっている。つまり、融資ニーズは弱っていても、資産管理ニーズはそこまで衰えていない。このニーズに応えるには、融資需要が比較的強い大都市部を営業エリアに含む金融機関との広域統合により、資金配分の大域的な最適化を目指すという道も有効であろう。

(2) 他業種との統合・提携

ここまでの議論であまり強調しなかったが、事業会社の経営統合で重視されるのは、企業成長につながるシナジー効果である。異なる事業、異なる顧客層を持つ事業体が一体化することによって、新たな製品やサービスの提供、新事業の立ち上げがしやすくなる、そういう前向きな効果である。

地域金融機関同士の経営統合に視野を限定すると、互いに業務内容が酷似しているため、こうした「範囲の経済」を生かしたシナジー効果を想定することは難しい。しかし、異業種との提携・統合であれば、シナジー効果は相当ありそうである。

先述のとおり、地域金融機関には預金が積み上がっており、資産管理の需要は衰えるどころか、むしろ増している。地域での融資需要が衰えているため、地域金融機関はこの資金を持て余してしまう。これをうまく国内外の証券市場につなげていくことで、資産管理需要に応えることが求められている。従来から投資信託の銀行窓口販売などは解禁されていたが、品揃えに難があった。

これに関連して、最近注目されるのが、インターネット上で総合的な金融サービスを展開するＳＢＩホールディングスと地方銀行の相次ぐ業務提携である。同社傘下のＳＢＩ証券は２０１７年から金融商品仲介業のための業務提携を地方銀行等42機関と結び、これらの地銀のホームページ経由で口座開設、各種金融商品の購入を可能にするとともに、共同店舗を開設することでこの問題への一つの解決策を提示してきた。ＳＢＩ証券にとっての利点は、地域で圧倒的な信頼を勝ち得ている地域金融機関のブランド力を借りて、顧客開拓をすることができることである(19)。こうした金融商品仲介提携は、楽天証券と広島銀行、野村證券と阿波銀行、山陰合同銀行の間でも結ばれている。

ＳＢＩは、２０１９年から「第４のメガバンク構想」の下、さらに地方銀行への出資を通した資本提携に踏み込んでいる。２０２０年末時点では、７行がこの資本・業務提携に参加している（島根、福島、筑邦、清水、東和、きらやか、仙台)。先の金融商品仲介に加えて、それまでSBIが培ってきたインターネット金融技術、フィンテックをベースにしたシステムの共通化も目指している[20]。こうした地域金融におけるオープンイノベーションともいうべき動きからは、今後も目が離せない。

4　データから見るこれまでの経営統合の効果

2節で列挙した経営統合の利点と欠点のうち、最近の日本の地域金融ではどれがより強く作用しているのであろうか。この点を探るために、2000年代以降の地域金融機関の合併に焦点を当てて、具体的にデータを検証してみよう。

経営統合の形態には、完全子会社化を含む「合併」のほかに、「持株会社設立」とそれを介した買収もある。しかし、持株会社については、合併準備のために設立され、合併実現後に解散されるケースが散見されるため、ここでは「合併」に焦点を当てる。

合併が、経費(支店数、職員数、営業経費)、資金調達コスト、収益に与える影響を見るために、これらの指標の合併前後数年間の推移を、①合併を経験した機関(処置群)と、②合併や持株会社化を経験しなかった機関(対照群)の間で比較する。

合併前の指標は、合併前金融機関を合算したものを用いる。合併の影響のみを抽出するために、処置群と対照群の特性を極力そろえておいたほうがよい。そこで、各合併機関について、合併直前期の総資産と、同年度の総資産ができるだけ近い金融機関を、分析対象期間中に一度も合併や持株会社化を経験しなかった金融機関の中から一つ選び、これを対照群とした。また、大都市部の合併には大都市部の対照群を、それ以外の合併にはそれ以外の対照群を割り当てて、地域要因の差による影響をできるだけ取り除くようにした。金融機関財務データは、Nikkei NEEDS FinancialQuestから入手した単体ベースの財務諸表を用いた。支店データは、日本金融名鑑ＣＤ―ＲＯＭ（日本金融通信社）から収集した。

表６―２は、最近の地域金融機関統合の件数を示したものである。２０００年代初頭の日本の銀行危機、２００９年前後の金融危機の時期に合併が増えている。直近では、地方銀行による持株会社化が増えている。

表６―３に地域銀行の合併事例を具体的に列挙した。県境を越えた持株会社化の報道が多いため、広域統合が多い印象が持たれがちだが、実際に合併に至ったものの多くは、域内統合である。

表６―２　地域金融機関の経営統合件数

年度	合併件数（件）		持株会社化（件）
	信用金庫	地域銀行	
2002	13	1	2
2003	14	3	1
2004	7	2	1
2005	5	1	1
2006	3	1	1
2007	5	1	1
2008	2	1	0
2009	5	2	2
2010	1	1	1
2011	0	0	0
2012	1	0	1
2013	2	0	0
2014	0	0	1
2015	2	0	1
2016	1	0	5
2017	2	0	1
2018	3	1	3
2019	2	2	1

（出所）「ニッキン資料年報」（日本金融通信社）を用いて筆者が集計。

表6－3　地域銀行の合併事例

合併年月	合併前銀行名	合併後銀行名
2003年3月	大和、あさひ	りそな、埼玉りそな
4月	関東、つくば	関東つくば
4月	親和、九州	親和
2004年2月	関西、関西さわやか	関西アーバン
5月	せとうち、広島総合	もみじ
10月	西日本、福岡シティ	西日本シティ
2006年1月	りそな、奈良	りそな
10月	紀陽、和歌山	紀陽
2007年5月	殖産、山形しあわせ	きらやか
10月	北洋、札幌	北洋
2010年3月	関東つくば、茨城	筑波
3月	関西アーバン、びわこ	関西アーバン
5月	池田、泉州	池田泉州
12月	十六、岐阜（完全子会社化、2012年9月合併）	十六
2018年5月	東京都民、八千代、新東京	きらぼし
2019年4月	近畿大阪、関西アーバン	関西みらい
2020年1月	大正、徳島	徳島大正
10月	十八、親和	十八親和
2021年1月	第四、北越	第四北越
5月（予定）	三重、第三	三十三

（出所）「ニッキン資料年報」（日本金融通信社）、一部銀行の公表資料から筆者集約。

以下では、これらの合併のうち、合併前後のデータが十分に入手可能な２００２年度から２０１７年度までの合併に焦点を当てて分析をする。この期間に複数回合併を経験した機関（りそなグループ、関西アーバン、筑波）は、合併前後の期間の設定が困難なため、分析対象から外した。

(1) 経　費

経費節減効果を見るために、営業経費、支店数、職員数の合併前後の推移を示したのが図６―２である。実線は合併を経験した機関の平均、点線は対照群の平均を示している。値は、合併直前期の対照群の値が１００となるように基準化されている。合併があった年の決算にはイレギュ

図6—2　経費削減効果

（a）営業経費（「合併なし」合併前年度＝100）

i．地域銀行

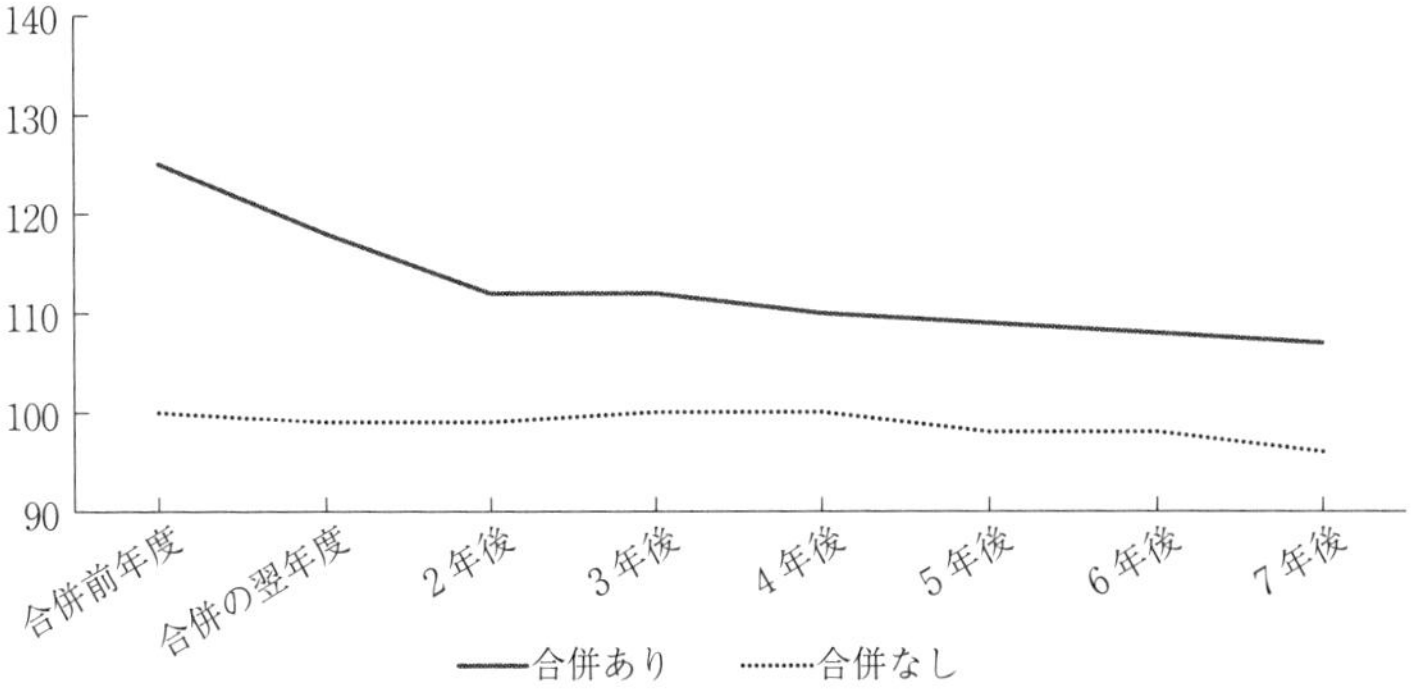

ii．信用金庫

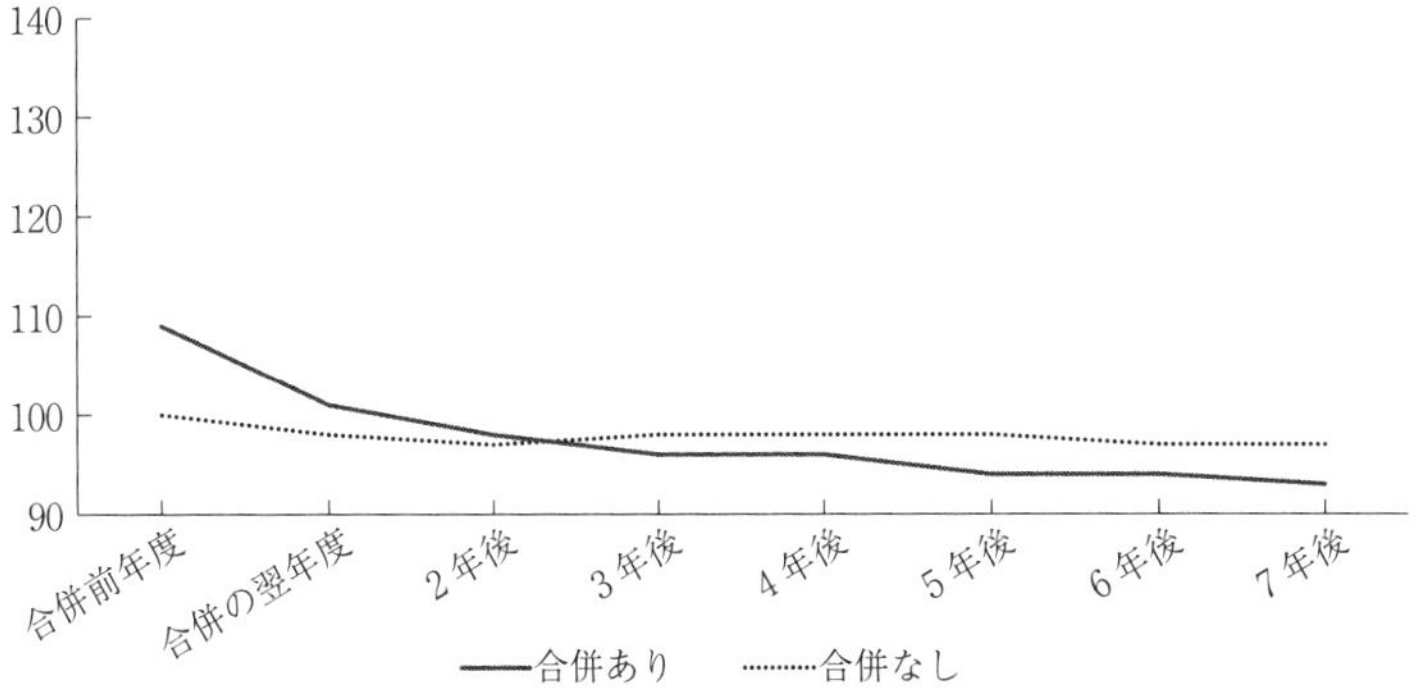

（b）支店数（「合併なし」合併前年度＝100）

i．地域銀行

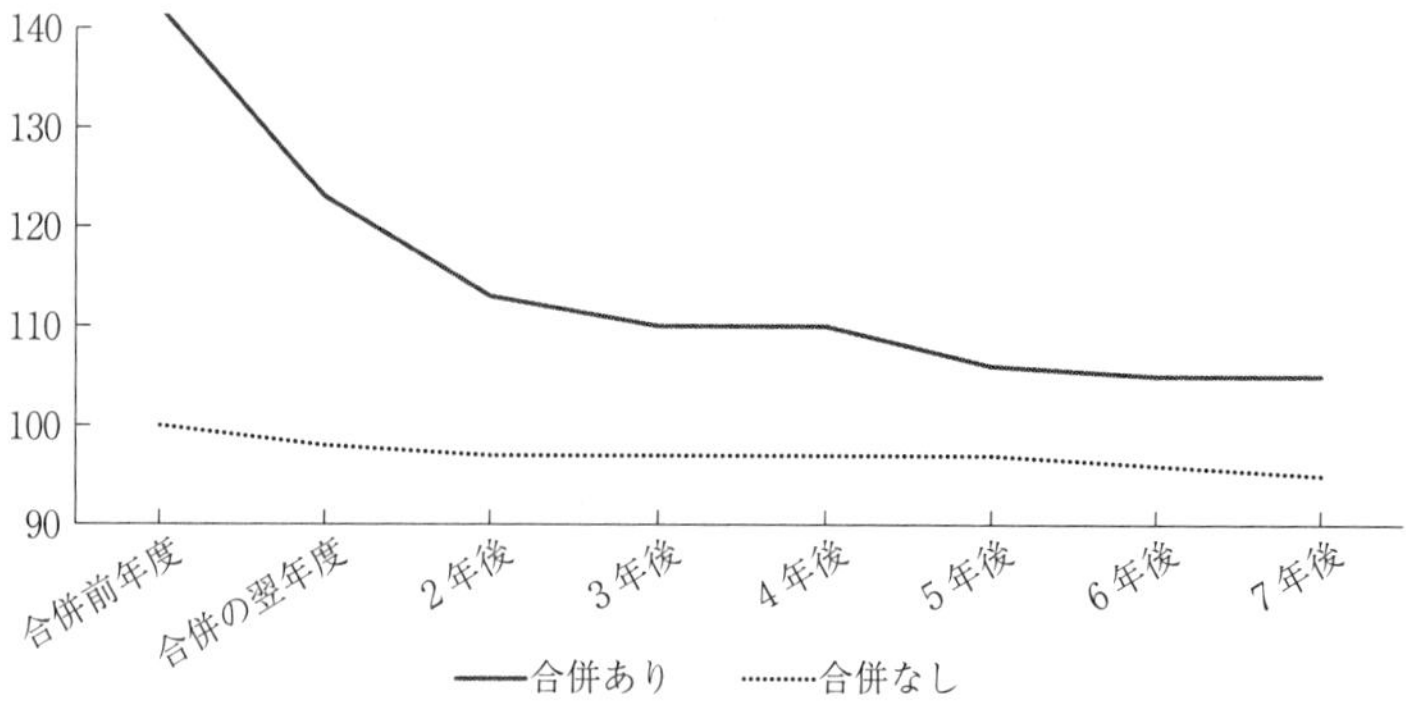

ii．信用金庫

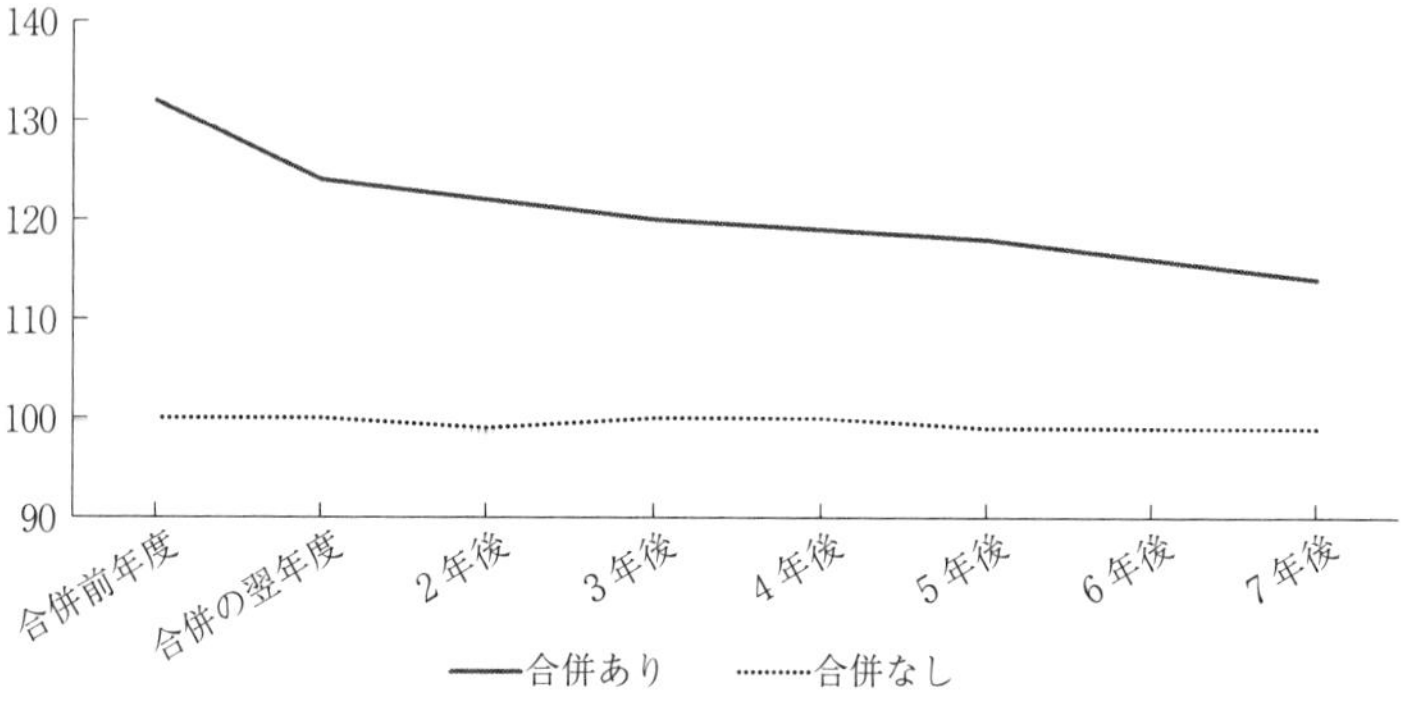

（c）職員数（「合併なし」合併前年度＝100）

i．地域銀行

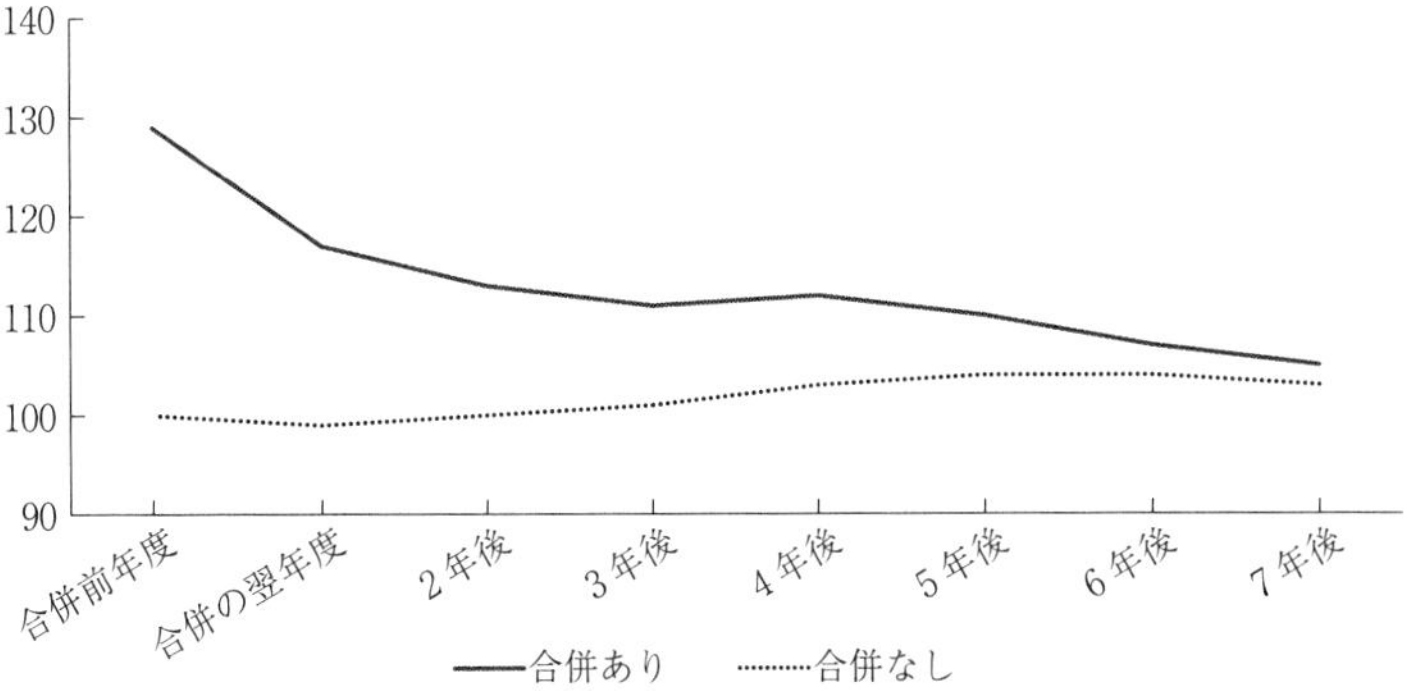

ii．信用金庫

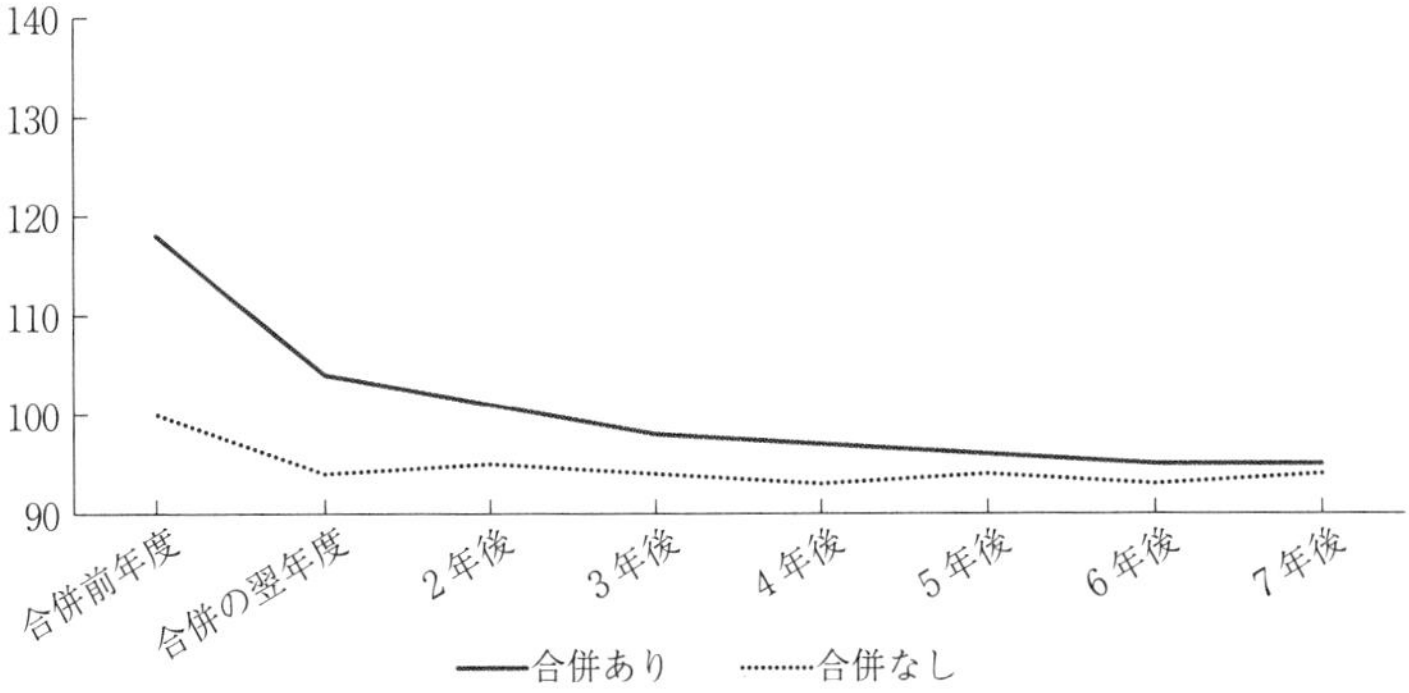

（出所）「合併なし」の銀行の合併直前期の値を100として指数化したものを、合併ありなしの別で集計した平均を図示。同一の業態（地域銀行か信金）、地域タイプ（大都市部とそれ以外。千葉、東京、神奈川、埼玉、愛知、京都、大阪、兵庫、広島、福岡のいずれかの都府県に本店を持つ機関の合併を大都市部の合併とみなす）に属し、合併・持株会社化を2002年度から2017年度まで一度も経験したことのない金融機関のうち、合併直前期の総資産が最も近いものを「合併なし」（対照群）とした。営業経費と職員数はNikkei NEEDS FIinancialQuestより。支店数は、「日本金融名鑑」CD—ROMから、通常店舗（支店と出張所）を集計。同一住所の店舗が複数ある場合は、1店舗として集計。地域銀行の合併8件、信用金庫の合併36件が集計対象。

ラーな数字が計上されることが多いので、その翌年度の決算期以降を図示した。

支店数については注意が必要である。実際の住所上は統合していても、顧客の事務負担を避けるため支店名や支店コードを維持することが多い。このことを勘案して、住所が一致している複数支店は1支店と数えるようにした。支店には出張所を含めているが、オンライン上のバーチャル支店は含めていない。

いずれの指標も、同程度の資産規模の金融機関に比べて、合併前のコストが、地域銀行で20～40％程度、信用金庫で10～30％程度高かったことがわかる。合併後は、これらの指標が急速に低下して、合併を経験していない、つまりもともと大きかった金融機関のコスト水準に近づく。営業経費で見れば、5年間で平均15～20％程度の削減効果がある。

ただし、支店数は、地域銀行、信用金庫ともに、合併7年後も対照群と比べて10％程度高めとなっている。営業経費についても、地域銀行の場合は、合併7年後でも10％程度上回っている。このように限界はあるものの、合併による経費低減効果はかなり明確にあると言って差し支えないであろう。

(2) 資金調達コスト

金融機関自身のリスクを反映する資金調達コストの推移を示したのが、図6―3である。地域銀行ではほとんど合併効果が見られない。信用金庫では合併直後にかなり強いコスト低減効果が見られる。極端な値を記録している案件（2件）を除いても、信用金庫には一定のコスト低減効果が見

図6―3　資金調達コスト

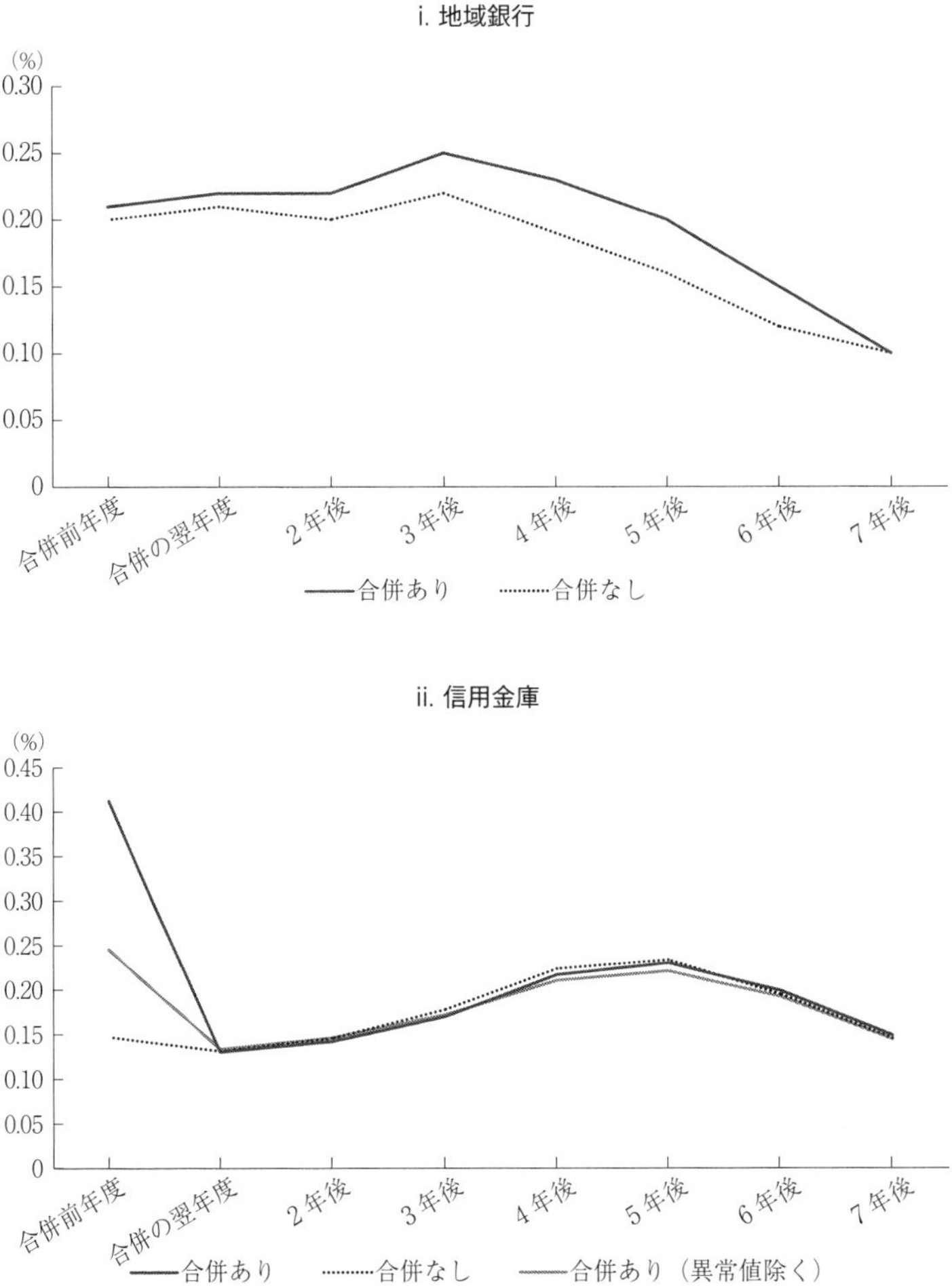

(出所)「合併あり」「合併なし」の定義は図6―2に同じ。資金調達コストは、各金融機関の単体財務諸表から、(資金調達費用) ÷ (資金調達勘定合計) ×100。資金調達勘定合計については図4―1を参照。

られる（グレーの線）。この結果は、資金調達コスト低減効果は、小規模な金融機関にのみ見られることを示唆している。

米国の実証研究ではリスク削減効果を示す結果が数多く提示されている一方で、日本ではあまりそのような傾向が見られないのは、表6―4が示すとおり、米国の圧倒的多数の銀行が総資産100億円未満の小銀行であることを反映していると推測される。

(3) 収益（資金運用収益と役務収益）

合併後の収益（資金運用収益と役務収益の合計、図6―4）を見ると、信用金庫では救済合併的な色彩が強く、合併直前期に収益が極端に低かったものが、合併後に急回復し、その後はおおむね横ばいに推移している。

気になるのは地域銀行の動きである。合併直前期の合併銀行の収益は、対照群と比べて1・2倍程度高いが、合併後に対照群を上回る速さで収益が低下し、7年後にはおおむね対照群と同レベルまで落ち込んでいる。つまり、費用削減とともに収益も減少している。この結果、銀行の経営効率性の指標としてよく用いられる経費率（営業経費÷収益）は合併後もあまり低下しない（図6―5）。信用金庫では、合併直前に高かった経費率が、合併直後に対照群と同レベルまで下がるものの、その後は対照群との差はない。

競争抑制的効果の目印となる貸出金利回りの変化は（図6―6）、地域銀行、信用金庫ともに合併前後で特に目立った変化はない。しかし、貸出金残高（図6―7）を見ると、地域銀行、信用金庫

表6－4　日米の預金取扱金融機関の資産規模の分布（2018年3月末時点の機関数）

総資産	日本	米国
1,000億円未満	24	4,847
1,000―5,000億円	64	89
5,000億―1兆円	149	584
1―2兆円	46	50
2―5兆円	55	43
5―10兆円	26	15
10―100兆円	9	25
100兆円以上	4	4
合計（機関数）	377	5,657

（出所）日本：銀行と信用金庫。Nikkei NEEDS FinancialQuestの単体貸借対照表から収集。米国:Call Reports（FDIC, FFIEC Central Data Repository）。商業銀行と貯蓄金融機関を含む。連結がある場合は連結、ない場合は単体の貸借対照表から収集。米国のデータは、1ドル=106円で円換算。

ともに合併機関のほうが、抑制的に推移している。

この点については、因果関係に注意が必要である。合併後に店舗削減等を行った結果、収益が低下したのかもしれないし、需要が弱い中、先行きの収益低下を見越して効率化を図るために合併したのかもしれない。あるいは、その両方かもしれない。

資産規模や地域性（大都市部にあるか否か）の観点から同程度に合併しそうな金融機関を比較しているとはいえ、都市圏ごとの経済成長力の差などその他の要因の差の影響は完全には否定できない。したがって、ここからは因果関係について結論を得ることはできない。

後者の因果関係を前提とすると、リスクに見合った金利よりも低めの金利を設定して融資を拡大し「薄利多売」で生き延びていた銀行が、将来の市場縮小による限界を見越して、統合に動いた可能性が高い。先行きの生産年齢人口の減少幅が大きい地域にある二番手、三番手の銀行が地銀統合の目となると予想される。

図６—４　収益（資金運用収益＋役務収益、「合併なし」合併前年度＝100）

ⅰ．地域銀行

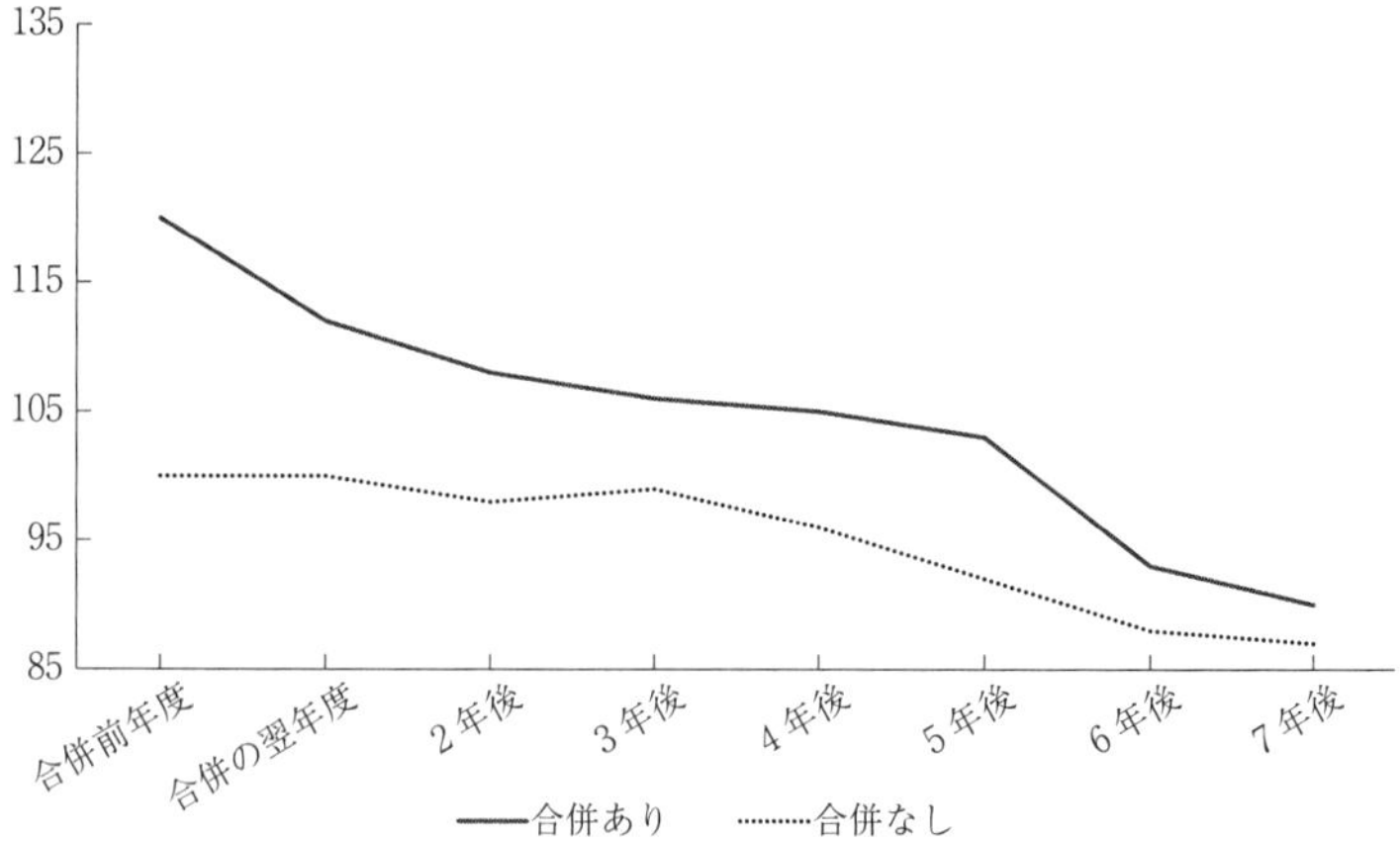

ⅱ．信用金庫

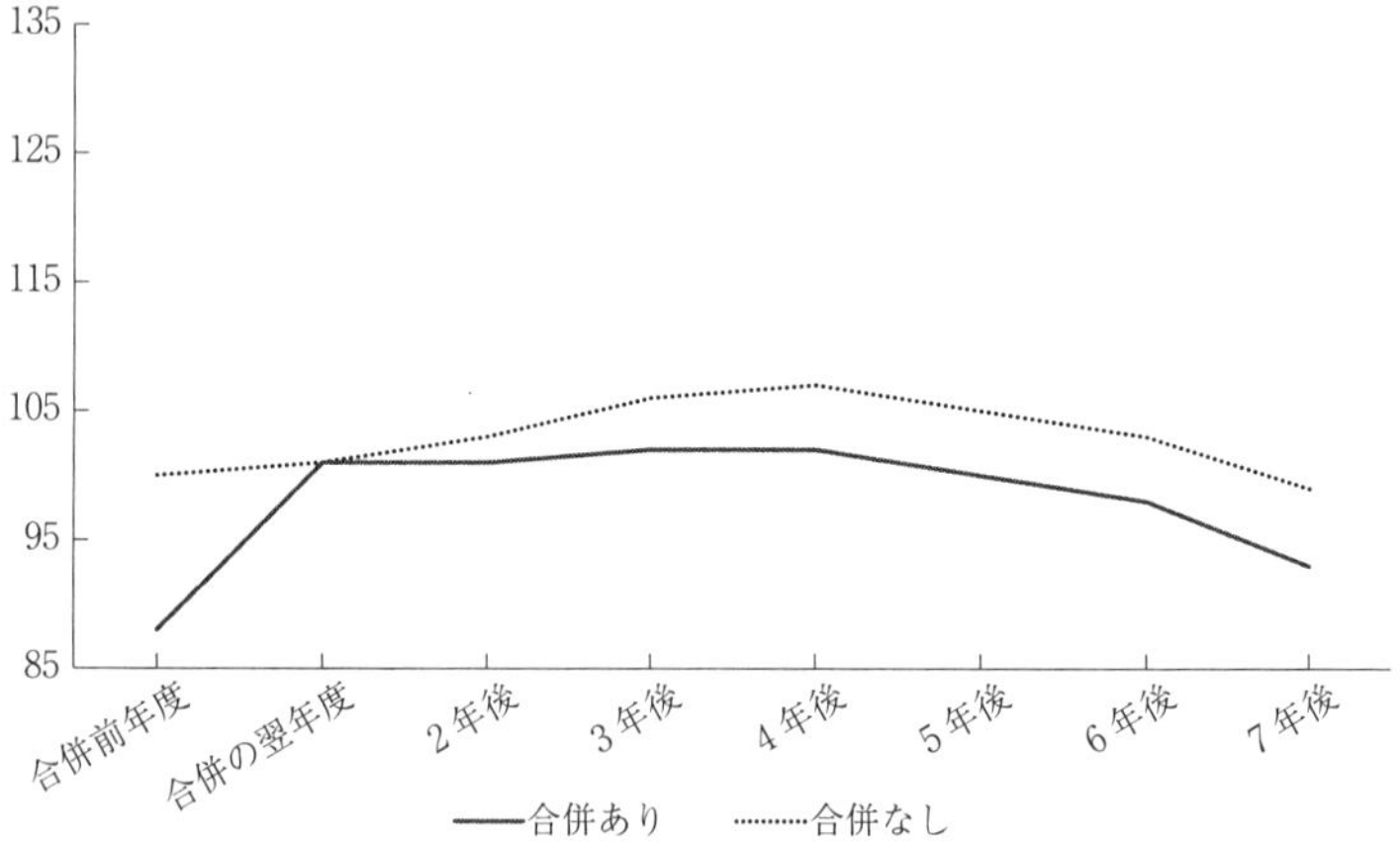

（出所）集計方法は図６—２に同じ。各金融機関の単体財務諸表から収集。

図６―５　経費率

ⅰ．地域銀行

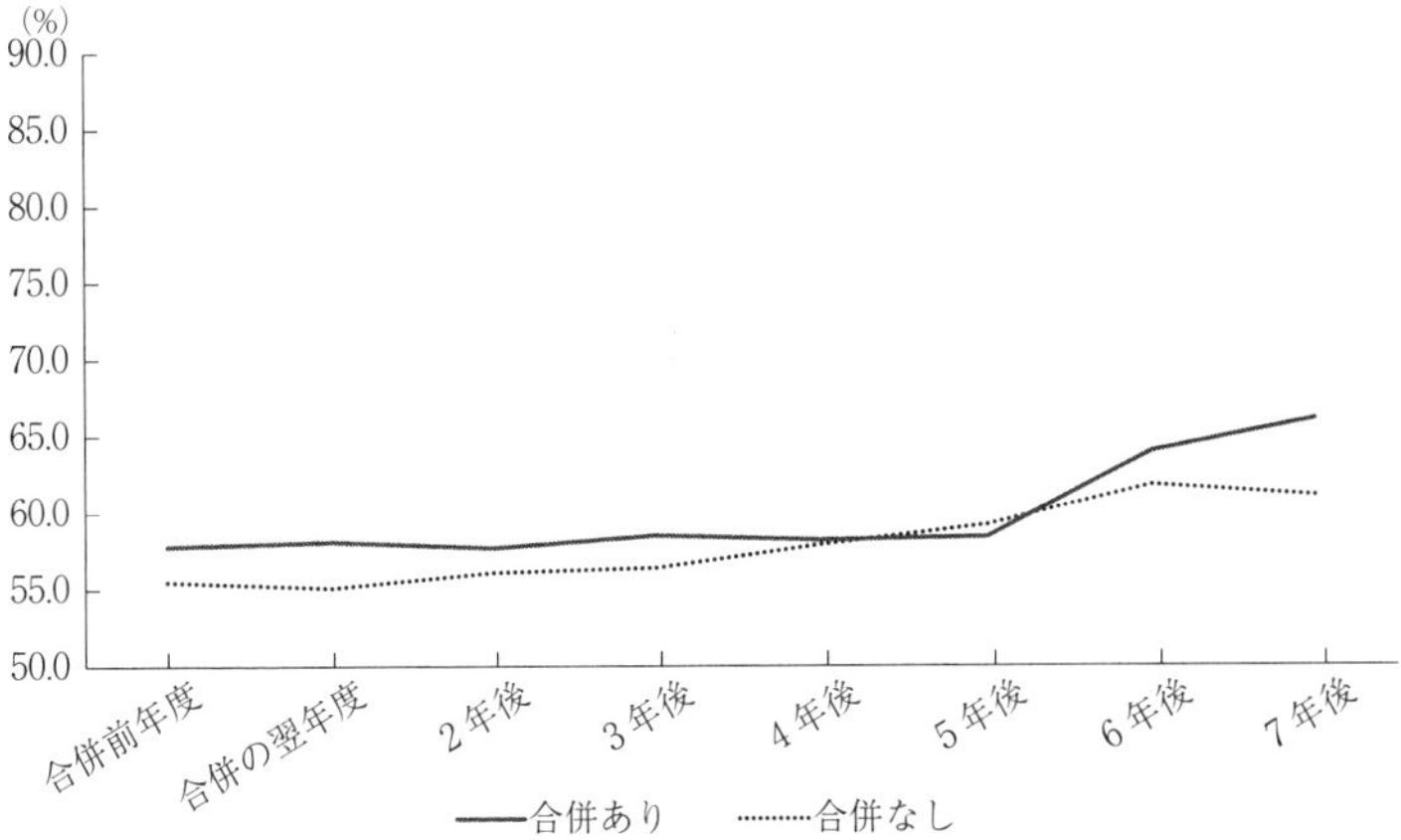

ⅱ．信用金庫

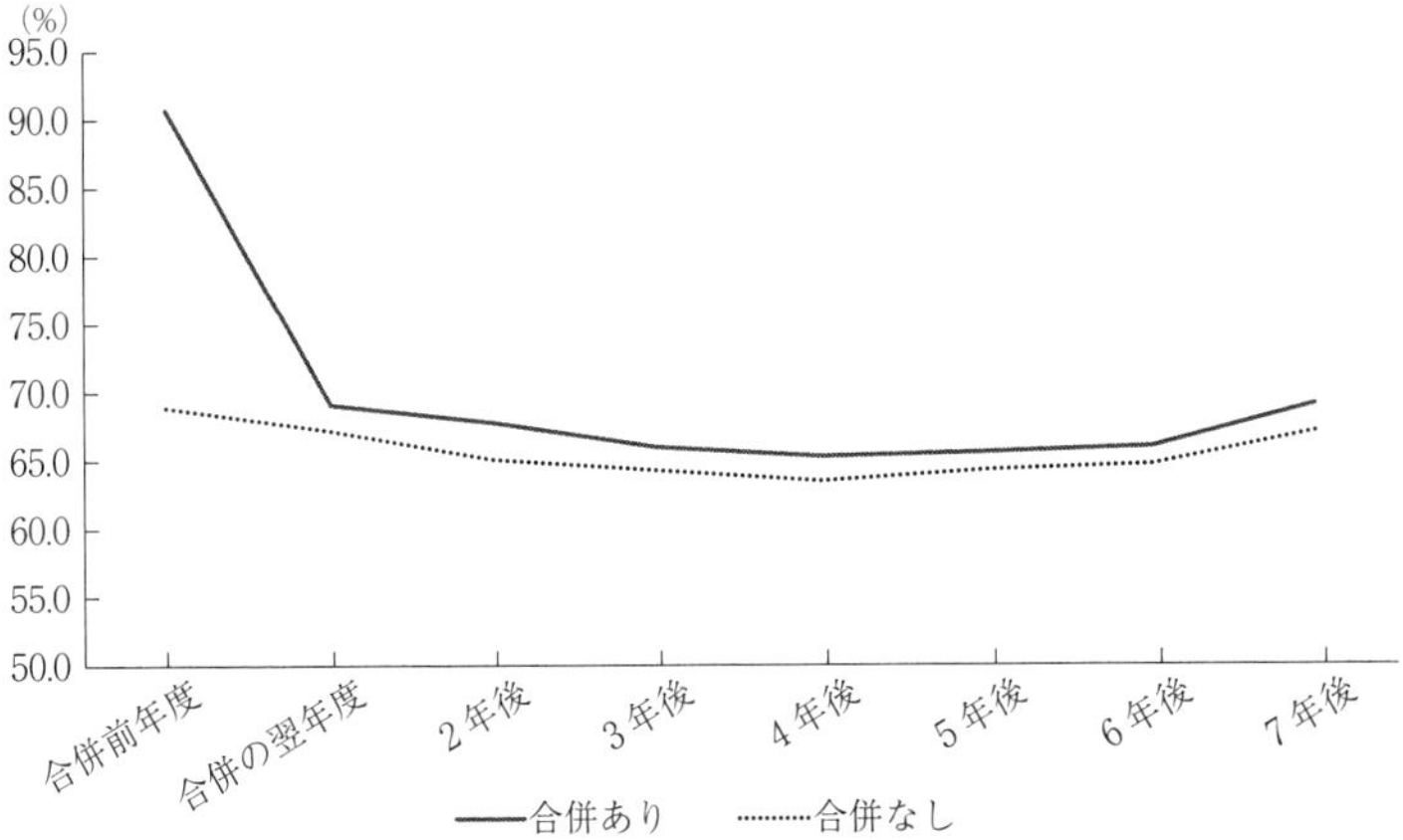

(出所)「合併あり」「合併なし」の定義は、図６―２に同じ。経費率は、各金融機関の単体財務諸表から、(営業経費) ÷ (資金運用収益＋役務収益) ×100。

図6－6　貸出金利回り

i．地域銀行

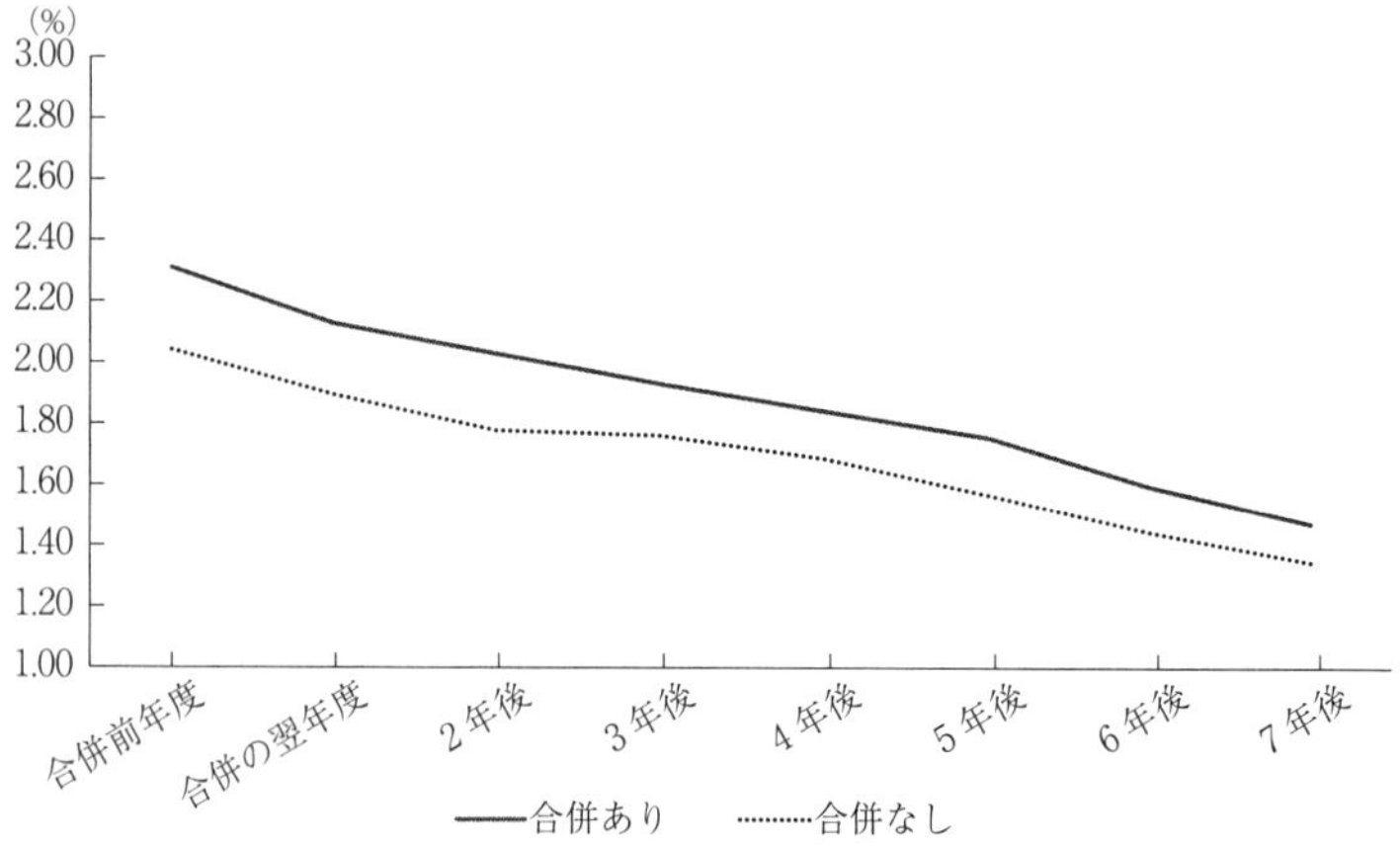

ii．信用金庫

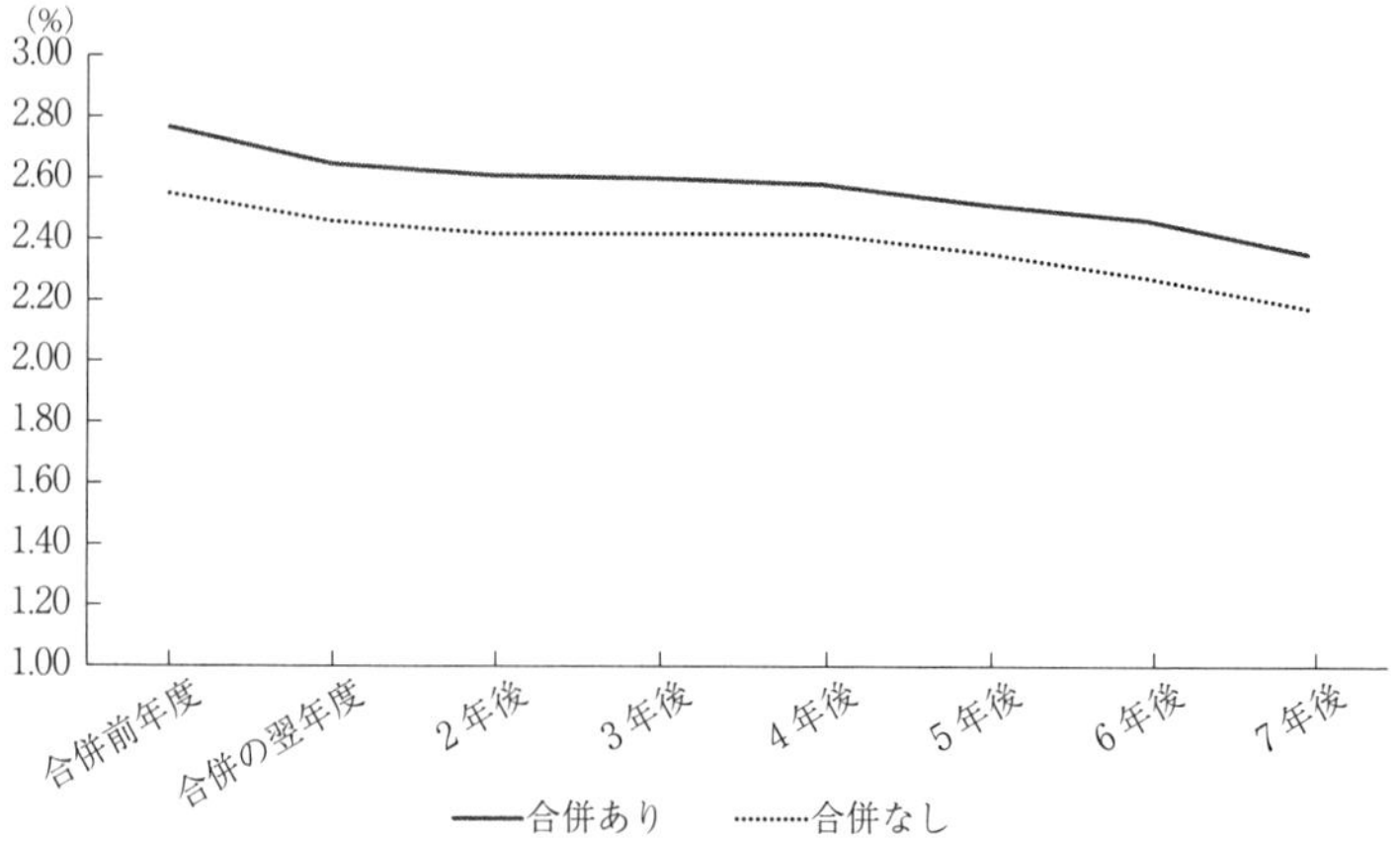

（出所）「合併あり」「合併なし」の定義は、図6－2に同じ。貸出金利回りは、各金融機関の単体財務諸表から、（貸出金利息）÷（貸出金）×100。

図６―７　貸出金残高

i．地域銀行

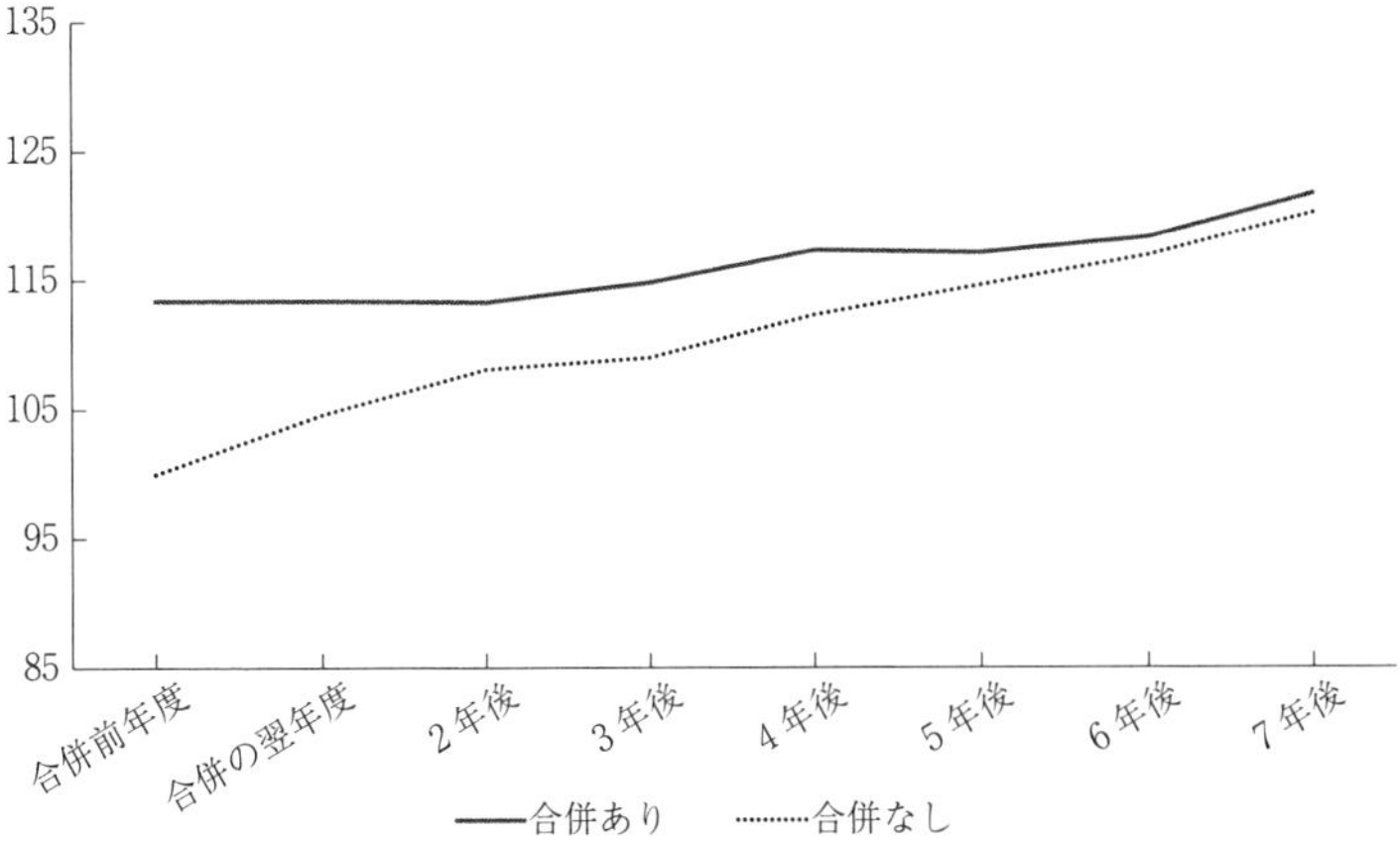

ii．信用金庫

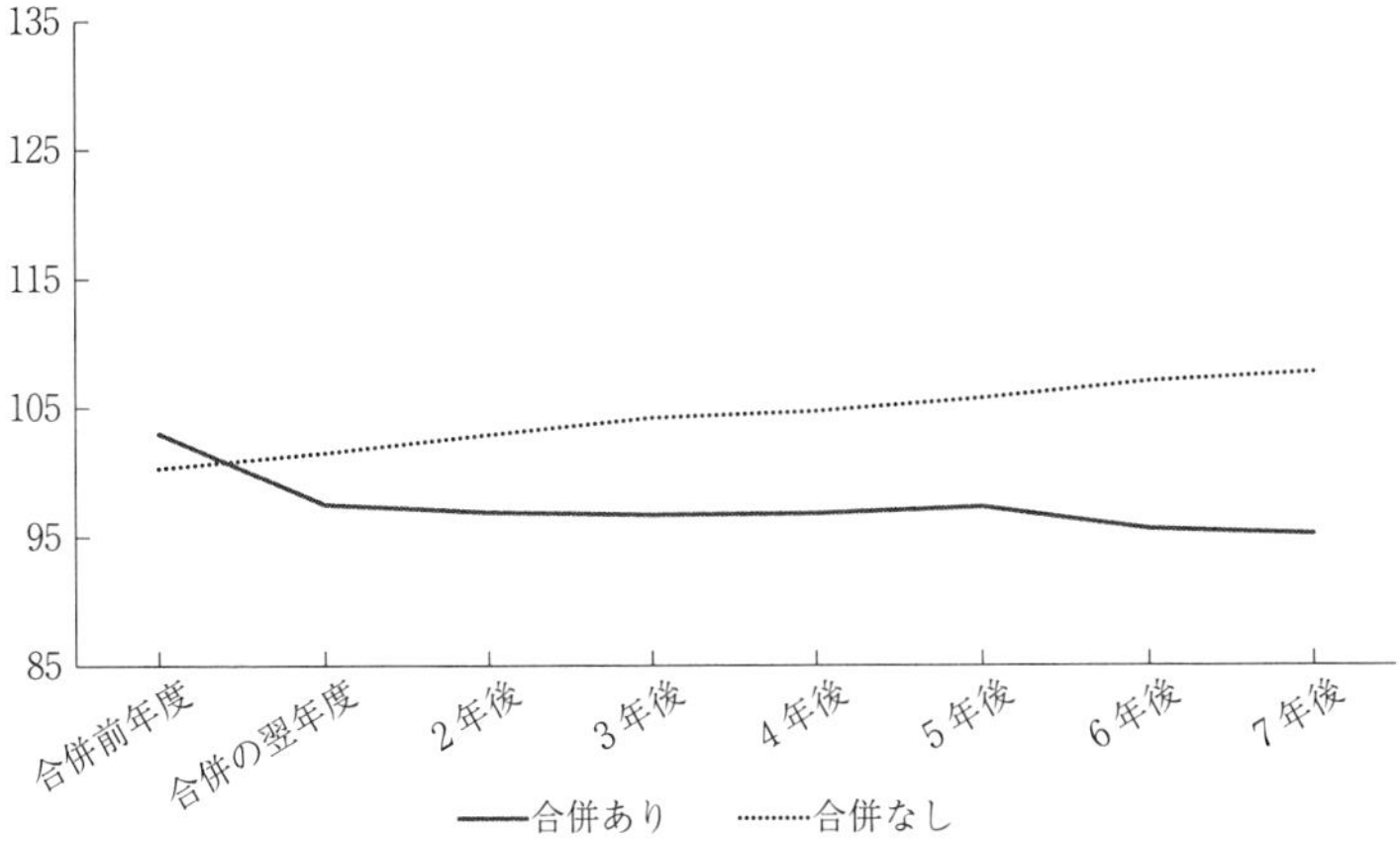

（出所）　集計方法は図６―２に同じ。

まとめると、最近の地域金融機関の経営統合からは、以下の傾向が読み取れる。

①　経費節減効果はある。
②　リスク分散効果による資金調達費用の低下は見られない。
③　融資金利の上昇などの競争制限的効果は観察されない。
④　融資総額の伸びが相対的に小さく、収益が減少する。

最初の三点は、各地の二番手、三番手機関の域内での合併が中心であったことを反映していると思われる。四点目は、市場縮小を見越して店舗統廃合を行っていることを意味しているのかもしれないないし、合併後の店舗統廃合などの結果、融資先とのリレーションシップ・バンキングの維持になんらかの支障が生じていることを反映しているのかもしれない。もし後者だとすれば、合併後の顧客リレーションシップの維持のための工夫、たとえば支店権限の再配分などが、これまで不十分であったことを意味する。

ここでの分析には含まれていないが、２０１９年以降は地域内の最大地銀の域内合併（長崎県の十八銀行と親和銀行、新潟県の第四銀行と北越銀行）という、これまでには見られなかった合併が相次いでいる。先に述べたとおり、このタイプの合併は、競争抑制的効果が強く作用する可能性があり、今後の推移を注視する必要がある。

5　地域金融と競争政策

年々そがれていく収益力を背景に、地銀・第二地銀について「経営統合も重要な選択肢」とする畑中龍太郎金融庁長官（当時）による2014年1月の異例の言及[21]以来、あくまで最終的な決断は各銀行の意思決定に委ねられているとしつつも、経営統合に対する金融庁の積極的容認の姿勢は維持されている。金融監督の最前線で取材を行ってきたジャーナリストの手による書籍は、財務健全性の維持に将来的に懸念がある地元二番手、三番手の地銀を、地元トップの地銀に統合するよう促す動きが近年水面下であったことを克明に記している[22]。他方で、特定地域でのシェアが極端に高くなるようなケースについては、独占禁止法のハードルが高く、監督当局も慎重であったことがそこには記されている。

こうした中で公表された、長崎県におけるトップ地銀がかかわる経営統合は、地域金融に対する競争政策のあり方を再検討するきっかけとなった。2016年2月に公表された福岡銀行を中核とするふくおかフィナンシャルグループ傘下の、十八銀行と親和銀行の統合計画である。長崎県内一位と二位の合併により、合併後の県内融資シェアが7割を超えることから、公正取引委員会による企業結合審査の対象となった。

2018年8月に公表された審査結果では、当該合併による競争制限的効果が認定されたものの、1000億円弱相当の事業性融資債権を他行に譲渡するという問題解消措置を条件として統合が認められた。この条件をクリアし、当初予定より2年半遅れの、２０２０年10月に合併が実現した。

第４章の分析でも見たとおり、長崎県は周辺の県と比べて、生産年齢人口の減少幅が大きく、市場縮小傾向の下で競争が熾烈化し、第５章で議論したリスクシフティングの問題にさらされやすい競争環境にあったと言える。また、対馬、壱岐、五島列島など島しょ部が多い地理的特性がコスト削減を難しくさせていたことも指摘されている。[23] これらの点から、競争制限的な弊害よりも、コスト効率性の向上による銀行の財務体質の強化に重きを置いて、経営統合を認める判断をしたことは、ある程度理解できるものではある。しかし、この判断が本当に長崎県経済のためによかったのかは、今後の推移を見なければ判断できない。

２０２０年11月には、こうした需要が縮小しつつある地域での、円滑な統合を可能にするため、地域金融機関に関する独占禁止法の適用除外を一定の条件で認める特例法が、10年の期限付きで施行された。[24] これにより、通常であれば、先の長崎の例のような審査手続きと問題解消措置を経なければ認められない統合案であっても、一定の条件を満たしていれば、簡便な手続きで実行することができるようになった。

具体的には、「需要の持続的な減少」による「基盤的サービスに係る収益の悪化」がサービス提供の維持を困難とする恐れがあるが、統合により維持が可能となると見込まれる場合は、公正取引委員会との協議の上、主務大臣がこれを認可してもよいこととされている。[25]

銀行合併の審査にあたり、監督官庁と競争政策当局が協調する体制は、他国でも見られる。たとえば米国では、１９９５年以降、監督当局である連邦準備銀行（Federal Reserve Bank：ＦＲＢ）

と、競争政策を担う司法省（Department of Justice：ＤＯＪ）が共同で、銀行合併に関するガイドラインを公表している。それまでは、ＦＲＢが認めた合併をＤＯＪが不認可とする事例が多く発生していたが、ガイドライン公表後はそのような事案は発生していない[26]。

独占禁止法の適用を弾力化すれば、競争制限的な副作用が生じやすくなる。これを防ぐために、特例法では、サービス値上げなど不当な不利益を利用者に与える恐れがある場合には、主務大臣が当該事業者に対して「当該不当な不利益の防止のための方策を定めることを求めることができる」（4条2項）と規定している。

競争制限的な副作用の防止は、監督官庁に委ねられている。統合によるコスト効率性向上の成果は、維持可能な範囲でできる限り顧客に還元されるように誘導するのが望ましい。しかし、強力なライバルがいなければ、時間が経つうちに、銀行自身や顧客も明確に意識しないうちに他地域よりもサービスの質が落ちてくる恐れがある。こうした「無作為のモラルハザード」は、じわじわと地域経済の活力を奪ってしまう。他地域とのクロスチェック、情報共有により、サービスの質の維持に注意を払う必要がある。

２０２１年３月には、経営統合した銀行に対して、システム統合などにかかる費用を一部補助する制度を含む法律改正案が閣議決定され、次の国会で審議されることになった。図６―８の概念図に示したように、統合の社会的利益は、銀行の利益と顧客の便益の合計額である。この合計額が、統合費用を超えるのであれば、その統合は社会的に望ましい統合である。

しかし、図の上部のように、統合の利益は銀行にはあまり残らず、コストだけが残る状況では統

図6—8　経営統合への補助金（概念図）

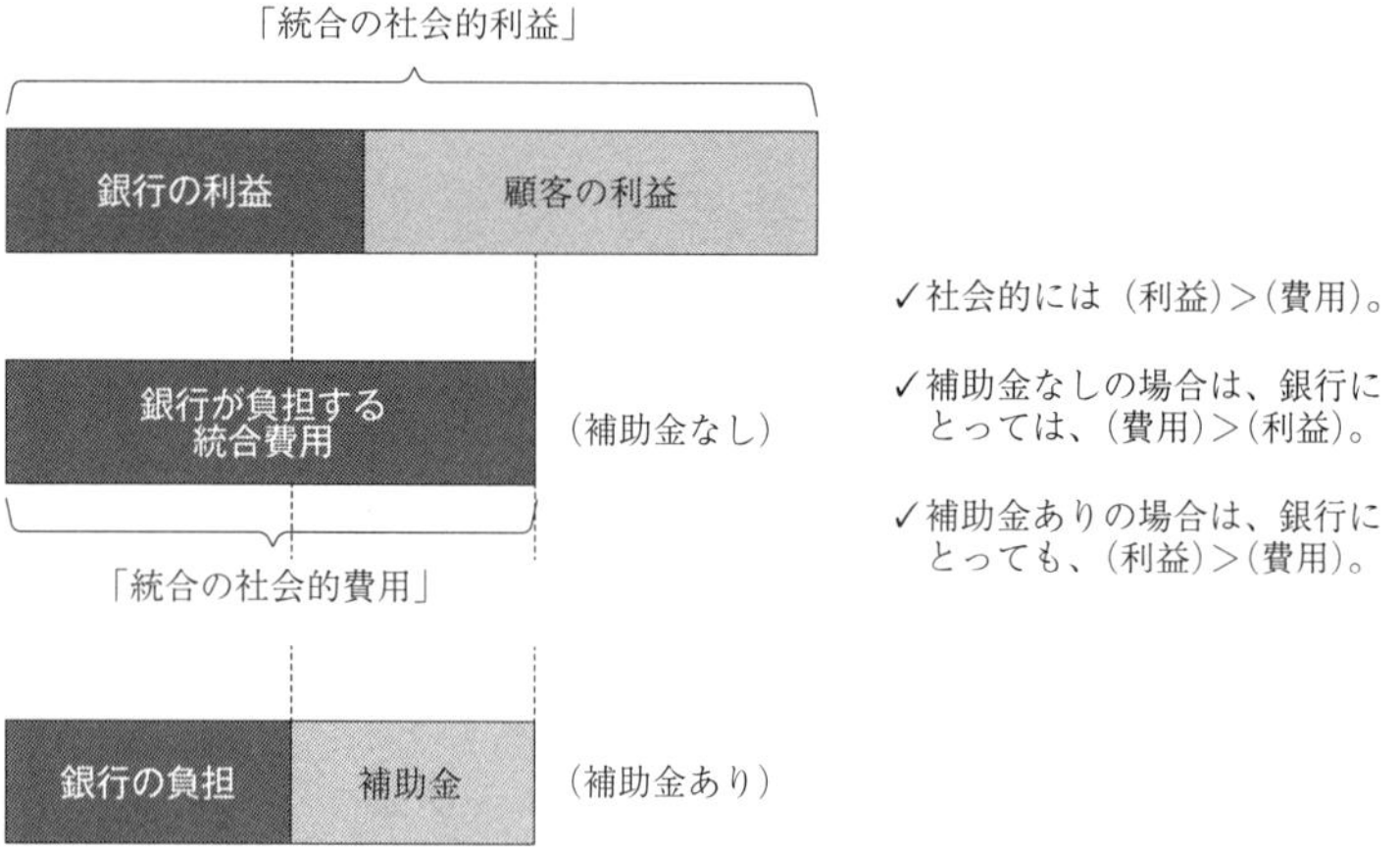

合が銀行自身の利益にはならないので、自然に任せていたのではこの統合は実現しない。ここで、図の下部のように、統合費用の一部を公的資金で補助して、銀行の負担を銀行が得られる統合利益よりも小さくしてやれば、統合が実行されやすくなる。この点から、統合の社会的利益がコストを上回るような統合案に限って、補助金を出すことには、一定の合理性がある。

ただし、顧客に還元される便益がどの程度であるかを誰の目から見ても納得できるように定量的に予測することはほぼ不可能であるため、補助金の対象としてふさわしい統合案を見極める際には、定性的な要件に依存せざるを得ないであろう。

6　経営統合の是非

最近は、地域金融機関は、人口減少地域の構造不況業種というステレオタイプで議論されがちである。第4章で見たように、たしかにそのとおりの地域もあるが、それがすべてではない。個々の機関を取り巻く環境は実は多様である。本章で述べたとおり、経営統合には、さまざまな費用と便益がある。費用と便益の内容とバランスは、各金融機関の置かれた状況によって異なるし、経営統合の組み合わせによっても大きく異なる。統合の要不要とその是非は、個々の状況と組み合わせ次第、という月並みな結論とならざるを得ない。

融資需要が相対的に旺盛な地域にあって、従来どおり中小企業向け融資の重要な担い手としての役割に磨きをかける必要性に迫られている金融機関もあれば、融資需要が縮小する一方で預金が増加し、拡大した資産管理ニーズに合わせたビジネスモデルの変革を迫られている地域金融機関もあるだろう。後者は、過去に経験のない変革であり、多くの機関にとって大きな挑戦であろう。フィンテックと総称される技術革新の成果を取り込むためという観点からも、業界の壁を越えた提携の重要性は高まっている。顧客ニーズの変化に適応するための地域金融機関自身の創意工夫が、これまで以上に求められている。

【第6章　注】

（1）Hosono *et al.*（2009）、原田・北村（２０１６）。米国の実証は、たとえばBerger *et al.*（2007）。

（2）Mishkin (2015) Ch. 11, Banking Industry: Structure and Competition. Calomiris (2000) 1.3, Branch Banking and Banking Panics in the United States, pp.7-42. 例外は、First Bank of United States（1791-1811）とSecond Bank of United States（1816-36）。

（3）たとえばDemsetz and Strahan（1997）, Penas and Unal（2004）, Aguirregabiria *et al.*（2016）.
（4）Demsetz and Strahan（1997）.
（5）Black and Strahan（2002）.
（6）Penus and Unal（2004）.
（7）Cortés and Strahan（2017）.
（8）たとえばSapienza（2002）, Focarelli and Panetta（2002）.
（9）DeYoung and Hasan（1998）.
（10）Yamori and Murakami（1999）.
（11）Hosono and Masuda（2005）.
（12）Aguirregabiria *et al.*（前掲）。
（13）たとえば、イタリアのデータを用いたSapienza（2002）、ベルギーのデータを用いたDegryse *et al.*（2011）がある。また、国内の中小企業については、合併によるものに限らず店舗統廃合後に、メインバンク切替確率が増加していたことを明らかにしたOno *et al.*（2016）がある。
（14）Sapienza（前掲）, Karceski and Ongena（2005）, Bonaccorcsi di Patti and Gobbi（2007）.
（15）Panetta *et al.*（2009）.
（16）Ogura and Uchida（2014）.
（17）Agarwal and Hauswald（2010）.
（18）Uchino and Uesugi（2015）.
（19）北尾（２０２１）第3章「地域金融機関との連携の拡大」を参照。
（20）同前第４章「第４のメガバンク構想」を参照。
（21）日本経済新聞２０１４年1月25日朝刊５ページ「金融庁、地銀に再編促す」。
（22）日本経済新聞社編（２０１９）第1章。ここでは、福島銀行、島根銀行に関するエピソードが紹介されている。
（23）日本経済新聞社編（前出）第1章7節。
（24）法律の正式な名称は、「地域における一般乗り合い旅客自動車運送事業及び銀行業に係る基盤的なサービスの提供の維持を図るための私的独占の禁止及び公正取引の確保に関する法律の特例に関する法律」。

(25) 内閣官房日本経済再生総合事務室私的独占禁止法特例法案準備室「乗合バス及び地域銀行に関する独占禁止法の特例法案について」(２０２０年３月)。

(26) Vives (2016) Section 6.3.1.

第7章　地域に寄り添う地域金融
――自然災害と疫病からいかにして地域経済を守るか

近年、日本経済は激甚災害に相次いで襲われている。２０１１年3月の東日本大震災、16年４月の熊本地震、18年９月の北海道胆振東部地震、18年7月の西日本豪雨、同年９月に関西地方に甚大な被害を与えた台風21号、19年８月の九州北部豪雨、同年９月に全国に甚大な被害を与えた台風15号と19号など、数え上げればきりがない。

そこにさらに追い打ちをかけるように、２０２０年は年明け早々から、新型コロナウイルスによるパンデミック（世界的流行）である。蔓延防止のための外出自粛により、飲食、小売、旅行関連産業を中心に、１年以上にわたって営業が制約される事態に陥っている。本書執筆時点（２０２１年3月）では、まだ本格的終息の出口は見えていない。企業存続のハードルはこれまでになく高くなっている。

しかし、こうした災害や疫病は、日本経済全体をいっぺんに押しつぶしてしまうわけではない。地震、水害、火山の噴火は一部地域に深刻な被害を与えるものの、その影響を受けない多数の地域が周囲に存在している。疫病の場合は、先述の業種に対しては深刻な影響を与えるものの、他方で、医療関連資材の需要拡大、あるいはデジタルトランスフォーメーションに伴う情報通信関連の投資需要拡大に見られるように、経済全体を押しつぶしてしまうのではなく、経済のある部門から別の部門への一時的あるいは恒久的なシフトをもたらす。

災害・疫病のために資金不足に陥ってしまった地域・部門に、余裕がある他の地域・部門から資金を再配分することで、円滑な再建を可能にし、そこに暮らす人々の生活に対する負のショックを和らげるのは、金融の重要な役割のひとつである。いわゆる、金融のリスク分散機能である。災厄のときこそ金融の力が試される。

難しい問題は、個別具体的にどのような企業を支援対象とすれば、その後の地域経済の活性化につながるのかという点にある。ショックがなければ存続していたはずの企業をすべて支えるべきだとする意見もあれば、ショックの結果、事業環境が恒久的に変化してしまっており、それに適切に対応できる見込みのある企業のみを支援し、ほかは無理には延命措置を取るべきではないとの意見もある。前者の論者から見れば、実際の政策支援は不足していると見えるであろうし、後者の論者から見れば、支援が行き過ぎていて、「ゾンビ企業を培養している」と見えるかもしれない。

また、支援を行う場合に、どのような手段を用いるかについても、さまざまな見解がある。2020年は新型コロナ対策として前例のない規模で、政府による多様な金融支援策が矢継ぎ早に打ち出された。民間金融機関と政府系金融機関を介した短期あるいは長期融資による資金繰り支援、劣後ローンによる再建支援など多様な金融支援プログラムが用意されている。支援先の状況に応じて、適したプログラムは異なる。また、これに加えて、ビジネスマッチングによる販路紹介、事業承継仲介、経営人材の紹介など、資金提供にとどまらない幅広い支援が多くの地域金融機関で実践されている。

コロナ禍後の地域経済の活性化のために、どのような企業を、どのように支えるべきか。最終章となる本章では、バンキング分野でこれまで蓄積されてきた知見に基づいて、この喫緊の課題に迫ることとする。

1　金融機関による危機対応融資

2019年12月に中国武漢で確認された新型コロナウイルスは、瞬く間に世界中に蔓延し、翌2020年3月には、欧米諸国が相次いで、都市封鎖、入国制限の措置を取った。日本でも同年2月27日にすべての学校の休校要請、4月7日には緊急事態宣言が発令され、外出自粛、飲食店などの営業自粛、入国制限などの措置が取られた。新規感染者数が増加するたびに、こうした経済活動の制限が課された結果、対面サービスを主とする、飲食、小売、旅行関連産業が大打撃を受けた。また、同年前半の中国での都市封鎖措置の影響で生産活動が滞り、サプライチェーンが断絶したことで製造業にも影響が出た。

売上が激減して現金が入ってこない中でも、事業体制を維持するためには人件費や店舗家賃を払い続けなければならない。したがって、事態が長引くほど、資金不足は深刻になる。

こうした資金不足を緩和するために、表7―1に列挙した金融支援策を、政府、日銀、金融機関は前例のない規模で実施している。政府系金融機関による金利減免あるいは実質無利息の無担保融

表7—1　コロナ禍における主要な中小企業向け金融支援策

[政府系金融機関]

日本政策投資銀行、日本政策金融公庫、商工組合中央金庫、沖縄公庫

1．経営環境変化対応資金（セーフティネット貸付）（2020/ 2 /14）の申請要件（売上高減少など）緩和。

2．新型コロナウイルス感染症特別貸付、新型コロナウイルス対策小規模事業者経営改善資金（マル経）融資、危機対応融資

✓ −0.9%の金利減免、無担保

✓ 申込要件：売上高（最近1か月間、あるいは6か月間の平均）が前年同期比5%以上減少など

3．特別利子補給制度

✓ 実質無利子

✓ 申込要件：特別貸付利用者のうち、売上減少が著しい事業者（中小：20%減、小規模法人：15%減、個人：要件なし）

[民間金融機関]

1．信用保証の拡充：一般保証枠2.8億円に以下を追加

i.　セーフティネット保証4号・5号：2.8億円の追加枠

ii.　危機関連保証：i.にさらに2.8億円追加

iii. i, iiについて保証料減免＋実質無利子

2．融資条件変更への積極対応要請（金融庁）

3．新型コロナ対応金融支援特別オペ（日本銀行）：民間企業債務を担保とする金利ゼロでの資金供給（2020/ 3 /16）。その後担保範囲を家計債務に拡大。利用額相当の準備預金に0.1%の付利（2020/ 4 /27）。

（出所）経済産業省「新型コロナウイルス感染症で影響を受ける事業者の皆様へ」（令和3年2月24日18：00時点版）　6ページ。経済産業省「新型コロナウイルス感染症関連」https://www.meti.go.jp/covid-19/　(2021/2/25閲覧)。金融庁「新型コロナウイルス感染症関連情報」https://www.fsa.go.jp/ordinary/coronavirus202001/press.html　(2021/ 2 /25閲覧)。日本銀行「新型感染症拡大の影響を踏まえた金融緩和の強化について」(2020年3月16日)、「金融緩和の強化について」(2020年4月27日)。

資、信用保証制度を利用した民間金融機関による実質無利息融資、またそれを下支えするための日本銀行による金利ゼロの資金供給オペの結果、２０２０年度上期の貸出残高は、前年度末と比べて、民間金融機関で約23兆円、政府系金融機関で約11兆円の前例のない大幅な増加を見ている。これは半年間だけの途中経過の数字であり、20年度末までにさらに増加すると予想される（図７―１(a)）。

政府系金融機関の危機対応融資制度が本格的に整備されたのは、２００８―09年度のリーマン・ショック時であった。08年度にまず大手銀行や地方銀行による企業向け融資が大幅に増加した後、09年度に政府系金融機関が、民間金融機関とバトンタッチするかたちで融資を大幅に増加させた。新型コロナ対応では、政策金融の危機対応制度を拡充するとともに、民間金融機関にも利子補給の対象を広げて、政府系と民間金融機関がほぼ同時に危機対応に当たっている。

図７―１(b)は、中小企業（法人）と個人向け融資に対象を絞って、融資残高をグラフ化したものである。これを見ると、リーマン・ショック時の中小企業や個人向け融資の増加が、企業向け融資全体の増加と比べて小さかったことがわかる。これはリーマン・ショックが、売上高の欧米依存度が高く、大企業が多い輸出産業に大打撃を与えていたことを反映している。

コロナショックはこれとは対照的に、中小あるいは個人事業者の多い飲食、小売、旅行関連セクターに大打撃を与えている。金融市場が正常化しさえすれば資金調達にはさほど困らない大企業セクターが被害を受けたリーマン・ショックと比較すると、資金制約の強い中小・個人事業者が被害を受けた今回の事態はより深刻であると見ることもできる。

金融庁は、リーマン・ショック時に導入された「金融円滑化法」の手法を、今回の事案にも応用

図７―１　政府系金融機関と民間金融機関の貸出残高の変化

（ａ）貸出合計

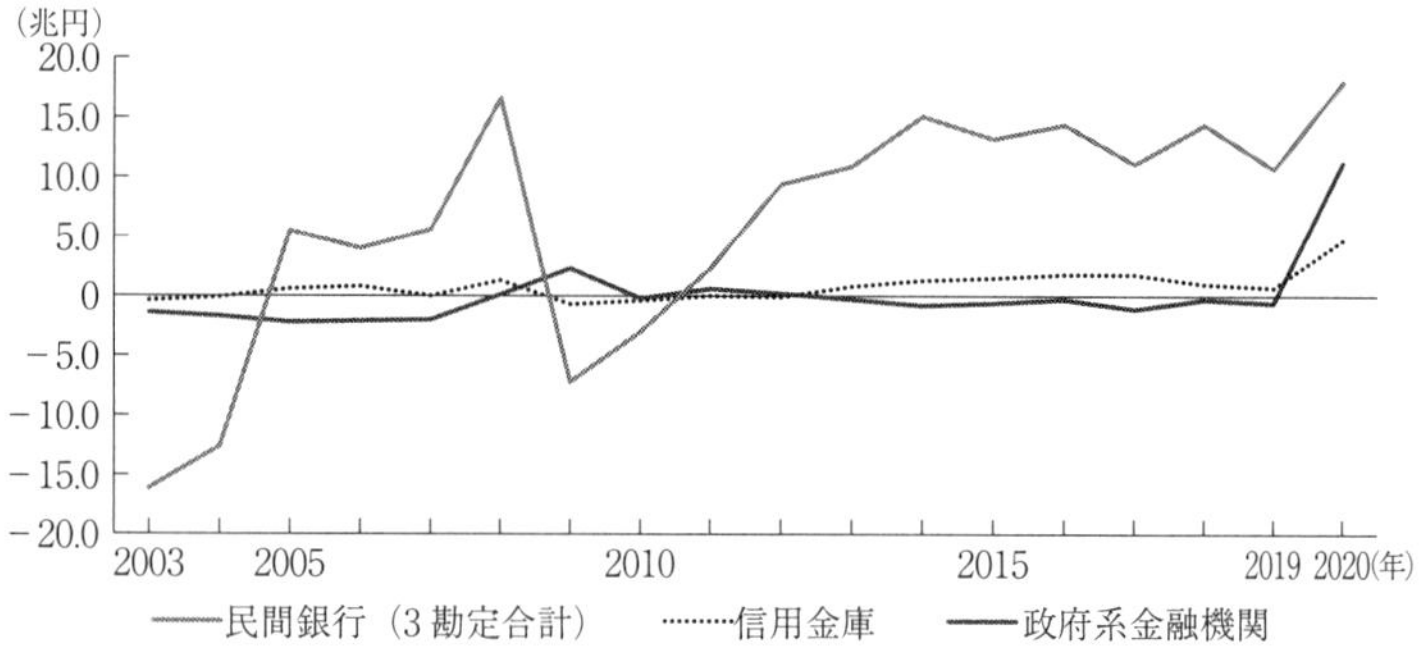

（注）前年度比末残増加額。2020年は9月まで。

（ｂ）中小企業（法人）・個人向け貸出合計

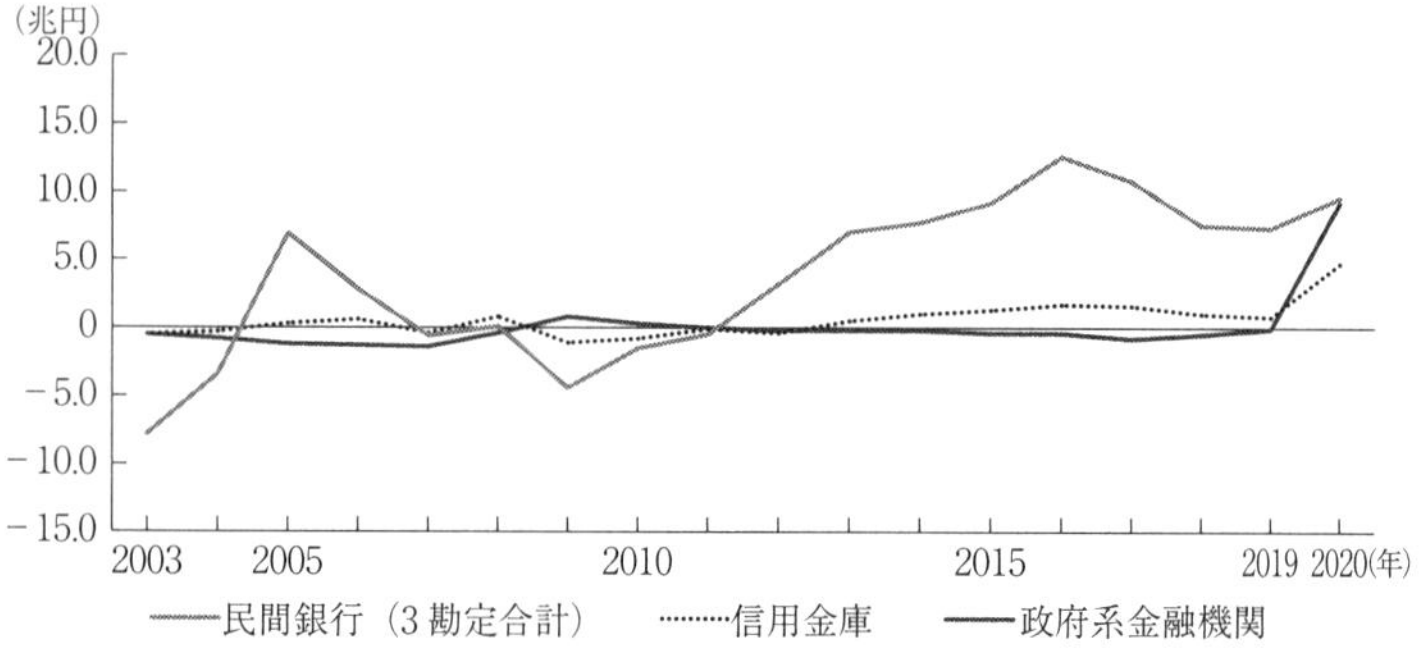

（注）　前年度比末残増加額。2020年は9月まで。
民間銀行は、銀行の中小企業（法人向け、金融含む）向け融資と、個人向け融資の合計。信用金庫は（ａ）と同じ。政府系は日本政策金融公庫と商工中金の合計。

（出所）民間銀行（3勘定合計）と信用金庫は日本銀行集計の年度末貸出金残高から計算。民間銀行は、大手行、信託、地銀、第二地銀の銀行勘定、信託勘定、海外店勘定の合計。政府系金融機関は、日本政策投資銀行、日本政策金融公庫（農林水産事業は除く）、商工中金の合計。政投銀は、2007年度までは債券報告書（企業会計基準）、2008年度以降は有価証券報告書（連結）。公庫は、ディスクロジャー誌より収集。2020年9月末のみ同庫ウェブサイト「毎月の融資実績」より収集。商工中金は、2005年度以前は『商工中金史資料編』より収集。2006―07年度は「事業のご報告」。2008年度以降は有価証券報告書（連結）。

して、元本返済の延期など融資条件変更への積極対応を金融機関に要請している。同庁の集計[1]によれば、２０２０年末時点で条件変更申請数は、すべての業態合計で約68万件に達し、申請のほとんどが金融機関により受け入れられたことを明らかにしている。資金調達力の弱い中小・個人事業者が特に影響を受けていることを考慮して、一時支援金、事業再構築補助金、持続化給付金、家賃支援給付金など、さまざまな補助金も提供されている。

2　どのような企業を支えることが地域活性化につながるか

(1)　社会的投資としての金融支援

一定期間営業の大部分を止めざるを得ない企業に対して、その期間中の人件費や家賃などの経費を賄うためのつなぎ資金を供給するべきか、それともそのようなことはせずに、いったん事業を休止することを促すべきか。被災した施設を再建して事業を継続するか、それとも廃業してしまうのか。いずれの場合も、判断が雇用にかかわるため、状況によっては非常に重いものとなる。

そうした文脈を捨象して、あえて計算可能なものだけを考慮するのであれば、この「つなぎ資金」は、企業を維持するためのある種の投資資金と言える。企業金融や経営財務の教科書で必ず紹介される純現在価値による投資の意思決定を、「つなぎ資金」の意思決定に応用することが出発点になると思われる。

純現在価値による意思決定では、ある投資を行った場合の資金提供者の将来にわたっての期待利得の総計が、それ以外の同程度にリスキーな投資機会から期待される利得の総計よりも高い場合にのみ、その投資を実行するという意思決定の仕方である。

教科書的には、あくまで株主や債権者からなる資金提供者にとっての期待利得が問題となる。したがって、この期待利得には、投資によって維持できる、あるいは増やすことができる従業員への給与などは含まれない。その意味で、投資の価値はかなり狭い範囲で捉えられている。この原則に固執しすぎれば、被雇用者の利益を軽視することになる。

ある投資が社会的に見て望ましいか、もう少し正確に言えば、ある投資が経済厚生（すべての経済主体の純便益と純利益の総計）を向上させるのか否かを判断するためには、資金提供者目線の基準だけではなく、もっと広い価値概念を用いる必要がある。

まず考慮しなければならないのは、企業利益に従業員給与を加えた「付加価値」であろう。付加価値は、通常、売上高から仕入費用を引いたものとして定義されるが、これを加算的に言い換えれば、上述のような定義となる。

さらにその企業から製品やサービスを購入する消費者の「余剰」も、この投資から得られる社会的な利得の一部である。「消費者余剰」とは経済学の専門用語で、平たく言えば、消費者にとっての「お得感」である。たとえば学生街には、学生のために何十年も価格を変えていないような定食屋が多くある。一消費者として、内心ではもっと高い値段を払ってもよいだけの質があると思っているが、その低価格をありがたく享受するということはよくあることである。自分が払ってもよいと思う価格と、実際にお店で求められる価格の差を、すべての潜在的な消費者について合計したものが、消費者余剰と呼ばれるものである。この額を実際に計測するためにはそれぞれのお店の需要関数を推定する必要があるため、正確な計測は困難である。

これに加えて、サプライチェーンを介した他の企業の付加価値への波及効果(2)や、競争環境の変化による他社や消費者への波及効果、自然環境への負荷・貢献など、企業存続のためのつなぎ資金、あるいは復興のための投資の効果は、すぐには計測できないものも含めると、想像以上に広がりがある可能性がある。

資金提供者目線から見た投資の価値よりも、社会的に見た投資の価値が大きいとすれば、資金提供者目線に沿って動く金融市場の自然の働きに任せていては過少投資に陥ってしまう。つまり、会計上の利益はさほどないものの、社会的に存続が望ましい企業の廃業を不用意に容認することになってしまう。

難しいのは、現在の技術と統計では容易には計測できない投資の社会的効用全体をどう評価するのかという問題である。数値化できない以上、定性的な評価に頼らざるを得ない。理念的には、ある企業が存続した場合と廃業した場合とで、資金提供者、従業員、顧客、サプライヤー、地域住民を含む、ステークホルダーすべての便益の合計を比較し、存続したほうが総便益が大きいとみなせるのであれば、支援すると判断する。

他方、自然災害の増加は、企業活動が一定期間停止する可能性と、設備修繕など追加の投資コストの発生確率を高めることで、資金提供者の目線からも、社会的な観点からも、企業価値を低下させる効果を持っている。企業活動による社会的便益の供給は、不安定でリスキーなものとならざるを得ない。こうしたリスクの増大も企業価値を下押しする。つまり、企業存続のハードルが上がってしまう。過去には存続できた企業も、近年の厳しい自然環境にあっては存続できない可能性があるという冷徹な現実も直視する必要がある。

先に述べたように、社会的に見た広い意味での企業の価値は、資金提供者目線のみから評価した企業価値よりも高く、その分、社会的に見て支援が望ましい企業の範囲は、資金提供者目線のみで見る範囲よりも広いはずである。しかし、そうした社会的価値は現時点では客観的な数値として評価することができないため、世論など政治的圧力による恣意が潜り込みやすい。このため、支援の範囲が不必要に広くなる可能性は否定できない。

不必要な支援を抑制するためには、支援を受ける企業の誘因に訴えかけるのが現実的であろう。その意味で、補助金などの渡し切りの支援ではなく、融資など将来的に返済が求められる資金での支援を主力とするのが合理的である。

(2) 人材や資金にとっての機会費用

企業向け金融支援に際して考慮するべきであると指摘される点がもう一つある。企業が抱える人材や、保有している技術や設備は、他の職場で働いたほうがより大きい価値を生み出し得るか、という点である。もしそうだとしたら、そのような人材や技術、設備はより大きい価値を生み出せる企業に移動したほうが、よりよいものを社会に提供できるようになる。そこで、人材や技術を活用しきれていないような企業への支援は断ち切って解散させたほうがよいとの見方が出てくる。

より活躍できる企業に人材や技術の移動を促すほうが望ましいことに、異論の余地はない。しかし、対応策についいては注意が必要である。人材や技術の市場が十分に機能していれば、より高い対価や「やりがい」を求めて、退蔵企業の存続とは関係なく人材と技術は移動するであろう。退蔵の発生自体が、それらの市場の機能不全の証拠であるともいえる。そうした市場機能の改善前に、退蔵企業をつぶしてしまえば、そこにいた人材は十分には機能していない市場に放り出されて路頭に迷い、技術は打ち捨てられてしまう。それまで仕事をして、まがりなりにも付加価値を生んでいた人々が何もできなくなってしまっては、逆に社会全体としての生産性は落ちてしまう。また、そもそも第三者が確信をもって「退蔵」を判定することは困難である。結局、「適材適所」の実現は、近年大きく進展してきた人材や技術の市場整備と、それを活用する当事者の自主的判断による解決に委ねるべきであろう。

3　どのように支援するべきか

地域企業の最も重要な資金供給者である地域金融機関による企業支援には、資金提供による金融的支援と、それに付随する顧客紹介や事業承継の仲介など非金融的支援がある。本節では、まず本業である金融による支援の手法について論じる。

(1) デットオーバーハング（過剰債務）

先述のとおり、新型コロナウイルスの影響で売上高が減少した企業の当面の資金繰りを支えるために、躊躇なく融資が実行されている。営業自粛が長引けば長引くほど、資金不足は大きくなり、融資残高は根雪のように積み上がっていく。特にコロナ禍前に資金を借り入れて設備投資をしていた企業は、従前からの借入金に加えて、つなぎの借入金も積み上がる。

類似の問題は、2011年の東日本大震災でも生じた。「二重債務問題」である。[3] まだ返済が終わらぬうちに設備が震災により破壊されてしまい、これを再建するために重ねて借入をしなければならない状況が多数発生し、問題となった。設備資金と運転資金のちがいはあるが、新型コロナウイルスでの借入金の積み上がりと構図は同じである。

このように売上規模が伸びず、企業価値が増加しないにもかかわらず、負債だけが否応なしに積み上がってしまう状況で懸念されるのが「デットオーバーハング」（過剰債務）と呼ばれる現象である。[4] 積み上がった既存債務のせいで、有望なビジネスチャンスがあっても、十分な資金調達ができずにチャンスを見送らざるを得ない状況を表す用語である。本章の文脈に即していえば、コロナ問題終息後の近い将来に投資機会が訪れたとき、先の根雪のように積み上がった負債が、前向きな新規投資のための資金調達の妨げになる恐れがある。

この現象の図式化を試みたのが図7―2である。図の(a)は第3章で示した図3―2(a)「負債の価値（債権者の取り分）」と同じものである。ある企業の債権者の取り分（縦軸）と企業価値（横軸）

図７―２　デットオーバーハング（概念図）

（ａ）既存債務がないときの新規債権者の取り分

（ｂ）既存債務Ｓがある場合の新規債権者の取り分

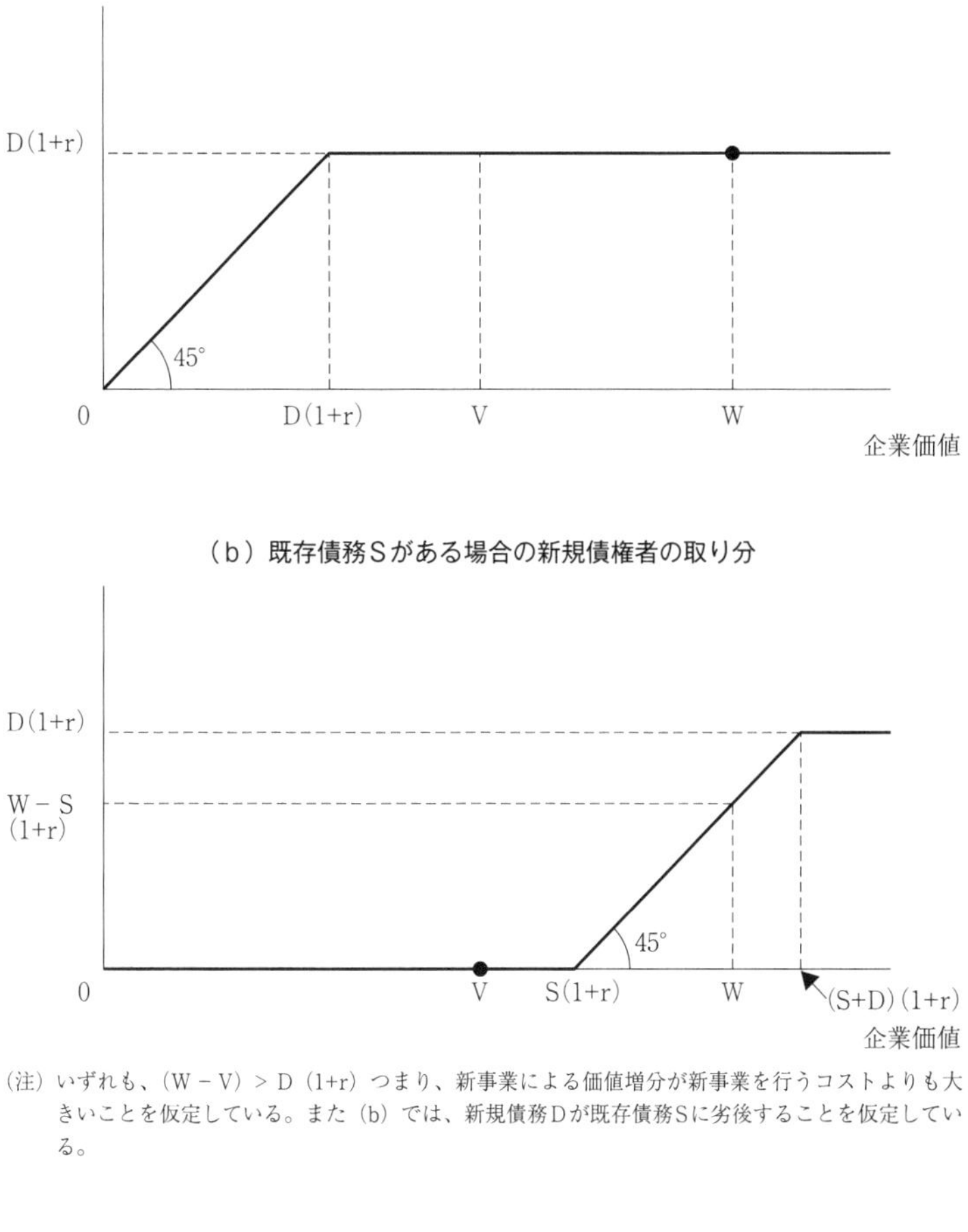

（注）いずれも、（W－V）＞Ｄ（1+r）つまり、新事業による価値増分が新事業を行うコストよりも大きいことを仮定している。また（b）では、新規債務Ｄが既存債務Ｓに劣後することを仮定している。

の関係を示している。ここでの企業価値は、企業金融の教科書に沿って、将来にわたって企業が稼ぐことができる現金収入の割引現在価値を想定している。Dが負債の元本、rが負債の約定金利である。rは資金提供者にとっての機会費用、つまり、他の類似の運用機会から期待されるリターンである。最低限これだけのリターンが見込めなければ資金提供者は現れない。融資競争が十分に厳しければ、この最低限の金利で融資金利が決まる。そのような状況をここでは想定する。

企業価値が債務（元本＋利息）を超える場合は、債務は約定どおり返済され、債権者はD（1＋r）を受け取ることができる。しかし、企業価値がこれを下回る場合は、満額は返済されない。ただし、株主よりは優先的に返済を受けることができるので、この場合は、債権者は企業価値すべてを返済として受け取ることができる。これが右上がりの45度線の部分である。

当初、この企業は負債を抱えておらず、企業価値はVであったとする。そこに企業価値をVからWに増やせるような投資機会が訪れているとしよう。この投資のためにはDだけの資金が必要であり、これは借入によって調達しなければならない。また、投資による企業価値の増分（W－V）は、借入利息も含む投資コストD（1＋r）よりも大きいとする。この仮定の下では、株主と債権者のトータルの利得を考えると、投資を実行したほうが得である。

図の(a)は既存債務がなく、デットオーバーハングの問題がない状況を示している。この場合は、新たな投資によりWという企業価値が実現され、この新規投資のために融資をした債権者は、約定どおり返済を受けることができると見込まれる。したがって、資金提供者を見つけることは容易である。投資は実行されて、企業価値はW、債権者の利得はD（1＋r）となる（図中の黒丸）。

図の(b)は、この企業が既存債務Sをすでに負ってしまった後に、(a)と同様の投資機会が訪れた状況を表している。ここでの重要な仮定は、新規債務Dは、既存債務Sに劣後することである。言い換えれば、既存債務Sの債権者は、後から発生する債務Dよりも優先的に返済（利息も含む）を受ける権利を持っていることである。先に融資をした債権者のほうが順位の高い担保を設定することができるなど、有利な条件で融資できることは、現実にもよくあることだ。

企業価値はまず優先的に既存債務S（1＋r）の返済に充てられ、残りが次に優先順位の高い新規債務への返済に充てられる。したがって、新規債権者が受け取れる返済額は、新事業実行後の企業価値Wから優先債権への返済S（1＋r）を引いた残りである。しかし、図(b)で仮定しているようなレベルのWであった場合、これは新規債権者への約定返済額D（1＋r）よりも低い、つまり、満額の返済はできず債務不履行に陥ることが確実である。このため、この状況では、企業価値を高めるような新事業であっても、既存の優先債権が邪魔をして、新事業のための新たな資金提供者を見つけることができない。このような結果になってしまう原因は、新規投資からの利得の多くが既存債務の返済に充てられてしまい、新規融資の提供者には十分には回ってこないことにある。

こんな状況でも資金提供を続ける誘因を持つのは、既存債権Sを保有する元からの債権者だけである。新規投資により貸倒損失をなくすことはできないまでも、減らすことはできるからである。たとえば、資金供給を停止して建物の建設を途中で停止させてしまうよりは、追加資金を投入して完成させるほうが、資産価値が上がって返済原資が増える可能性がある。このような誘因で行われる既存債権者による追加融資は、「追い貸し」「メイン寄せ」と後ろ向きのニュアンスで呼ばれたり、

「ＤＩＰ（debtor-in-possession）ファイナンス」と呼ばれたりする。ただし、負債を多く抱えた企業の信用格付は低く、追加融資を行うとなれば、相応の貸倒引当金を積まねばならない。メインバンクといえども慎重に判断せざるを得ないであろう。

(2) 新株引受権付劣後ローン

コロナショックの文脈では、コロナ前までは図(a)の状況にあった企業が、長期の休業とその間のつなぎ融資によって図(b)の状況に陥ってしまうことが予想される。コロナ後に有望な投資機会があったとしても、この融資が重荷になって、うまく資金調達ができず、復活の手がかりが失われてしまう。

こうした事態を避けるための一つの方策は、休業期間中のつなぎ資金の供給を、劣後ローンや優先株式など、通常の融資よりも返済順位の低い契約によって行うことである。このようにすることで、図(a)の状態を維持でき、コロナ後の投資機会に柔軟に対応する余力が残る。実際に、政府系金融機関は、従来から資本性資金供給の一環として劣後ローンの供給を積極的に行っている。また、コロナ禍においては民間金融機関も劣後ローンの提供を積極化させている。[5]

しかし、ここにもまだ問題がある。劣後ローンは返済順位が低い分、大きな信用リスクを伴う。劣後ローンは資金提供者にとってはなかなか割に合わないローンであり、供給は限られる。

このような供給制約を緩和する工夫の一つは、新株引受権や、普通株式への転換権をこれに付することで、回復後の企業価値上昇、いわゆる「アップサイド」の一部を劣後ローン提供者にも分配する可能性を開いておくことである。[6] この考え方は、すでに銀行への公的資金注入において採用されてきたものであり、これを事業会社にも応用するものである。また、コロナに限らず、地域・事業再生一般に応用可能である。

もうひとつの方策は、劣後する債権額を、デットオーバーハング問題回避のために必要最低限の範囲にとどめて、劣後ローン供給に伴う信用コストを極力抑制することである。[7]

新株引受権の付与は、企業のオーナーからすれば、自分が得るはずだったアップサイドの一部を手放すことを意味するので、十分な必要性がない限りは、新株引受権付劣後ローンを利用しようとはしないであろう。この点で、債権者が不必要な信用リスクを負うことを防ぐことにも役立つ。

4　地域金融機関と政府系金融機関の協働

危機時の「つなぎ融資」は、将来の返済原資の拡大につながるような投資を伴うわけではないので、不良債権化してしまうリスクが相対的に高い。特に、優先順位の低い劣後ローンの供給となれば、リスクは一層大きい。さらに、上述の新株引受権を行使するなどして株式を保有する可能性があれば、潜在的な大株主として対象企業の経営にハンズオン支援を行う必要も出てくる。この場合は、民間金融機関から相当な経営資源を割かなければならなくなる。

災害や疫病時のこうした資金供給は、預金者から預かった預金を守ることも同時に求められている民間金融機関には、ときに手に余る。先述のような、企業を取り巻くステークホルダー（顧客、取引先、地域社会、環境など）をも含めた社会的な企業価値が、資金提供者目線だけから考えた企業価値を上回る場合の支援も、民間だけでは不十分となりがちである。そこで、政府系金融機関の出番となる。

実際に、先のリーマン・ショック時（２００８―09年度）の危機対応では、政府系金融機関は、それまで減少傾向にあった融資を急激に増加させて、危機時の資金繰り支援にあたった。その後、再び融資額を減少させていたが、２０２０年度のコロナショックを受けて再び融資を増加させた。今回のショックは、資金調達の面で不利な中小企業が多い飲食、宿泊などのセクターを直撃したことから、リーマン・ショック時の増加幅がかすんでしまうほどの、巨額の資金繰り支援を行うに至っている。

リーマン・ショック時のデータを用いて筆者が行った実証分析[8]では、政府系金融機関による危機対応融資は、特に民間メインバンクとの関係が希薄な企業に対して増加していたことがわかっており、平均的な姿を見る限りは、リーマン・ショック直後に急増した資金需要に対して民間金融機関だけでは十分に応えきれなかった部分の補完を適切に行っていたように見える。

他方で、個別には、民営化が視野に入っていた商工中金で、２０１６年に危機対応融資の実績を積み増すために、危機対応融資の要件を満たすよう融資先の業績を意図的に悪く見せるデータ改竄があったり[9]、地方銀行協会から低利の政策金融による民業圧迫を指摘する調査報告書が公表されたりと[10]、政策金融に行き過ぎがあった面も否めない。

こうした問題に対応するため、政策金融による民業圧迫を防止し、民業補完を徹底するような改革が行われてきた。たとえば、日本政策金融公庫は民間金融機関と「業務連携・協力に関する覚書」を締結して、民間金融機関との協調融資を大幅に増加させている[11]。また、先述のように民間金融機関では十分な供給が難しい、劣後ローンなどの資本性資金供給や無担保融資の提供に力を入れるなど、民間融資よりも返済順位の低いタイプの資金供給を強化することで、民間融資の信用補完的な役割を果たす方向に動いている。

このように政府系金融機関がショック・アブソーバーとして機能する例は、ドイツでも報告されている。ドイツの各州政府はシュパルカッセン（Sparkassen）と呼ばれる地域金融機関を保有している。各州におけるシュパルカッセンの中央機関であるランデスバンク（Landesbank）と合わせた政府系金融機関の総資産は、ドイツの全銀行資産の３割程度を占めており、規模が大きい[12]。ある実証研究は、民間金融機関と比べてシュパルカッセンの融資量が景気動向と連動しにくいこと、つまり、景気が悪いときに企業の資金繰りを下支えする役割を果たしていたことを明らかにしている[13]。

ただし、海外の政府系金融機関に関する実証研究の多数派は、政治的な圧力を受けやすいことによる非効率性を指摘し、これに批判的である[14]。政権党が接戦で勝った選挙区で、その後政府系金融機関による融資が増える、あるいは、政権党の人気を維持するために雇用対策として過剰なリスクテイクを政府系金融機関に促すといった、政治圧力によるゆがみの発生を例証する研究が多い。日本の１９７０年代から90年代のデータからも、同様な政治的圧力による融資配分のゆがみがあった疑いが指摘されている[15]。

ショック・アブソーバーとしての政府系金融機関の存在意義は疑う余地はないが、時の政権の人気取りに利用されて、規模が過大になっていないか、政治的ニーズに抑されて地域間の配分にゆがみが生じていないかを定期的にチェックする必要はあるであろう。

5　地域経済の活性化に向けた新たな協働の可能性

２０２０年のコロナ禍で、近い将来に重要になると予感されていた地域社会のニーズが、前倒しで顕現化している。これらのニーズには、地域金融機関だけでは対応しきれないものが多い。他方で、これらのニーズそれぞれに対応し得るサービス提供に磨きをかけてきた専門業者はすでに存在している。ビジネスマッチング、事業承継の仲介などの非金融的な支援を提供する一環で、地域金融機関とこれらの専門業者との協働はコロナ前からすでに始まっていた。こうした協働は、今後、急速に進展していくであろう。

２０２1年には、銀行の業務範囲規制緩和を盛り込んだ銀行法改正案が国会審議される。本書第2章で紹介したとおり、この規制は他業リスクが銀行の本業である決済・預貸業務に波及するのを防止することを目的とするものだが、近年、金融機関の機能性の向上と収益源の多様化を目指して緩和されてきた。これまでに、フィンテック企業や地域商社を念頭に置いた「金融高度化会社」の銀行による保有、あるいは人材紹介業の銀行本体による運営などが認められてきた。次の改正では、さらに踏み込んで、自行開発アプリ・情報システムの販売、登録型人材派遣、データを活用したマーケティングサービスなど、銀行の経営資源を活用した多様なサービスを銀行本体で提供できるようにすることを想定している。

いずれのビジネスも、既存専門業者が存在していることを考えると、ここに地域金融機関が単独で本格参入することは、多くの場合、現実的ではないであろう。それでも、規制緩和は、地域金融機関のこうした分野での経験値を高める機会を増やし、既存専門業者との協働の深化に寄与するものと思われる。

以下では、地域の潜在的なニーズに応えるための異業種連携の可能性について紹介する。

(1)　資本性資金の供給

コロナショックでも明らかになったとおり、中小企業向けの資本性資金の供給は不足しがちである。第２章で紹介したように、銀行による議決権保有規制の緩和があったとはいえ、民間の預金取扱機関とその子会社では限界がある。現状では劣後ローンを提供する政府系金融機関や、政府系再生ファンドである地域経済活性化支援機構（ＲＥＶＩＣ）が、資本性資金と経営サポートの主要な提供者となっている。

また、ベンチャーキャピタルを見れば、首都圏ではさまざまなネットワークを持つ独立系ベンチャーキャピタルが数多く存在し、新興企業は多様なサポートを受けることができるが、地方では地元銀行系ベンチャーキャピタルなどに選択肢が限られていて、多様性を欠く傾向がある[16]。

資本性資金の出し手として重要なのが、プライベートエクイティ（ＰＥ）ファンドである。成長が見込める企業、あるいは再生が見込める企業を買収し、さまざまな経営サポートをして成長・再生させた後に上場、あるいは他社に売却することで収益を上げるファンドである。ベンチャーキャピタルや再生ファンドはこれに含まれる。国内にも有力ＰＥファンドは存在している。中には、地域金融機関と積極的に提携を結んで、多数の地方再生事業に参画しているファンドも存在する。[17]政府系だけではなく、さまざまなノウハウとネットワークを活用した経営支援を地域企業にも提供できるように、地域金融機関とこれらのファンドの間の連携がもっとあってもよいだろう。

(2) クラウドファンディングとの連携

コロナ禍における外出自粛が、「購入型」クラウドファンディングの急成長につながっている。業界団体の集計によれば、２０２０年上半期の購入型の募集金額は、前年同期比で約3倍の２２３億円となっている。[18]購入型は、オンラインで新製品を予約販売することで、新製品の開発・販売促進費を集めるタイプのクラウドファンディングである。出資の見返りに、完成した新製品を出資者は受け取ることができる。出品者は、開発資金の調達、新製品の広告、新製品の有望度の見極めなどを同時にできる。クラウドファンディングの運営会社は、こうして集めた資金の10－20％程度を手数料として受け取る。

地域の隠れた名品や新製品を発掘し、全国に売り出すための格好のツールとなりつつある。数年前から、多くの地域金融機関が購入型クラウドファンディングと提携して、地元業者の製品をクラウドファンディングに紹介している。[19]

また、新型コロナのために休業せざるを得なかった飲食店の資金繰り支援にも、クラウドファンディングが活用されている[20]。飲食予約券をオンラインで販売して、つなぎ資金を集めるのである。こうした支援は、報道された限りでは商工会議所が主導的に行っているが、先述の提携を活用して地域金融機関が積極的に行うことも可能なはずである。

クラウドファンディングへの資金の出し手は、ウェブサイト上に掲示された情報のみを頼りに資金提供の判断をしなければならず、その情報をどこまで信用すればよいのか不安を感じることも多い。地域金融機関の紹介であることは、そうした判断の助けになるであろう。

(3)　電子商取引プラットフォームとの連携

２０１７年４月の改正銀行法により、地域金融機関は、子会社を通して地域商社を営むことが認められた。融資先企業の販路開拓に資するようなサービスの提供を目指したものである。

他方で、消費者向けの製品については、インターネットを通した販路開拓がより有効であると思われる。もしそうだとすれば、電子商取引プラットフォームに融資先をつなぐ連携ルートを探るのが近道である。アジアなどの海外系のプラットフォームと連携すれば、海外販路の開拓も比較的容易であるかもしれない。現時点では、国内の新興電子商取引プラットフォームと地域金融機関が連携する例が見られており[21]、今後の拡大が期待される。

(4)　人材紹介・事業承継

２０１８年の銀行の業務範囲規制の見直しで、人材紹介業を銀行本体でも営むことができるようになった。中小企業での後継者・人材不足を背景に、大手銀行を含む多くの銀行が人材紹介業に参入した。参入にあたっては、既存の人材紹介会社を買収する場合[22]もあれば、既存の人材紹介会社と提携する場合もある。[23] 2021年に国会審議される規制緩和案では、さらに登録型人材派遣業も銀行本体で営むことができるようになることが想定されている。

コロナ禍では、飲食のように売上が激減して人手が余ってしまう部門が出る一方で、「巣ごもり需要」でスーパーマーケットなどでは人手不足が生じるなど、急激な需要シフトに伴うミスマッチが生じた。1―2年程度の期限で、これらの部門の間での人材融通を仲介する金融機関が現れている。[24]こうした仲介は、銀行の情報力ならではの業務であるとともに、社会的にも価値のあるサービスである。事業承継に関しても、地域金融機関と専門業者との提携が広がっており、専門業者の成約件数の成長に大きく寄与している。[25]

(5) 高齢者向け金融サービス

高齢化により認知機能が低下すると、自身の資産管理が思うようにできなくなり、誤った取引を行ったり、詐欺の被害にあったりと、思わぬ損害を被る恐れがある。このような状況に備えて、「成年後見制度」と呼ばれる制度が用意されている。認知機能が低下して資産管理に支障がある場合に、本人や親族が認知能力の低下を証明する医師の診断書とともに家庭裁判所に成年後見の申し立てを行うと、本人に代わって財産を管理する「後見人」を家庭裁判所が選任するという制度である。[26]弁護士、司法書士、社会福祉士などの専門家が選任されるケースが7割程度であると言われている。[27]

本人があらかじめ後見人を指名しておく任意後見人制度もある。高齢化が進む中で、こうした専門職後見人の候補者が所属する資格者団体などとの連携も重要性を増すであろう。また、当座の生活に必要な資金は後見人が管理し、残りの財産は信託に預ける「後見制度支援信託」と呼ばれる仕組みもある。ここでは信託業務への橋渡しが必要となる。

以上が、筆者が知り得た限りの社会的ニーズに応える比較的新しい連携の例である。連携が弱かった時代は、これらのサービスを求めて、それぞれの専門機関を訪ね回らなければならなかったが、今日、地域金融機関がこれらのサービスのワンストップ窓口になろうとしている。

これまで地域金融機関が築いてきた信用力と情報力を存分に発揮して、地域の顧客の各種サービスアクセスを確立し、これらをうまく組み合わせてパッケージとして提供できれば、それは、顧客の利便性向上、地域経済活性化に寄与するとともに、地域金融機関自身の収益にも寄与することになるであろう。住宅リフォームでは、大工、左官、電気設備、水回り、家具、カーテンなどさまざまな専門業者が提供する製品・サービスを、リフォーム業者が巧みに組み合わせてパッケージ化して、ワンストップでサービスを提供する。地域からの絶大な信用と圧倒的な情報ネットワークを確立してきた地域金融機関は、単純な資金供給にとどまらず、地域企業の「リフォーム」のワンストップショップとして活躍し得る立場にあるのではないだろうか。

【第7章　注】

(1)　金融庁「貸付条件の変更等の状況について（令和2年3月10日から令和2年12月末までの実績）」（令和2年4月30日公表、令和3年2月19日更新）。

(2)　このようなサプライチェーンを介した波及効果が金融機関の融資意思決定に影響する可能性を示した研究としてはOgura, Okui, and Saito（2015）が挙げられる。

(3)　「二重債務問題」を対象とした学術研究としては、植杉ほか（２０１４）がある。

(4)　この現象の可能性を理論的に示した最初の文献にMyers（1977）がある。

(5)　たとえば、横浜銀行や十六銀行は２０２０年に劣後ローンの取り扱いを始めている。りそな銀行は２０２０年に入り、優先株式の取り扱いを強化している。日本経済新聞「劣後ローンで資本支援」２０２０年4月30日朝刊3ページ。同「地銀・信金、資本支援に軸足」２０２０年6月4日地方経済面［中部］。

(6)　この主張は、Philippon and Schnabl（2013）の理論分析に依拠している。彼らの分析は銀行への公的資本注入をテーマとしているが、事業会社の再生にも同様の議論が当てはまる。

(7)　この主張は、Philippon（2021）の理論分析に依拠している。

(8)　Ogura（2018）.

(9)　金融調査研究会（２０１９）Ⅲ―3節「商工中金に係る近時の動向」。提言『政策金融機関と民間金融機関の関係のあり方』（２０１９年3月29日公表）。

(10)　日本経済新聞「政府系金利、地銀の半分」２０１７年12月1日朝刊9ページ。

(11)　金融調査研究会（前出）Ⅳ―2節（3）「政策金融機関による民間金融機関の補完に向けた取り組み」。

(12)　Behr *et al.*（2013）.

(13)　Behr *et al.*（2017）.

(14)　このような結果を示した研究としては、Sapienza（2004）, Dinç（2005）, Iannotta *et al.*（2013）がある。

(15)　Imai（2009）.

(16)　Ogura（2017）, 忽那（２０１９）第4章「アントレプレナーファイナンスにおける地域間格差」。

(17)　たとえば、京都を拠点とし、ＪＡＳＤＡＱに上場している、独立系ファンド、フューチャーベンチャーキャピタルは、多くの地域創生ファンドに参画している。

(18) 日本クラウドファンディング協会による集計（集計対象は、Makuake, READYFOR, CAMPFIRE［FAAVO含む］, GREEN FUNDING, Motion Gallery, Kibidango, A-port）。

(19) たとえば、日本最大級の購入型クラウドファンディングを運営する「Makuake」は、全国で１００を超える金融機関と連携している（Makuake ウェブサイト、プレスリリース ２０１９年７月９日）。

(20) 日本経済新聞「『お店支援』１億円調達も」２０２０年５月22日13ページ。

(21) たとえば、青森銀行ウェブサイト、ニュースリリース、「東北地銀初『ＢＡＳＥ株式会社』と業務提携!!～Ｅコマースを活用した販路拡大をサポート～」２０２０年10月７日。

(22) 三井住友銀行は、既存の人材紹介会社ヒューマン・インベントリーを買収した。日本経済新聞「三井住友銀が人材紹介業」２０２０年３月31日朝刊９ページ。

(23) 京都銀行は10社ほどの人材紹介会社と連携している。日本経済新聞「京都銀、人材紹介業務に参入」２０２０年３月31日地方経済面［関西経済］。

(24) 三井住友銀行がそのような取り組みを行っている。日本経済新聞「取引先間の人材融通支援」２０２０年10月19日朝刊１ページ。

(25) たとえば、中小企業向けに買収や事業承継の仲介を行っている日本Ｍ＆Ａセンターは、２０２０年６月末時点で、ほとんどの地銀と信用金庫と提携関係にあることが報道された（日本経済新聞「地銀との提携株に妙味」２０２０年10月10日朝刊14ページ）。

(26) 家庭裁判所「成年後見制度」。https://www.courts.go.jp/vc-files/courts/2020/R0212koukenpanfu.pdf

(27) 犬伏（２０１７）１５５ページ。

おわりに

生産年齢人口の減少、あるいはイノベーションの停滞が、先進諸国の自然利子率を押し下げた結果、各国中央銀行はこれに合わせて市場金利を低下させざるを得なかった。長期間にわたる市場金利の低迷は、貸出利鞘を縮小させて、地域金融機関の収益力を削《そ》いできた。これに対して、地域金融機関は追加的なリスクを取ってリスクプレミアムを稼ぐ、あるいは経営統合によりコスト効率性の向上を図るという対応をしつつある――。以上が、本書で考えたこれまでの経緯の大筋である。出発点となる要因のうち、生産年齢人口の減少は、国内において今後も数十年間にわたって続くことが予想されていることから、これを打ち消して余るほどの効果を持つイノベーションがない限り、利鞘の回復は見込めないことになる。なにも工夫しなければ、現在のような利鞘がつぶれた状態が今後も長期的に続くことを覚悟しなければならない。

貸出金利が低迷するのは、貸出金利を払ってもなお十分な利益が経営者に残るような魅力的な事業機会を企業が見出せていないためであるとも言える。企業はルーティンワークを日々こなしているだけでは利益を上げられないことは、経済学の古典が教えるところである。不確実な世界において可能な限り対策を講じた上で果敢にリスクを取るか（フランク・H・ナイト）、他社が容易には真似のできない製品、サービス、ビジネスモデル、経営手法を確立する、つまりイノベーションを起こすか（ヨーゼフ・A・シュムペーター）のいずれかをしなければ利益を得ることはできない。企業が利益を見込めなければ、資金需要は発生せず、地域金融機関の存続は難しくなる。企業家がイノベーションを含む「攻めの経営」に向かうための障害を、一つひとつ地道に取り除くことが地域金融機関の存続には欠かせない。

他方、経済成長を前提としない時代の地域金融は、預金者の資産管理ニーズへの対応が重要性を増す。預金者の中には、リスク運用に投じる心づもりがあるものの、日常の仕事が忙しくてなかなか運用の本格的検討ができないといった理由で、潜在的なリスク資金を預金として眠らせてしまっている人が少なからずいる可能性がある。地域金融機関自身で運用するには手が余るほど預金が集まってしまうのであれば、この資金を預金者自身の勘定で証券投資に動かせるような仕組みを用意するのがよいであろう。

企業と預金者の健全なリスクテイクの障害を取り除くためには、本書第6章および第7章で述べた、地域金融機関の枠を越えた異業種連携によって、情報、人材、資本性資金などのリソースの融通を円滑化することが有効であろう。経営統合は、コスト効率性の観点だけではなく、こうしたさまざまなリソースの活用の効果を高める観点からも検討する必要がある。人口問題に対して金融機関が働きかけることができる余地は小さいが、イノベーションに対する働きかけは相当効果を持ち得ると考えるのは期待しすぎであろうか。

本書を執筆しながら、研究の不足している部分も多数見えてきた。本書執筆にあたって、特に困ったのが、リスクテイクが過剰であるか否かの判断、企業支援の適切な範囲など、金融機関とユーザーの利得や便益を合計した融資市場全体の経済厚生への影響に基づく判断が求められる論点に関する議論である。筆者が理解する限り、これまでの融資市場に関する実証分析は、金融機関やユーザーそれぞれの行動様式に焦点を当ててきており、これらの帰結のよしあしを判断するために欠かせない、経済厚生の変化を計測するような実証分析はあまり行われてこなかった。筆者の勉強不足でそのような研究の存在を見落としている恐れはあるが、経済厚生に関する分析結果が多くあれば、これらの議論に対して、もう少し明確な意見表明ができたかもしれない。また、企業も個人もここまで預金を積み上げてしまっている要因について分析が十分であるとは言い難い。これらの点は宿題である。

本書は、筆者のこれまでの地域金融に関する経済学的な研究をベースとしている。研究にあたっては、ここでは列挙しきれないほど多くの先生方、同僚、同級生・先輩・後輩にお世話になった。まず、京都大学での修士時代にお世話になり、研究分野が離れていってしまっていたにもかかわらず、その後も温かく励ましてくださった橘木俊詔先生に感謝申し上げたい。その後、コロンビア大学の博士課程では、マイケル・リオーダン先生、エスリン・ジャン・バプティステ先生に産業組織論と企業金融の理論モデルのつくり方を一から厳しく叩き込んでいただくとともに、リー・ブランステッター先生、甘潔先生に、研究助手の仕事を通して実証分析に必要な技術と心構えを学ばせていただいたことが筆者の研究の土台となっている。

京都大学の産学官研究員として研究者としてのキャリアをスタートしたのち、一橋大学、立命館大学、現在在籍する早稲田大学と、いずれの職場でも同僚の先生方に大変にお世話になった。この期間を通して、特に研究上の刺激の源泉となっていたのが、経済産業研究所での各種研究プロジェクトであった。プロジェクトに誘ってくださった筒井義郎先生、植村修一先生、渡辺努先生、植杉威一郎氏には深く御礼申し上げたい。また、これ以外にもさまざまな研究会にて、しばしば同席し、共同研究を行い、意見を交わす機会を頂いた、内田浩史氏、齊藤有希子氏、根本忠宣氏、家森信善氏、渡部和孝氏にも心から感謝申し上げたい。

本書で紹介した自身の研究成果には金融調査研究会での研究プロジェクトに基づくものも含まれている。研究成果の転載を快諾してくださった同研究会事務局（全国銀行協会）にも御礼申し上げたい。

この分野の研究に行き着く原点ともいえる体験が、大学院に進学する前に勤務した日本銀行小樽支店における1年間ほどの産業調査の仕事であった。地域の中小企業を訪問して業況を尋ねるのが主な役割であった。１９９０年代半ばの銀行危機の前夜であり、いま思えば、さまざまな地殻変動が見えつつあった時期の極めて貴重な体験であった。学部を卒業したばかりの世間知らずの私に対して、真摯に接し、鍛えてくださった当時の上司、先輩方、調査先の方々に、四半世紀も前のことではあるが、改めて篤く御礼を申し上げたい。

慶應義塾大学出版会の増山修氏には、本書の構想段階から大変にお世話になった。最初にお声がけいただいてから、脱稿までにずいぶんと時間が経ってしまったことをお詫び申し上げるとともに、本書完成まで的確に導いて頂いたことに心より御礼申し上げたい。

最後に、私ごとながら、どんなときでも明るく励ましてくれる妻と娘、ここに至るまでおおらかに見守ってくれた両親に感謝の気持ちを述べて、筆を擱くこととしたい。

2021年3月

小倉　義明

参考文献

【邦文文献】

犬伏由子（2017）「高齢者の認知機能の低下と法的問題―成年後見制度の現状と課題」『金融ジェロントロジー』清家篤（編著）第6章135―157ページ、東洋経済新報社。

岩崎雄斗・須藤直・西崎健司・藤原茂章・武藤一郎（2016）「『総括的検証』捕捉ペーパーシリーズ② わが国における自然利子率の動向」『日銀レビュー』2016-J-18。

岩橋勝（2002）「近世の貨幣・信用」『新体系日本史12 流通経済史』桜井栄治・中西聡（編）第5部第1章431―469ページ、山川出版社。

植杉威一郎・内田浩史・小倉義明・小野有人・胥鵬・鶴田大輔・根本忠宣・平田英明・安田行宏・家森信善・渡部和孝・布袋正樹（2009）「金融危機下における中小企業金融の現状『企業・金融機関との取引実態調査（2008年2月実施）』、『金融危機下における企業・金融機関との取引実態調査（2009年2月実施）』の結果概要」RIETIディスカッションペーパー09-J-020。

――・――・小野有人・細野薫・宮川大介（2014）「東日本大震災と企業の二重債務問題」『金融経済研究』特別号17―36ページ。

大庫直樹（2016）『地域金融のあしたの探り方―人口減少下での地方創生と地域金融システムのリ・デザインに向けて』金融財政事情研究会。

岡崎陽介・須藤直（2018）「我が国の自然利子率―DSGEモデルに基づく水準の計測と決定要因の識別―」日本銀行ワーキングペーパーシリーズNo. 18-J-3。

小倉義明（2015）「生産年齢人口減少下の銀行の採算性―国際比較からの視点」平成26年度金融調査研究会報告書『少子高

齢化社会の進展と今後の経済成長を支える金融ビジネスのあり方（第一研究グループ）』第4章。

――（2019）「金融―金融ビジネスとその変容」『人工知能と経済』山本勲（編著）第4章127―160ページ、勁草書房。

――（2020）「地域銀行のリスクシフティングと利回り追求（Search for Yield）：海外運用からの示唆」『令和元年度金融調査研究会報告書：わが国銀行を取り巻く環境変化と収益源の多様化』第3章44―62ページ。

――・根本忠宣・渡部和孝（2012）「地域金融機関の意思決定構造とソフト情報の活用」『フィナンシャル・レビュー』第2号（通巻第109号）31―53ページ。

北尾吉孝（2021）『地方創生への挑戦―SBIが描く新しい地域金融』きんざい。

キング、ブレット、（2019）『Bank4.0―未来の銀行』藤原遠監訳、東洋経済新報社。

金融庁（2019）「利用者を中心とした新時代の金融サービス～金融行政のこれまでの実践と今後の方針～（令和元事務年度）」。

金融調査研究会（2019）『提言　政策金融機関と民間金融機関の関係のあり方』（2019年3月29日公表）。

忽那憲治（2019）「アントレプレナーファイナンスにおける地域間格差」家森信善編著『信用保証制度を活用した創業支援』第4章62―79ページ、中央経済社。

グリーンスパン、アラン（2007）『波乱の時代―世界と経済のゆくえ（下）』第20章「謎」、山岡洋一・高遠裕子訳、日本経済新聞出版社。

鯉渕賢・櫻川昌哉・原田喜美枝・星岳雄・細野薫（2014）「世界金融危機と日本の金融システム」『金融経済研究』36号 1―23ページ。

小山嘉昭（2012）『銀行法』金融財政研究会。

シュムペーター、ヨーゼフ・A（1977、原著第二版1926年）『経済発展の理論（上）』塩野谷祐一・中山伊知郎・東畑精一訳、岩波文庫。

ソール、ジェイコブ（2015）『帳簿の世界史』村井章子訳、文藝春秋。

筒井義郎編（2000）『金融分析の最先端』東洋経済新報社。

ティロール、ジャン（2018）『良き社会のための経済学』村井章子訳、日本経済新聞出版社。

日本経済新聞社編（2019）『地銀波乱』日経プレミアシリーズ、日本経済新聞出版社。

野間敏克・筒井義郎（1987）「わが国銀行業における規模の経済性とその源泉」『経済研究』38巻3号　251―262ページ。

野村敦子（2013）「銀行の出資規制緩和を巡る議論」『JRIレビュー』Vol. 2, No. 3.

服部孝洋（2017）「ドル調達コストの高まりとカバー付き金利平価」『ファイナンス』10月号、56―62ページ。

原田喜美枝・北村仁代（2016）「信用金庫再編後の経営改善効果―合併効果の推計―」TCER Working Paper Series J-14.

播磨谷浩三（2003）「わが国銀行業の費用効率性の計測―単体決算と連結決算との比較」『会計検査研究』28号、201―215ページ。

深沼光・山崎敦（2020）「中小企業の事業承継の行方」日本政策金融公庫総合研究所（編）『経営者の引退、廃業、事業承継の研究―日本経済、地域社会、中小企業経営の視点から』第1章23―59ページ、同友館。

藤原賢哉（2006）「1980年代の事業部制と銀行の貸出行動―審査部の独立性―」『金融制度と組織の経済分析―不良債権問題とポストバブルの金融システム』中央経済社、第4章80―121ページ。

堀江康熙（2015）『日本の地域金融機関経営―営業地盤変化への対応』勁草書房。

家森信善（編著）（2020）『地域金融機関による事業承継支援と信用保証制度』中央経済社。

廉薇・辺慧・蘇向輝・曹鵬程（2019）『アントフィナンシャル―1匹のアリがつくる新金融エコシステム』永井麻生子訳、みすず書房。

【欧文文献】

Abedifar, P., P. Molyneux, and A. Tarazi（2018）“Non-interest Income and Bank Lending,” *Journal of Banking and Finance* 87: PP. 411-26.
Acemoglu, D., and P. Restrepo（2017）“Robots and Jobs: Evidence from US Labor Markets,” *NBER Working Paper* No. 23285.
Agarwal, S., and R. Hauswald（2010）“Distance and Private Information in Lending,” *Review of Financial Studies* 23(7): PP. 2757-3699.
———, and ———（2010）“Distance and Private Information in Lending,” *Review of Financial Studies* 23(7): PP. 2757-2788.
Aghion, P., and J. Tirole（1997）“Formal and Real Authority in Organizations,” *Journal of Political Economy* 105(1): PP. 1-29.

Aguirregabiria, V., R. Clark, and H. Wang (2016) "Diversification of Geographic Risk in Retail Bank Networks: Evidence from Bank Expansion after the Riegle-Neal Act," *RAND Journal of Economics* 47: PP. 529-572.

Ammer, J., S. Classens, A. Tabova, and C. Wroblewski (2018) "Search for Yield Abroad: Risk-Taking through Foreign Investment in U.S. Bonds," *BIS Working Papers* No. 687.

Behr, P., D. Foos, and L. Norden (2017) "Cyclicality of SME lending and Governmental Involvement in Banks," *Journal of Banking and Finance* 77: PP. 64-77.

———, L. Norden, and F. Noth (2013) "Financial Constraints of Private Firms and Bank Lending Behavior," *Journal of Banking and Finance* 37: PP. 3472-3485.

Berger, A. N., A. A. Dick, L. G. Goldberg, and L. J. White (2007) "Competition from Large, Multimarket Firms and the Performance of Small, Single-Market Firms: Evidence from the Banking Industry," *Journal of Money, Credit and Banking* 39(2-3): PP. 331-368.

———, A. Saunders, J. M. Scalise, and G. F. Udell (1998) "The Effects of Bank Mergers and Acquisitions on Small Business Lending," *Journal of Financial Economics* 50: PP. 187–229.

Bernanke, B. S. (2005) "The Global Saving Glut and the U.S. Current Account Deficit," The Sandridge Lecture, Virginia Association of Economists, Richmond, Virginia, March 10, 2005.

Bester, H. (1985) "Screening vs. Rationing in Credit Markets with Imperfect Information," *American Economic Review* 75(4): PP. 850-855.

Black, S. E., and P. E. Strahan (2002) "Entrepreneur and Bank Credit Availability," *Journal of Finance* 57(6): PP. 2807-2833.

Bolton, P., X. Freixas, L. Gambacorta, and P. E. Mistrulli (2016) "Relationship and Transaction Lending in a Crisis," *Review of Financial Studies* 29(10): PP. 2643-2676.

———, and D. Scharfstein (1990) "A Theory of Predation Based on Agency Problems in Financial Contracting," *American Economic Review* 80(1): PP. 93-106.

Bonaccorsi di Patti, E., and G. Gobbi (2007) "Winner or Losers? The Effects of Banking Consolidation on Corporate Borrowers," *Journal of Finance* 62: PP. 669-696.

Boot, A. W. A.（2000）“Relationship Banking: What Do We Know?” *Journal of Financial Intermediation* 9: PP. 7–25.

———, and A. Thakor（2000）“Can Relationship Banking Survive Competition?” *Journal of Finance* 55(2): PP. 679–713.

———, ———, and G. Udell（1991）“Secured Lending and Default Risk: Equilibrium Analysis, Policy Implications and Empirical Results,” *Economic Journal* 101(406): PP. 458-472.

Boyd, J. H., and G. De Nicoló（2006）“The Theory of Bank Risk Taking and Competition Revisited,” *Journal of Finance* 60: PP. 1329-1343.

Bresnahan, T. F.（1982）“The Oligopoly Solution Concept Is Identified,” *Economics Letters* 10: PP. 87-92.

Brunnermeier, M. K., and Y. Koby（2018）“The Reversal Rate,” *NBER Working Paper Series* 25406.

Calomiris, C. W.（2000）*U.S. Bank Deregulation in Historical Perspective*, Cambridge Univ Press.

———, and C. M. Kahn（1991）“The Role of Demandable Debt in Structuring Optimal Banking Arrangements,” *American Economic Review* 81(3): PP.497-513.

———, M. Larrain, J. Liberti, and J. Sturgess（2017）“How Collateral Laws Shape Lending and Sectoral Activity,” *Journal of Financial Economics* 123: PP. 163-188.

Cambridge Centre for Alternative Finance（2020）*The Global Alternative Finance Market Benchmarking Report*, University of Cambridge, Judge Business School.

Campello, M., and M. Larrain（2016）“Enlarging the contracting space: Collateral menus, access to credit, and economic activity,” *Review of Financial Studies* 29: PP. 349-383.

Carvalho, C., A. Ferrero, and F. Nechio（2016）“Demographics and Real Interest Rates: Inspecting the Mechanism,” *European Economic Review* 88: PP. 208-226.

Chemmanur, T., and P. Fulghieri（1994）“Reputation, Renegotiation, and the Choice between Bank Loans and Publicly Traded Debt,” *Review of Financial Studies* 7(3): PP. 475–506.

Cortés, K. R., and P. E. Strahan（2017）“Tracing Out Capital Flows: How Financially Integrated Banks Respond to Natural Disasters,” *Journal of Financial Economics* 125: PP. 182-199.

Decker, R. A., J. Haltiwanger, R. S. Jarmin, and J. Miranda（2017）“Declining Dynamism, Allocative Efficiency, and the

Productivity Slowdown," *American Economic Review Papers & Proceedings* 107(5): PP. 322-326.

Degryse, H., M. Kim, and S. Ongena (2009) *Microeconometrics of Banking Methods, Applications, and Results*, Oxford University Press.

———, N. Masschelein, and J. Mitchell (2011) "Staying, Dropping, or Switching: The Impacts of Bank Mergers on Small Firms," *Review of Financial Studies* 24 : PP. 1102-1140.

Dell'Ariccia, G., L. Laevan, and R. Marquez (2014) "Real Interest Rate, Leverage, and Bank Risk-taking," *Journal of Economic Theory* 149: PP. 65-99.

———, ———, and G. A. Suarez (2017) "Bank Leverage and Monetary Policy's Risk-Taking Channel: Evidence from the United States," *Journal of Finance* 72: PP. 613-654.

Demsetz, R. S., and P. E. Strahan (1997) "Diversification, Size, and Risk at Bank Holding Companies," *Journal of Money, Credit and Banking* 29(3): PP. 300-313.

Dessein, W. (2002) "Authority and Communication in Organizations," *Review of Economic Studies* 69(4): PP. 811-838.

Dewatripont, M., and E. Maskin (1995) "Credit and Efficiency in Centralized and Decentralized Economies," *Review of Economic Studies* 62(4): PP. 541–555.

De Youong, R., D. D. Evanoff, and P. Molyneux (2009) "Mergers and Acquisitions of Financial Institutions: A Review of the Post-2000 Literature," *Journal of Financial Services Research* 26: PP. 87-110.

———, and I. Hasan (1998) "The Performance of De Novo Commercial Banks: A Profit Efficiency Approach," *Journal of Banking and Finance* 22: PP. 565-587.

Diamond, D. (1984) "Financial Intermediation and Delegated Monitoring," *Review of Economic Studies* 51: PP. 393-414.

———, and P. Dybvig (1983) "Bank Runs, Deposit Insurance, and Liquidity," *Journal of Political Economy* 91: PP. 401-419.

———, and R. Rajan (2001) "Liquidity risk, liquidity creation, and financial fragility: A theory of banking," *Journal of Political Economy* 109(2): PP. 287-327.

Dinç, I.S. (2000) "Bank Reputation, Bank Commitment, and the Effects of Competition in Credit Markets," *Review of Financial Studies* 13(3): PP. 781–812.

——— (2005) "Politicians and Banks: Political Influences on Government-owned banks in Emerging Markets," *Journal of Financial Economics* 77: PP. 453-479.

Eggertson, G.B., N.R. Mehrotra, and J.A. Robbins (2017) "A Model of Secular Stagnation: Theory and Quantitative Evaluation," *NBER Working Paper* 23093.

Focarelli, D., and F. Panetta (2003) "Are Mergers Beneficial to Consumers? Evidence from the Market for Bank Deposits," *American Economic Review* 93: PP. 1152-1172.

Gan, J. (2004) "Banking Market Structure and Financial Stability: Evidence from the Texas Real Estate Crisis in the 1980s," *Journal Financial Economics* 73: PP. 567–601.

Goetzmann, W. N. (2016) *Money Changes Everything: How Finance Made Civilization Possible*, Princeton University Press.

Hardin, G. (1968) "The Tragedy of Commons," *Science* 162(3859):PP. 1243-1248.

Haubrich, J. G., and J. A. C. Santos (2005) "Banking and Commerce: A Liquidity Approach," *Journal of Banking and Finance* 29: PP. 271-294.

Hauswald, R., and R. Marquez (2006) "Competition and Strategic Information Acquisition in Credit Markets," *Review of Financial Studies* 19(3): PP. 967–1000.

Hosono, K., and A. Masuda (2005) "Bank Health and Small Business Investment Evidence from Japan," *RIETI Discussion Paper Series* 05E030.

———, K. Sakai, and K. Tsuru (2009) "Consolidation of Banks in Japan: Causes and Consequences," in Ito, T., and A. K. Rose eds., *Financial Sector Development in the Pacific Rim, East Asia Seminar on Economics*, Vol. 18, Ch. 8, PP. 265-309, University of Chicago Press.

Hugh, J., and L. J. Mester (1998) "Bank Capitalization and Cost: Evidence of Scale Economies in Risk Management and Signaling," *Review of Economics and Statistics* 80: PP. 314--325.

Iannotta, G., G. Nocera, and A. Sironi (2013) "The Impact of Government Ownership on Bank Risk," *Journal of Financial Intermediation* 22: PP. 152-176.

Ichiue, H., and Y. Shimizu (2015) "Determinants of Long-term Yields: A Panel Data Analysis of Major Countries," *Japan and the World Economy* 34–35: PP. 44-55.

Iiboshi, H., M. Shintani, and K.Ueda (2018) "Estimating a Nonlinear New Keynesian Model with a Zero Lower Bound for Japan," *TCER Working Paper* E-120.

Imai, M. (2009) "Political Determinants of Government Loans in Japan," *Journal of Law and Economics* 52: PP. 41-70.

Ishikawa, D., and Y. Tsutsui (2013) "Credit Crunch and Its Spatial Differences in Japan's Lost Decade: What Can We Learn from It?" *Japan and the World Economy* 28: PP. 41-52.

Iwata, G. (1974) "Measurement of Conjectural Variations in Oligopoly," *Econometrica* 42, PP. 947-966.

Jensen, M.C., and W. H. Meckling (1976) "Theory of the Firm: Managerial Behavior, Agency Costs and Ownership Structure," *Journal of Financial Economics* 3: PP. 305-360.

Jiménez, G., S. Ongena, J. Peydró, and J. Saurina (2014) "Hazardous times for monetary policy: What do twenty-three million bank loans say about the effects of monetary policy on credit risk-taking?" *Econometrica* 82(2): PP. 463-505.

Karceski, J., S. Ongena, and D. Smith (2005) "The Impact of Bank Consolidation on Commercial Borrower Welfare," *Journal of Finance* 50: PP. 2043-2082.

Kashyap, A., R. Rajan, and J. Stein, (2002) "Banks as liquidity providers: An explanation for the coexistence of lending and deposit-taking," *Journal of Finance* 57(1): PP. 33-73.

Keeley, M. C. (1990) "Deposit insurance, risk, and market power in banking," *American Economic Review* 80: PP. 1183–1200.

Keys, B., T. Mukherjee, A. Seru, and V. Vig (2010) "Did securitization lead to lax screening? Evidence from subprime loans," *Quarterly Journal of Economics* 125(1): PP. 307-262.

Koskera, E., and R. Stenbacka (2000) "Is There Trade-off between Bank Competition and Financial Fragility," *Journal of Banking and Finance* 24: PP. 1853–1873.

Liberti, J., and A. Mian (2009) "Estimating the Effect of Hierarchies on Information Use," *Review of Financial Studies* 22(10): PP. 4057-4090.

Mankiw, N. G. (2009) *Macroeconomics 7th Ed.*, Worth Publishers.

———, and M. Whinston (1986) "Free Entry and Social Inefficiency," *RAND Journal of Economics* 17: PP. 48-58.

Matutes, C., and X. Vives（1996）“Competition for Deposits, Fragility and Insurance,” *Journal of Financial Intermediation* 5: PP. 184-216.

Merton, R.（1977）“An Analytic Derivation of the Cost of Deposit Insurance and Loan Guarantees: An Application of Modern Option Pricing Theory,” *Journal of Banking and Finance* 1(1): PP. 3-11.

Mishkin, F. S.（2015）*The Economics of Money, Banking and Financial Markets, Global Ed., 11th revised Ed.*, Peason Education Limited.

Myers, S.（1977）“Determinants of corporate borrowing,” *Journal of Financial Economics* 5: PP. 145-175.

Nakashima, K., M. Shibamoto, and K. Takahashi（2017）“Risk-taking Channel of Unconventional Monetary Policies in Bank Lending,” Kobe University, *RIEB Discussion Paper Series* 2017-24.

Neher, D. V.（1999）“Staged Financing: An Agency Perspective,” *Review of Economic Studies* 66(2): PP. 255-274.

Nemoto, T., Y. Ogura, and W. Wako（2011）“Report on a Fact-Finding Survey of the Credit-Decision System and Loan Pricing in Small Business Financing in Japan,” *RIETI Discussion Paper Series* 11E053.

———, ——— and W. Watanabe（2016）“Inside Bank Premiums as Liquidity Insurance,” *Journal of the Japanese and International Economies* 42: PP. 61-76.

Ogura, Y.（2017）“The Certification Role of Pre-IPO Banking Relationships: Evidence from IPO Underpricing in Japan,” *Japanese Economic Review* 68: PP. 258-278.

———（2018）“The Objective Function of Government-controlled Banks in a Financial Crisis,” *Journal of Banking and Finance* 89: PP. 78-93.

———（2020）“Intensified lending competition and search-for-yield under prolonged monetary easing,” *Journal of the Japanese and International Economies* 101076.

———, R. Okui, and Y. U. Saito（2015）“Network-motivated Lending Decisions,” *RIETI Discussion Paper Series* 15E057.

———, and H. Uchida（2014）“Bank Consolidation and Soft Information Acquisition in Small Business Lending,” *Journal of Financial Services Research* 45：PP. 173-200.

Omarova, S. T., and T. E. Margaret（2012）“That Which We Call a Bank: Revisiting the History of Bank Holding Company

Regulations in the United States," *Cornell Law Faculty Publications, Paper* 1012.

Ono, A., K. Aoki, S. Nishioka, K. Shintani, and Y. Yasui（2016）"Long-Term Interest Rates and Bank Loan Supply: Evidence from Firm-Bank Loan-Level, Data," *Bank of Japan Working Paper Series* 16-E-2.

———, Y. Saito, K. Sakai, and I. Uesugi（2016）"Does Geographical Proximity Matters in Small Business Lending? Evidence from Changes in Main Bank Relationships," *Hitotsubashi University, Real Estate Markets, Financial Crisis, and Economic Growth: An Integrated Economic Approach Working Paper Series*, No.40.

Orihara, M., Y. Ogura, and Y. Cai（2020）"Borrowing in Unsettled Times and Cash-holding Afterwards," Available at SSRN: https://ssrn.com/abstract=3447083 or http://dx.doi.org/10.2139/ssrn.3447083.

Panetta, F., F. Schivardi, and M. Shum（2009）"Do Mergers Improve Information? Evidence from the Loan Market," *Journal of Money, Credit, and Banking* 41: PP. 673-709.

Penas, M., and H. Unal（2004）"Gains in Bank Mergers: Evidence from the Bond Markets" *Journal of Financial Economics* 74: PP. 149-179.

Pennacchi, G.（1988）"Loan Sales and the Cost of Bank Capital," *Journal of Finance* 43: PP. 375–396.

Philippon, T.（2021）"Efficient Programs to Support Businesses During and After Lockdowns," *Review of Corporate Finance Studies* 10: PP. 188-203.

Philippon, T., and P. Schnabl（2013）"Efficient Recapitalization," *Journal of Finance* 68(1): PP. 1-42.

Porter, R. H.（1983）"A Study of Cartel Stability: the Joint Executive Committee, 1880-1886," *Bell Journal of Economics* 14: PP. 301-314.

Rajan, R.（1992）"Insiders and Outsiders: The Choice between Informed and Arm's-Length Debt," *Journal of Finance* 47：PP. 191-212.

———（2006）"Has Finance Made the World Riskier?" *European Financial Management* 12: PP. 499-533.

Sapienza, P.（2002）"The Effects of Banking Mergers on Loan Contracts," *Journal of Finance* 57: PP. 329-367.

———（2004）"The Effects of Government Ownership on Bank Lending," *Journal of Financial Economics* 72: PP. 357-384.

Saunders, A.（1994）"Banking and Commerce: An Overview of the Public Policy Issues," *Journal of Banking and Finance* 18:

PP. 231-254.

Sharpe, S.（1990）"Asymmetric Information, Bank Lending and Implicit Contracts: A Stylized Model of Customer Relationships," *Journal of Finance* 45(4): PP. 1069–1087.

Shleifer, A., and R. W. Vishny（1997）"A Survey of Corporate Governance," *Journal of Finance* 52(2): PP. 737-783.

Shull, B.（1983）"The Separation of Banking and Commerce: Origin, Development, and Implications for Antitrust," *Antitrust Bulletin* 28(1): PP. 255-279.

Skrastins, J., and V. Vig（2018）"How Organizational Hierarchy Affects Information Production," *Review of Financial Studies* 32(2): PP. 564-604.

Stein, J.（2002）"Information Production and Capital Allocation: Decentralized versus Hierarchical Firms," *Journal of Finance* 57: PP. 1891–1921.

Sudo, N., and Y. Takizuka（2018）"Population Aging and the Real Interest Rate in the Last and Next 50 Years: A Tale Told by an Overlapping Generations Model," *Bank of Japan Working Paper Series*, No.18-E-1.

Summers, L. H.（2014）"US Economic Prospects: Secular Stagnation, Hysteresis, and the Zero Lower Bound," *Business Economics* 49(2): PP. 65-73.

Taylor, J. B. (1993) "Discretion versus Policy Rules in Practice," *Carnegie-Rochester Conference Series on Public Policy* 39: PP. 195-214.

Tsuruta, D.（2019）"Japan's Elderly Small Business Managers: Performance and Succession," *Journal of Asian Economics* 66: 101147.

Tsutsui, Y., and H. Uchida（2005）"Has Competition in the Japanese Banking Sector Improved?" *Journal of Banking and Finance* 29: PP. 419-439.

Uchino, T., and I. Uesugi (2015) "The Effects of Megabank Merger on Firm-Bank Relationships and Borrowing Costs," *RIETI Discussion Paper Series* 12E022.

U.S. Department of the Treasury（2016）*Opportunities and Challenges in Online Marketplace Lending.*

Vives, X.（2016）*Competition and Stability in Banking: The Role of Regulation and Competition Policy*, Princeton University

Press.

Watanabe, W. (2007) "Prudential Regulation and the 'Credit Crunch': Evidence from Japan," *Journal of Money, Credit and Banking* 39: PP. 639-665.

Weinstein, D. E., and Y. Yafeh (1998) "On the Costs of a Bank-Centered Financial System: Evidence from the Changing Main Bank Relations in Japan," *Journal of Finance* 53: PP. 635-672.

Wicksell, J.G.K. (2014) *Interest and Prices* (*Geldzins and Güterpreise*): *A Study of the Causes Regulating the Value of Money*, Reprint of the translation by R.F. Kahn etc. (published by Mcmillan 1936) of the 1898 original version. Josephs Press.

Woodford, M. (2003) *Interest and Prices: Foundations of a Theory of Monetary Policy*, Princeton University Press.

Yafeh, Y., and O. Yosha (2001) "Industrial Organization of Financial Systems and Strategic Use of Relationship Banking," *European Finance Review* 5(1-2): PP. 63–78.

Yamori, N., and A. Murakami (1999) "Does Bank Relationship Have an Economic Value?: The Effect of Main Bank Failure on Client Firms," *Economics Letters* 65: PP. 115-120.

【著者略歴】

小倉義明（おぐら・よしあき）

1973年生まれ。95年、京都大学法学部卒業。99年、京都大学大学院経済学研究科修士課程修了。2005年、コロンビア大学大学院博士課程修了（Ph.D. in Economics 取得）。一橋大学経済研究所任期付講師、立命館大学経営学部准教授、早稲田大学政治経済学術院准教授を経て、現在、同教授。2017年、第5回日本ファイナンス学会丸淳子研究奨励賞受賞。

主な業績

"The Objective Function of Government-Controlled Banks in a Financial Crisis," *Journal of Banking and Finance* 89, pp. 78-93, 2018.

"Lending Competition and Credit Availability for New Firms: Empirical Study with the Price Cost Margin in Regional Loan Markets," *Journal of Banking and Finance* 36, pp. 1822-1838, 2012.

"Interbank Competition and Information Acquisition: Evidence from the Interest Rate Difference," *Journal of Financial Intermediation* 19, pp. 279-304, 2010.　ほか。

地域金融の経済学

——人口減少下の地方活性化と銀行業の役割

2021年7月30日　初版第1刷発行

著　者 ——— 小倉義明

発行者 ——— 依田俊之

発行所 ——— 慶應義塾大学出版会株式会社

〒108-8346　東京都港区三田2-19-30

TEL〔編集部〕03-3451-0931

〔営業部〕03-3451-3584〈ご注文〉

〔　〃　〕03-3451-6926

FAX〔営業部〕033451-3122

振替　00190-8-155497

https://keio-up.co.jp/

装　丁 ——— 坂田政則

カバー画 ——— 岩橋香月（デザインフォリオ）

組　版 ——— 株式会社シーエーシー

印刷・製本 ——— 中央精版印刷株式会社

カバー印刷 ——— 株式会社太平印刷社

Printed in Japan　ISBN978-4-7664-2757-8

好評の既刊書

失業なき雇用流動化	山田　久著	2750円
金融政策の「誤解」 ◎第57回エコノミスト賞受賞	早川英男著	2750円
国民視点の医療改革	翁　百合著	2750円
アジア都市の成長戦略 ◎第6回岡倉天心記念賞受賞	後藤康浩著	2750円
日本の水産資源管理	片野　歩 阪口　功著	2750円

（定価。本体価格各2500円）

好評の既刊書

日本のセーフティーネット格差
◎第43回 サントリー学芸賞受賞
◎第43回労働関係図書優秀賞受賞
◎第63回日経・経済図書文化賞受賞
酒井 正著
2970円

医療保険制度の再構築
西沢和彦著
2970円

「副業」の研究
川上淳之著
2970円

（定価。本体価格各2700円）